母子公司高管协同配置
治理机制及效应研究

RESEARCH ON THE GOVERNANCE MECHANISM AND
EFFECT OF EXECUTIVES' SYNERGISTIC ALLOCATION
IN PARENT AND SUBSIDIARY CORPORATIONS

徐 鹏 著

人民出版社

总　序

近年来，山东财经大学高度重视高水平科研创新，相继出台系列科研支持政策，不断加强制度保障，极大地促进了高水平成果的产出。为进一步发挥学校优秀科研成果和科研人才的示范带动作用，彰显学校财经优势学科建设成效，促进学校哲学社会科学高质量发展，山东财经大学推出系列优质精品学术著作在人民出版社出版。本系列著作以党的二十大、二十届二中全会精神和习近平总书记重要论述作为选题重点，完整、准确、全面贯彻新发展理念，主动服务和融入新发展格局，通过深入分析和系统研究，探讨新时代背景下财经领域的战略性问题，致力于推动学术研究和实践相结合，为国家的繁荣发展贡献智慧和力量。

山东财经大学是财政部、教育部、山东省共建高校，一直秉持"立德树人、经世济民"的办学宗旨，弘扬"克明峻德、格物致知"的校训精神，全力推进内涵式高质量发展，建立起以经济学、管理学为主体，文学、理学、法学、工学、教育学、艺术学等多学科协调发展的学科体系，形成鲜明的办学特色，为国家培养了大批高素质人才，在国内外享有较高声誉和知名度。学校现设有 24 个教学院（部），全日制在校本科生、研究生 30000 余人。拥有 58 个本科专业，29 个国家级一流本科专业建设点。拥有应用经济学、管理科学与工程、统计学 3 个博士后科研流动站，应用经济学等 4 个一级学科博士学位授权点，11 个一级学科硕士学位授权点，20 种硕士专业学位类别。在"2024 软科中国大学专业排名"中，学校 A 以上专业 29 个，位居全国财经类高校第 13 位。工程学、计算机科学和社会科学进入 ESI 全球排名前 1%。

　　学校以全国一流财经特色名校为发展目标，坚定高质量内涵式发展方向，扎实推进学术创新，科研工作取得了明显成效。近五年，学校承担国家级科研课题 180 余项，其中，国家重点研发计划 1 项，国家社会科学基金重大项目 5 项，立项层次不断提升，学科分布逐年拓宽。学校累计获批省部级科研奖励 110 余项，成功入选《国家哲学社会科学成果文库》，实现人文社科领域研究成果的重大突破。学校教师发表 3500 余篇高水平学术论文，其中，被 SCI、SSCI 收录 1200 余篇，被 CSSCI 收录 1100 余篇，在《中国社会科学》《经济研究》《管理世界》等中文权威期刊发表 20 余篇。科研成果的竞相涌现，不断推进学校哲学社会科学知识创新、理论创新和方法创新。

　　2024 年是新中国成立 75 周年，是扎实推进中国式现代化的关键时期。在新的起点上，山东财经大学的学术研究将进一步体现鲜明的时代特征、时代价值与实践要求，以习近平新时代中国特色社会主义思想为指导，围绕迈向中国式现代化道路上面临的亟待解决的新问题，在新时代新征程上，稳中求进，积极关注并引领财经学术研究前沿，聚焦国家发展战略和地方经济社会转型实际，力求提出符合国家发展战略的具有针对性、现实性和较强参考价值的思路与对策。我相信，山东财经大学在人民出版社的系列专著出版计划将为全校教师营造更加浓厚的科研学术氛围，构建更加有利于人才汇集和活力迸发的学术生态环境，进一步激励广大教师持续产出具有重大影响的原创性、标志性、引领性学术成果，在积极构建中国特色哲学社会学科体系、学术体系、话语体系方面充分展现齐鲁特质、发出财大声音，谱写学校高质量发展新篇章。

山东财经大学校长：洪俊杰

2024 年 4 月 16 日

目　录

导　言

　　受我国制度环境和市场竞争变化的影响，近 30 年来我国企业实行集团化经营的趋势日益明显，即越来越多的企业开始"抱团取暖"，而非"单打独斗"，并在做大集团规模上取得了显著成就，成为国民经济发展的中坚力量。据统计，截至 2022 年，以企业集团为主要构成的中国企业 500 强的营业收入总额达到 102.48 万亿元，首次突破百万亿元大关，比 2021 年增加了 12.65 万亿元，增长 14.08%。尽管企业集团的规模和实力增长较快，但"统死放乱""集而不团"的现象仍大量存在。尤其是随着行业集中度逐渐提升，企业集团通过拓宽产业布局实施多元化发展获取竞争优势的有效性在逐渐降低，在规模大幅增长的背景下，如何实现有效的公司治理成为企业集团由"做大"走向"做强"的关键。

　　母子公司制是我国企业集团目前采取的最主流组织形式，其形成的金字塔网络能够创造杠杆效应，推动集团快速发展。与单体企业不同，企业集团具有规模大、涉及产业和产品多等特点，由多法人组成但自身不具有法人资格，内部是个天然小型经济生态，形成了多层级与多维度的功能分布、管控与被管控关系，以及大量主体之间的价值耦合连接（如内部交易和内部协同）等特征，而这些复杂运转的背后，常常需要通过一套强有力的母子公司治理机制来实施指令调配、政策引领、管理控制和宏观调控。在此背景下，完善母子公司治理结构安排、提高集团化运营效率成为集团公司治理的基本原则和持续成长的重要途径。

　　鉴于企业集团与单体企业在组织形式和组织控制等方面的差异化，集团公司治理的内涵更加丰富，治理的对象和边界与单体公司治理相比也更加广泛。母子公司高管①协同配置作为集团公司治理机制中的关键要素，既是母公司对子公司治理结构设计过程中的一种特殊安排，也是发挥集团化经营规模优势和协同效应的重要手段和途径。母子公司高管协同配置的表现形式包括高管流动与高管兼任两类，其中高管流动是指在母公司与子公司之间对高管岗位或职责进行调整和转换，高管兼任是指包括董事会与经理层在内的母公司高管在子公司中同时也任职高管的状态。在集团公司治理结构设计的实践中，母子公司高管协同配置的现象普遍存在，但高管流动的频率、兼任比例和具体的结构要素均存在较大差异。虽然学术界关于公司间"高管流动"和"高管兼任"等现象进行了诸多探讨，并形成了一系列研究成果，但是由于概念界定不统一、理论分析不全面等问题，对母子公司高管协同配置实施动机和治理效应的认识尚未形成一致性结论，且对不同集团内母子公司高管协同配置的形式与结构要素差异化的原因缺少系统的梳理与探索。

总体而言，目前学术界关于母子公司高管协同配置机制的理论研究仍远滞后于集团公司治理实践的需求，使得在实践中对于母子公司高管配置的协同程度与协同方式的选择缺少依据和参考。基于此，本书立足中国情境，以公司治理理论为基础理论体系，提出"母子公司高管协同"这一构念，从理论研究回顾、实践现状描述、驱动机制、治理效应和权变情境思考等方面对母子公司高管协同配置展开系统研究，能够有效弥补母子公司协同治理研究的理论缺口，进一步丰富集团公司治理的理论研究框架，是对公司治理研究领域的深化与拓展，具有重要的理论意义与学术价值。同时，本书基于对母子公司高管协同配置前因与效果进行实证分析得出的结论提出政策建议，为集团公司治理结构的设计与安排提供借鉴，对于我国企业集团丰富治理手段、完善治理机制和提升治理效率具有重要指导意义。考虑到新发展阶段企业集团在我国经济发展中的重要性，以及优化母子公司高管协同治理机制对企业集团高质量成长的积极意义，本书具有较强的理论紧迫性和重要实践价值。

---

① 本书中"高管"的范围基于广义的概念进行界定，包括公司的董事会成员、总经理、副总经理、财务负责人、董事会秘书和公司章程规定的其他管理人员。

第 一 章

母子公司高管协同配置理论研究动态①

　　企业集团是在现代企业制度高度发展基础上形成的一种以母子公司为主体，通过产权关系和生产经营协作等多种形式，由母公司、子公司及其他成员企业共同组成的经济联合体。母子公司高管协同配置是集团框架内母子公司治理结构安排的组合要素，是发挥集团化经营协同效应的重要手段和途径。实践中母子公司高管协同配置的现象普遍存在，主要包括母子公司之间的高管流动与高管兼任两种类型，但不同集团中高管协同配置的程度存在较大差异。近年来，随着集团公司治理研究的不断深化，虽然学术界关于公司间"高管流动""高管兼任"等现象进行了诸多探讨，并形成了一系列研究成果。总体看来，相应的研究主题仍较为分散，尤其是对于母子公司高管协同配置的理论基础缺乏系统性的归纳梳理。在此背景下，本章通过回顾该领域已有文献，明确母子公司高管协同配置的概念与表现形式，并梳理了高管协同配置的理论逻辑以及在实证研究中的应用。

第一节　母子公司高管协同配置的内涵与表现形式

　　协同的概念最初来源于复杂系统理论，指一定条件下各子系统在资源共享的基础上实现功能与空间有序结合、互利共生的状态［哈肯（Haken），

---

　　①　本节部分内容发表于《经济与管理评论》2020 年第 5 期。

2017]①。协同治理是企业集团化经营实现协同效应的重要手段，在以往的学术研究中，将母子高管协同配置这一概念作为集团公司治理要素的研究尚不多见，但关于公司间"高管协同"这一现象已进行了诸多探讨。

母子公司高管协同配置最初的研究主要聚焦于集团内高层管理者的任职流动问题，主要是指母公司与子公司之间定期或者不定期通过晋升、岗位轮换、行政委派等手段对高管岗位以及职责进行的调整和转换〔比约克曼等（Björkman，et al.），2007〕②。母子公司人力资源流动可以有效实现集团内人力资源的转移与共享，节约内部运营成本，发挥集团规模优势和协同效应〔韦尔希和韦尔希（Welch and Welch），2011③；法因施米特等（Fainshmidt，et al.），2017④；尹剑峰和龙梅兰，2017⑤〕。具体体现在：第一，母子公司高管流动能够有效促进高管对集团业务和经营现状的了解和熟悉，实现工作内容的丰富化，提升高管的工作主动性和积极性；第二，母子公司高管流动可以强化母公司对子公司的管理和控制、增强内部稳定性，为集团持续发展奠定基础；第三，母子公司高管流动有利于集团内部高管人尽其才，不仅可以有效推动人力资本以及与之相关的组织资本（如客户资本和社会资本）在企业间的再分配，也为企业获取关键性和战略性的知识资源（如管理经验和知识惯例）提供了保障。

随着研究的深入，相关内容日益丰富，母子公司高管协同配置的内涵逐渐扩展到高管兼任层面，高管兼任是指包括董事会与经理层在内的高管

---

① Haken, H., "What Can Synergetics Contribute to Embodied Aesthetics?", *Behavioral Sciences*, Vol. 7, No. 3 (2017), pp. 61–74.

② Björkman, I., et al., "Institutional Theory and MNC Subsidiary HRM Practices: Evidence from a Three-country Study", *Journal of International Business Studies*, Vol. 38, No. 3 (2007), pp. 430–446.

③ Welch, D. E., Welch, L. S., "Using Personnel to Develop Networks: An Approach to Subsidiary Management", *International Business Review*, Vol. 2, No. 2 (2011), pp. 157–168.

④ Fainshmidt, S., et al., "Orchestrating the Flow of Human Resources: Insights from Spanish Soccer Clubs", *Strategic Organization*, Vol. 15, No. 4 (2017), pp. 441–460.

⑤ 尹剑峰、龙梅兰：《管理变革、人才管理与企业并购扩张研究》，《经济与管理评论》2017 年第 4 期。

人员同时在母公司和子公司中任职的一种状态（佟爱琴和李孟洁，2018）①。母子公司体制有利于企业之间最大限度利用资源、降低交易成本、弥补市场和制度漏洞，由于企业集团组织架构相对复杂，控制和协调成员企业的经营行为成为母公司的必然要求，而高管兼任使母子公司之间形成除产权关系之外的关联网络，可以与其他协调机制共同作用，满足集团公司治理过程中的控制与协调需求，一定程度上体现了母公司对子公司治理结构的特殊安排［佐娜等（Zona, et al.），2018］②。相较于普通的企业高管，兼任高管除了需要承担普通高管的责任外，还需要额外担负起传达并推广母公司企业文化、经营理念和价值观的使命，以促进母子公司间协同。

高管流动和高管兼任现象均是集团公司高管人员配置的协同性体现，结合已有研究，本书将母子公司高管协同配置界定为集团公司在进行治理结构设计时，为尽可能创造集团化经营的协同效应，在符合相关法律法规的前提下，通过成员企业间高管流动、高管兼职等手段实现对高管统一协调、集中配置的治理机制。

第二节　母子公司高管协同配置的理论基础

在以往关于集团公司治理与公司价值的研究中，学者们从不同角度考察了母子公司高管协同配置对母公司及子公司的影响，并与公司治理、法律制度和社会资本等前沿问题紧密结合起来进行分析。本书主要是基于不同理论视角阐释母子公司高管协同配置发挥治理作用的内在逻辑，为后续开展实证研究奠定基础。

---

① 佟爱琴、李孟洁：《产权性质、纵向兼任高管与企业风险承担》，《科学学与科学技术管理》2018 年第 1 期。

② Zona, F., et al., "Board Interlocks and Firm Performance: Toward a Combined Agency-resource Dependence Perspective", *Journal of Management*, Vol. 44, No. 2 (2018), pp. 589-618.

一、基于交易费用理论的逻辑

交易费用理论是现代产权理论的基础，交易费用指企业在实际经营过程中用于搜寻交易对象以及谈判、订立合同和进行监督等方面的费用与支出，具体包括信息搜寻成本、协商与决策成本、运转成本和监督成本等 [吕格和贝尼托（Rygh and Benito），2018][1]。企业集团作为一种经济组织，对市场机制具有替代作用的原因是成员企业之间的交易成本低于外部市场交易成本 [帕特尼克等（Pattnaik，et al.），2018][2]。而母子公司高管协同配置可以进一步减少内部交易费用，其逻辑如下：首先，基于交易频率的考虑，因为集团框架内的母公司与各子公司之间存在法定契约关系，作为控股股东的母公司有权利也有义务参与子公司的治理行为与战略决策，而高管协同作为母公司参与子公司治理的重要途径，可以有效提高母子公司的交易频率，进而创造协同效应；其次，母公司对子公司董事会和经理层等主体治理机制的设计也可以通过母子公司高管协同来实现，极大程度上降低搜寻交易对象的成本，使专用性资产的盈利能力得到提高，有效降低履约风险并减少交易费用。

二、基于资源基础理论的逻辑

资源基础理论认为具有价值性、稀缺性和不可完全模仿性等特征的独特资源是影响企业战略选择的关键因素和获取竞争优势的主要来源 [高等（Gao，et al.），2018][3]。母子公司高管协同配置是为子公司创造独特资源的重要机制：一方面，母子公司高管流动可以将工作过程中积累的知识与经

① Rygh, A., Benito G. R. G., "Capital Structure of Foreign Direct Investments: A Transaction Cost Analysis", *Management International Review*, Vol. 58, No. 3 (2018), pp. 389-411.

② Pattnaik, C., et al., "Group Affiliation and Entry Barriers: The Dark Side of Business Groups in Emerging Markets", *Journal of Business Ethics*, Vol. 153, No. 4 (2018), pp. 1051-1066.

③ Gao, H., et al., "Social Media Ties Strategy in International Branding: An Application of Resource-based Theory", *Journal of International Marketing*, Vol. 26, No. 3 (2018), pp. 45-69.

验在集团内实现转移，增加高级管理者的知识多样性与丰富性，从而创造稀缺的、不可替代的战略资源，对公司参与市场竞争的能力产生积极影响 [迭斯特雷等（Diestre, et al.），2015①；曲吉林和于亚洁，2019②]；另一方面，母子公司之间高管协同的配置，可以通过浏览商业环境和分享建议来帮助彼此处理经营过程中复杂和不确定的信息，提升决策效率（张祥建和郭岚，2014）③。总之，资源基础理论视角下，母子公司治理过程中实施高管协同配置可以有效促进成员企业之间的沟通交流，增进母子公司之间的信任关系，实现集团内部企业文化以及价值观念的转移和传播，更有利于协同效应的发挥，从而提高公司治理效率。

三、基于委托代理理论的逻辑

委托代理理论指出，在企业所有权与经营权分离情境下，委托人与代理人的目标函数不一致将导致两者的利益冲突，而制度空缺或失效增大了代理人损害委托人利益的可能性 [基弗等（Kiefer, et al.），2017④；朱德胜和张伟，2017⑤]。母公司与子公司基于产权纽带形成委托代理关系，当子公司的经营决策与母公司的期望存在差距时，将会产生代理问题（方政等，2017）⑥。委托代理理论视角下，母子公司高管协同配置作为一种治理制度，可有效实现对高管团队的激励与约束，降低委托人与代理人因利益不一致而

---

① Diestre, L., et al., "Constraints in Acquiring and Utilizing Directors' Experience: An Empirical Study of New-market Entry in the Pharmaceutical Industry", *Strategic Management Journal*, Vol. 36, No. 3 (2015), pp. 339-359.

② 曲吉林、于亚洁：《关系质量和数量、盈利能力与信息披露违规》，《经济与管理评论》2019 年第 4 期。

③ 张祥建、郭岚：《国外连锁董事网络研究述评与未来展望》，《外国经济与管理》2014 年第 5 期。

④ Kiefer, M., et al., "Shareholders and Managers as Principal-agent Hierarchies and Cooperative Teams", *Qualitative Research in Financial Markets*, Vol. 9, No. 1 (2017), pp. 48-71.

⑤ 朱德胜、张伟：《高管薪酬激励对股权代理成本影响的实证研究》，《经济与管理评论》2017 年第 3 期。

⑥ 方政等：《上市公司高管显性激励治理效应研究——基于"双向治理"研究视角的经验证据》，《南开管理评论》2017 年第 2 期。

产生的代理成本［徐等（Xu，et al.），2019］①，具体体现在：一方面，母公司可以通过向子公司选派董事、监事或经理，实现对子公司的监督与约束，防止机会主义和逆向选择现象的发生；另一方面，母子公司间高管兼任是强化子公司高管权力配置的重要体现，对激发子公司高管的管家心态和使命主义也具有一定的积极作用，可以提高委托人和代理人利益一致化的程度，缓解代理问题。

四、基于其他个人效用理论的逻辑

除了上述理论，一些个人效用方面的理论也可以从个体层面对母子公司高管协同配置的实施进行解释，比如社会凝聚理论和事业推进理论。首先，基于社会凝聚理论，母子公司高管协同网络的形成源于企业家中存在的内部圈子，群体中的成员具有相似的道德规范、价值观及行为准则［佐娜等（Zona，et al.），2018］②，他们为了达成诸如扩大声誉、获取商业机会和增进联系等目标而实施母子公司间高管的协同配置。其次，事业推进理论认为，高管为了个人利益的最大化，往往会在多家企业中兼职，母子公司间的高管进行流动或兼任可以使其获得更多的学习提高机会，以谋求职位的晋升。

基于不同的理论视角，本书从交易费用理论、资源基础理论、委托代理理论和个人效用理论等方面对母子公司高管协同配置的理论逻辑进行了梳理，可以发现这些理论从不同层面对母子公司高管协同配置提供了支持，具体表现在：交易费用理论从节约运营管理成本层面为母子公司高管协同配置奠定了实施基础；资源基础理论从培育和提升竞争能力层面为母子公司高管协同配置提供了实施保障；委托代理理论从公司治理层面为母子公司高管协同配置催生了实施动力；个人效用理论从个人行为层面凸显了母子公司高管

---

① Xu, P., et al., "Research on the Differentiated Impact Mechanism of Parent Company Shareholding and Managerial Ownership on Subsidiary Responsive Innovation: Empirical Analysis based on 'Principal-Agent' Framework", *Sustainability*, Vol. 11, No. 19 (2019), p.5252.

② Zona, F., et al., "Board Interlocks and Firm Performance: Toward a Combined Agency-resource Dependence Perspective", *Journal of Management*, Vol. 44, No. 2 (2018), pp.589-618.

协同配置实施的价值体现。

第三节　母子公司高管协同配置治理效应相关研究

首先，基于组织层面的探索。已有学者从母子公司信任关系、经营绩效和投资效率等方面探索了母子公司高管协同配置的积极价值，比如，陈等（Chen，et al.，2012）[1] 认为母子公司间的高管兼任会影响母公司对子公司的信任程度，集团总部派遣高管到子公司中兼职能够促进母子公司之间的能力转移；王新霞（2016）[2] 从权力配置的角度解释了母子公司高管兼任的治理效应，认为来自母公司的高管权力较大，有利于改善公司经营绩效；孙光国和孙瑞琦（2018）[3] 的研究表明，控股股东委派执行董事参与公司管理可以显著降低公司的真实活动盈余管理水平和应计盈余管理水平，并提升公司的"薪酬—业绩"敏感性；韩金红和余珍（2019）[4] 认为高管纵向兼任有利于发挥监督效应，从而提升子公司的投资效率。

但是，也有学者认为母子公司高管协同在一定程度上削弱了子公司的自主性，不利于子公司的长远发展。比如，张克慧和牟博佼（2012）[5] 认为财务总监委派会造成集团管控的混乱，被委派的财务总监并不能够准确及时向母公司汇报子公司的经营信息；陈志军和郑丽（2016）[6] 的研究表明，母公司高管在子公司中兼职比例越高，意味着子公司的经营自主程度越低，对子

---

[1]　Chen，T. J.，et al.，"Resource Dependency and Parent-subsidiary Capability Transfers"，*Journal of World Business*，Vol. 47，No. 2（2012），pp. 259–266.

[2]　王新霞：《股东权力关联与薪酬获取的绩效影响——集团管控视角》，《财贸研究》2016 年第 1 期。

[3]　孙光国、孙瑞琦：《控股股东委派执行董事能否提升公司治理水平》，《南开管理评论》2018 年第 1 期。

[4]　韩金红、余珍：《纵向兼任高管与企业投资效率——基于"监督效应"和"掏空效应"分析》，《审计与经济研究》2019 年第 4 期。

[5]　张克慧、牟博佼：《企业集团财务总监委派制不适应性分析》，《管理世界》2012 年第 9 期。

[6]　陈志军、郑丽：《不确定性下子公司自主性与绩效的关系研究》，《南开管理评论》2016 年第 6 期。

公司的经营绩效有负面影响；董晓洁等（2017）① 提出集团内母子公司董事长的纵向关联对子公司社会责任披露的意愿和质量均有消极影响。

其次，基于个人层面的探索。现有研究主要从个人事业推进以及获取声誉等方面探讨了母子公司高管配置在个人层面的具体效应。比如贝尔德伯斯和黑尔杰斯（Belderbos and Heijltjes，2005）② 的研究表明，与美国和欧洲的跨国公司相比，日本企业更加注重外派人员的晋升选拔，所以，在任职期间，母公司会为其提供更多的支持、给予其充分的个人学习机会，以及周密的职业管理和遣返政策，从而促进外派员工个人成长与事业推进；王理想和姚小涛（2017）③ 对董事多重兼任的效果进行分析时指出，董事多重兼任能够有效积累实务能力，对个人的工作业绩和企业资源积累均能起到积极影响；马曼（Maman，2001）④ 通过实证研究指出，位于较高层级的集团公司董事比位于较低层级的董事拥有更多的董事职位，并由此形成了集团内部的小圈子，为公司的精英整合创造了机会。相关研究结论及代表文献梳理如表 1-1 所示。

表 1-1 母子公司高管协同配置的实证研究文献梳理

研究视角	研究内容	研究结论	代表文献
组织层面	信任关系	高管协同强化母子公司信任关系	陈等（Chen，2012）
	治理绩效	高管协同能够改善子公司经营绩效与治理效率	王新霞（2016）；孙光国和孙瑞琦（2018）
	投资效率	高管协同有利于发挥"监督效应"，提升子公司投资效率	韩金红和余珍（2019）
	自主性	高管协同会降低子公司经营的自主性	陈志军和郑丽（2016）；董晓洁等（2017）

① 董晓洁等：《企业集团、纵向关联与社会责任披露的关系研究》，《管理学报》2017年第 10 期。

② Belderbos, R. A., Heijltjes, M. G., "The Determinants of Expatriate Staffing by Japanese Multinationals in Asia: Control, Learning and Vertical Business Groups", *Journal of International Business Studies*, Vol. 36, No. 3 (2005), pp. 341-354.

③ 王理想、姚小涛：《董事多重兼任对创业企业 IPO 绩效的影响——从提供合法性到缓解资源依赖》，《经济管理》2017 年第 8 期。

④ Maman, D., "The Organizational Connection: Social Capital and the Career Expansion of Directors of Business Groups in Israel", *Social Science Research*, Vol. 30, No. 4 (2001), pp. 578-605.

续表

研究视角	研究内容	研究结论	代表文献
个体层面	事业推进	高管协同配置推进个人晋升与事业发展	贝尔德伯斯和黑尔杰斯（Belderbos and Heijltjes, 2005）；王理想和姚小涛（2017）
	阶级凝聚	高管协同促进阶级凝聚、精英聚集	马曼（Maman, 2001）

本章小结

集团公司如何通过对母子公司高管协同配置机制的科学安排实现协同效应，是完善母子公司治理理论体系过程中不可或缺的研究主题。虽然学者们从上述几个方面对母子公司高管协同进行了诸多研究，也取得了相应成果，但总体而言仍存在一些不足。具体包括：第一，既有研究对"母子公司高管协同配置"的概念与内容缺少统一界定，以往关于连锁董事、高管派遣和高管关联等相关主题的研究呈现碎片化发展，测量指标也不固定，关于高管协同本质的特征指标缺少挖掘和梳理，评价体系的缺失阻碍了母子公司高管协同配置实证研究的开展；第二，既有研究中对母子公司高管协同配置驱动机制的分析相对较少，尤其缺少系统性的实证检验；第三，在对母子公司高管协同的治理效应研究时，关于其价值创造机理权变性的重视程度略显不足，多数研究证实了其正面效应，但对其带来的负面效应缺少分析，而且母子公司高管协同作为集团公司治理机制的组成部分，与其他治理要素在价值创造过程中的交互效应有待深入探索，如图1-1所示。

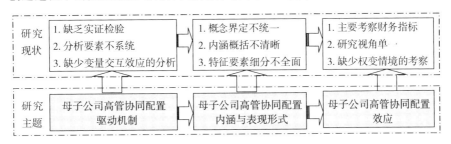

图1-1　母子公司高管协同配置研究进展

第 二 章

中国企业集团母子公司高管协同配置的实践现状

本书上部分对母子公司高管协同配置的理论研究现状进行了系统梳理，界定了高管流动和高管兼任两类母子公司高管协同配置的表现形式，并从交易费用理论、资源基础理论、委托代理理论和个人层面效用理论讨论了母子公司高管协同配置的基本逻辑。以此为基础，结合数据可获得性，本部分将以高管兼任为例，对中国情境下母子公司高管协同配置的实施现状进行描述性统计，以期了解总体演变特征以及地区和行业层面的差异化。

第一节 问题的提出

受我国制度环境与市场竞争变化的影响，近 30 年来我国企业实行集团化经营的趋势日益明显，"关系"文化进一步强化了企业集团的制度优势，助力了中国企业集团型公司的迅猛发展。作为企业集团的重要行为主体，母子公司及其治理情境的特殊性一直受到学者们的关注 ［戴伦等（Dyreng, et al.），2020[①]；徐飞和杨冕，2022[②]］。在母子公司管理实践中，母公司与上市公司之间可以依靠合作使企业集团整体效益高于各独立组成部分总和，即创造"1+1>2"的协同效应。作为企业集团在高管层面实行的一种人力资源协同安排，母子公司高管协同配置是指因高管同时在母公司和子公司担任职

---

① Dyreng, S. D., et al., "Strategic Subsidiary Disclosure", *Journal of Accounting Research*, Vol. 58, No. 3 (2020), pp. 643–692.

② 徐飞、杨冕：《企业集团内部创新架构与创新绩效》，《经济管理》2022 年第 8 期。

务而产生的联结关系，是企业集团统一协调、集中配置高管人力资源的重要治理机制（徐鹏等，2020）[1]。因此，洞悉中国特殊情境下母子公司高管协同配置的整体运行现状、从不同角度对其趋势特征进行科学认识与准确把握，是进一步研究母子公司高管协同配置的驱动机制、治理效应的前提。

中国经济发展水平存在较大的地区差异，良好的区位优势能够改善母公司与上市公司之间的人力、资源配置效率。同时，上市公司所在行业的竞争状况也一直被认为会对上市公司的重大决策产生影响。所以，在理论回顾的基础上，本节内容主要是参考上市公司控制链条图与年报，以隶属于企业集团的沪深两市 A 股上市公司作为样本进行母子公司高管协同配置实践现状的描述性统计分析。本书将样本观测区间限定为 2014—2021 年，借鉴已有文献的做法，通过以下步骤对样本做进一步筛选：（1）剔除金融类上市公司；（2）剔除 ST、*ST 及观测期间被退市的上市公司；（3）剔除主要变量缺失的上市公司。为消除极端值对研究结论的影响，对所有连续型变量在 1% 和 99% 水平上进行了 Winsorize 处理，最终获得由 800 家上市公司组成的6400 组观测数据。

关于母子公司高管协同配置程度的测量，参考徐鹏等（2022）[2] 的做法，将上市公司高管在母公司兼任高管的人数与上市公司高管总人数的比值来衡量母子公司高管协同（ES）。需要说明的是，本书中"高管"的范围基于广义的概念进行界定，包括公司的董事会成员、总经理、副总经理、财务负责人、董事会秘书和公司章程规定的其他管理人员。相关数据和资料主要来自国泰安（CSMAR）数据库，部分缺失数据通过上市公司年报予以补充。

综上所述，本书得到隶属于企业集团的沪深两市 A 股上市公司的母子公司高管协同配置程度的测度结果。以此分析其在总体层面、地区层面与行业层面的演变趋势。

---

① 徐鹏等：《母子公司高管协同配置：表现形式、理论逻辑与整合研究框架》，《经济与管理评论》2020 年第 5 期。

② 徐鹏等：《集团框架内上市公司现金股利政策研究——基于母子公司高管协同配置视角》，《山东财经大学学报》2022 年第 1 期。

第二节　母子公司高管协同配置总体演变特征

为直观展示我国企业集团母子公司高管协同配置的总体演变特征，本书刻画了 2014—2021 年母子公司高管协同（ES）均值和中位数的折线变化趋势，结果如图 2-1 所示。总体来看，母子公司高管协同配置程度整体呈现出下降态势，均值和中值分别由 2014 年的 0.199、0.193 下降至 2021 年的 0.185、0.167。其中，2019 年之前的变化幅度较为平稳，2019 年母子公司高管协同（ES）均值和中位数分别为 0.201、0.188，至 2020 年下降至 0.186、0.167，降幅相对显著。

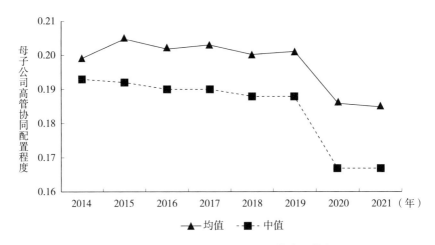

图 2-1　母子公司高管协同配置总体变化趋势

资料来源：作者整理。

中国情境下的公司治理实践中，金字塔型企业集团的母子公司组织形式往往强调母子公司战略发展的协同性和一致性，而动态多变的内外部治理环境使得上市公司在经营活动与战略发展过程中呈现出复杂的决策机制，此时母子公司高管协同配置所扮演的角色显得尤为重要。企业集团框架下的母子公司治理应紧跟时代步伐，结合市场竞争程度合理配置人员安排与高管任职，进一步明晰上市公司内部的权力划分，充分发挥母子公司高管协同配置的积极作用,方能使企业集团健康持续发展。

第三节 母子公司高管协同配置的地区差异及其演变

表 2-1 汇报了我国七大地理区域①样本企业的分布情况,以及该地区样本 2014 年与 2021 年的母子公司高管协同配置情况,进一步明晰了我国企业集团母子公司高管协同配置的地区差异及其演变趋势。由相关数据可知,样本企业主要分布于华东与华北地区,其中,约有 45% 位于华东地区,约有 17% 位于华北地区;西北地区、西南地区约占 7%,东北地区仅占 5%,整体呈现东部沿海向内陆地区递减的特征,在一定程度上说明了隶属于企业集团的上市公司空间分布呈现明显的地域性差异。

表 2-1 2014 年与 2021 年七大地理区域的母子公司高管协同配置对比

区域　　　年份	2014 年			2021 年		
	均值	中值	数量	均值	中值	数量
华北	0.212	0.211	132	0.192	0.184	134
东北	0.204	0.217	39	0.159	0.143	38
华东	0.204	0.200	357	0.190	0.167	357
华中	0.190	0.188	73	0.171	0.154	73
华南	0.188	0.182	81	0.178	0.162	82
西南	0.179	0.163	60	0.174	0.160	57
西北	0.187	0.180	58	0.197	0.174	59

资料来源:作者整理。

具体到母子公司高管协同配置程度上,东部沿海地区母子公司高管协同

---

① 七大地理区域分为华北、东北、华东、华中、华南、西南、西北。其中华北地区包括北京、天津、河北、山西、内蒙古,东北地区包括辽宁、吉林、黑龙江,华东地区包括上海、山东、江苏、安徽、江西、浙江、福建、台湾,华中地区包括河南、湖北、湖南,华南地区包括广西、广东、海南、香港、澳门,西南地区包括重庆、四川、贵州、云南、西藏,西北地区包括陕西、甘肃、青海、宁夏、新疆。出于数据的可获取性,本书分析时未包含中国台湾、香港和澳门地区。

配置程度普遍高于内陆地区，对比 2014 年与 2021 年的数据可以发现，各地区的母子公司高管协同配置程度整体呈现下降的趋势，特别是东北地区的降幅最大，均值与中值分别从 2014 年的 0.204、0.217 降到 2021 年的 0.159、0.143，此外，华东、华北地区的母子公司高管协同配置程度均有所下降。

进一步按省级行政区域进行统计如表 2-2 所示，从省份分布来看，样本企业数量较多的省份主要有东部沿海地区的浙江、江苏、广东、上海与北京等，而数量较少的省份主要有西藏、青海、海南、宁夏、贵州等。观察 2014 年到 2021 年的变化趋势，大部分省份的母子公司高管协同配置水平出现下降，内蒙古、新疆、甘肃、宁夏、青海等经济欠发达地区的母子公司高管协同配置水平有所上升。

表 2-2　2014 年与 2021 年各省份的母子公司高管协同配置对比

年份 地区	2014 年			2021 年		
	均值	中值	数量	均值	中值	数量
上海	0.227	0.230	64	0.200	0.188	65
云南	0.199	0.167	9	0.125	0.146	10
内蒙古	0.236	0.206	9	0.280	0.267	9
北京	0.205	0.211	68	0.192	0.184	72
吉林	0.213	0.233	8	0.118	0.127	8
四川	0.172	0.160	28	0.180	0.162	26
天津	0.193	0.200	12	0.181	0.205	12
宁夏	0.172	0.135	6	0.195	0.186	6
安徽	0.208	0.200	35	0.233	0.229	34
山东	0.194	0.174	46	0.165	0.150	45
山西	0.230	0.211	23	0.158	0.133	22
广东	0.181	0.176	67	0.178	0.158	69
广西	0.240	0.250	11	0.199	0.201	10
新疆	0.171	0.160	17	0.173	0.164	18
江苏	0.196	0.182	77	0.165	0.143	77
江西	0.227	0.227	19	0.212	0.176	19
河北	0.215	0.250	20	0.196	0.200	19

续表

年份 地区	2014 年			2021 年		
	均值	中值	数量	均值	中值	数量
河南	0.238	0.200	23	0.223	0.214	23
浙江	0.203	0.200	92	0.202	0.208	95
海南	0.157	0.136	3	0.124	0.154	3
湖北	0.137	0.129	26	0.137	0.130	27
湖南	0.201	0.201	24	0.159	0.143	23
甘肃	0.273	0.231	11	0.294	0.250	11
福建	0.168	0.148	24	0.158	0.133	22
西藏	0.174	0.174	1	0.167	0.167	1
贵州	0.288	0.313	7	0.237	0.167	7
辽宁	0.202	0.209	20	0.162	0.172	19
重庆	0.130	0.136	15	0.168	0.125	13
陕西	0.174	0.185	21	0.169	0.167	21
青海	0.078	0.087	3	0.184	0.160	3
黑龙江	0.200	0.176	11	0.183	0.176	11

资料来源：作者整理。

第四节　中国企业集团母子公司高管协同
配置行业差异及其演变

参考相关研究中行业分类方法与《国民经济行业分类》（GB/T 4754—2017），本书将样本企业划分至 16 个行业，具体编号及名称如表 2-3 所示，以此考察不同行业中母子公司高管协同配置的差异及其演变态势。

表 2-3　行业编号与名称

编号	行业名称	编号	行业名称
1	农、林、牧、渔业	9	房地产业
2	采矿业	10	租赁和商务服务业
3	制造业	11	科学研究和技术服务业

续表

编号	行业名称	编号	行业名称
4	电力、热力、燃气及水生产和供应业	12	水利、环境和公共设施管理业
5	建筑业	13	教育
6	批发业和零售业	14	卫生和社会工作
7	交通运输、仓储和邮政业	15	文化、体育和娱乐业
8	信息传输、软件和信息技术服务业	16	其他行业

资料来源：作者整理。

表 2-4 列出了 2014 年与 2021 年各行业的样本企业数量以及母子公司高管协同（ES）的均值、中值。可以发现，制造业行业中样本企业数量最多、占比最高，但是 2021 年相比于 2014 年比重减少 5%，一定程度上从侧面印证了 2011 年至 2020 年我国制造业比重持续较快下降的现实情况与经济发展规律的变化（黄群慧和杨虎涛，2022)[①]。从不同行业中样本企业母子公司高管协同配置程度来看，母子公司高管协同（ES）的均值和中值波动整体呈下降态势，尤其是电力、热力、燃气及水生产和供应业与信息传输、软件和信息技术服务业降幅较大。

表 2-4 2014 年与 2021 年各行业的母子公司高管协同配置对比

年份 行业	2014 年			2021 年		
	均值	中值	数量	均值	中值	数量
1	0.182	0.142	12	0.143	0.160	12
2	0.239	0.208	37	0.188	0.159	38
3	0.200	0.192	488	0.192	0.174	463
4	0.203	0.213	42	0.156	0.141	48
5	0.177	0.188	20	0.161	0.139	20
6	0.191	0.182	50	0.189	0.200	52
7	0.200	0.200	50	0.189	0.150	50

---

① 黄群慧、杨虎涛：《中国制造业比重"内外差"现象及其"去工业化"涵义》，《中国工业经济》2022 年第 3 期。

续表

年份 行业	2014 年			2021 年		
	均值	中值	数量	均值	中值	数量
8	0.220	0.276	12	0.151	0.132	22
9	0.187	0.174	42	0.180	0.179	44
10	0.183	0.182	11	0.182	0.143	14
11	0.184	0.215	4	0.226	0.215	4
12	0.161	0.148	11	0.126	0.100	13
13	—	—	—	0.260	0.260	2
14	0.000	0.000	1	0.000	0.000	1
15	0.209	0.187	12	0.239	0.231	13
16	0.217	0.249	8	0.174	0.160	4

资料来源：作者整理。

制造业是我国经济发展的核心产业，结合数据可获得性，本节基于更细致的行业分类角度进行深入分析，具体如下：参考张艳萍等（2022）[1]、胡渊等（2022）[2] 的研究，依据生产要素密集特征将制造业上市公司分为劳动密集型、技术密集型和资本密集型三类。由表 2-5 可知，大部分样本企业属于技术密集型，且资本密集型制造业的母子公司高管协同配置水平明显高于劳动密集型制造业与技术密集型制造业。对比 2014 年与 2021 年的数据可知，劳动密集型制造业与技术密集型制造业的母子公司高管协同配置程度均呈现下降的态势，资本密集型制造业的母子公司高管协同配置水平则有所提高。这在一定程度上反映出不同类型的制造业企业集团进行母子公司治理机制设计时对集权与分权的考量存在差异化，资本密集型制造业企业集团更倾向于实施母子公司高管协同配置。

---

① 张艳萍等：《数字经济是否促进中国制造业全球价值链升级？》，《科学学研究》2022 年第 1 期。

② 胡渊等：《企业异质性出口与对外投资倾向：来自中国的微观证据》，《中国软科学》2022 年第 11 期。

表 2-5 2014 年与 2021 年各类制造业的母子公司高管协同配置对比

年份 子行业	2014 年			2021 年		
	均值	中值	数量	均值	中值	数量
劳动密集型	0.190	0.179	66	0.181	0.159	62
技术密集型	0.195	0.190	319	0.185	0.167	304
资本密集型	0.222	0.214	103	0.220	0.235	97

资料来源：作者整理。

本章小结

本章内容对中国情境下母子公司高管协同配置在不同地区、不同行业的分布差异与演变趋势进行了描述性分析，结果发现：从整体态势来看，观测期内母子公司高管协同配置程度呈现出逐年递减的趋势；从地区层面来看，我国集团框架内上市公司的空间分布与母子公司高管协同配置程度在区域分布上呈现出明显的地域性差异，样本数量上整体呈现由东部沿海向内陆地区递减的特征，且东部沿海地区的高管协同配置程度普遍高于内陆地区；观测期内大部分地区母子公司高管协同配置现象存在一定普遍性，而且经济欠发达地区的母子公司高管协同配置程度有所上升；从行业层面来看，母子公司高管协同配置程度具有较强的行业异质性且整体呈下降态势，值得一提的是，在数量占据主体地位的制造业上市公司中，资本密集型制造业的母子公司高管协同配置水平高于劳动密集型制造业与技术密集型制造业，且呈现上升态势。

第 三 章

组态视角下母子公司高管协同配置的
驱动机制研究[①]

基于对母子公司高管协同配置理论研究现状的回顾和中国企业集团母子公司高管协同配置实践现状的描述，本书在该部分继续探索母子公司高管协同配置的驱动机制，分析具体是哪些因素对母子公司高管协同配置的实施产生了影响，即明晰母子公司高管协同配置的决策逻辑与规律性，形成更加丰富和完善的母子公司高管协同配置研究的理论体系。

第一节　问题的提出

企业集团的管控与协同体现了母公司对上市公司施加影响的过程，涉及母公司进行权力配置与分工而采取的所有方法与手段。根据企业集团领域的研究文献［贝伦佐内等（Belenzon, et al.），2019］[②]，集团总部的注意力资源（即集团总部对各成员企业经营状况的关注能力）具备一定的稀缺性，如何在母子公司层级组织间进行管控并实现协同效应，是集团化经营始终关心的重要议题。从狭义角度出发，母子公司关系的形成基础是资本联结，母子公司之间的控制与被控制关系主要来自因投资或兼并而产生的产权结构；但广义上，母子公司之间除了股权关系外还包含其他形式的联结与纽带。总

---

① 本章部分内容发表于《管理学季刊》2021 年第 3 期。

② Belenzon, S., et al., "The Architecture of Attention: Group Structure and Subsidiary Autonomy", *Strategic Management Journal*, Vol. 40, No. 10 (2019), pp. 1610–1643.

结以往研究中讨论的分类方式，企业集团中各隶属公司之间的协同行为涉及战略协同、人力资源协同、财务协同、创新协同和文化协同等，以上母子公司的协同关系深刻影响着企业集团竞争优势的塑造与发挥（陈志军和刘晓，2010）[①]。

本书第一章中指出，母子公司高管协同配置体现了企业集团为实现协同效应而采用的对集团内高管统一协调、集中配置的治理结构，反映了母子公司间的人力资源协同（徐鹏等，2020）[②]。高管协同的治理形式拥有提升公司社会资本、促进公司间良性行为模仿、降低公司不确定性风险等诸多效用[博尔加蒂和福斯特（Borgatti and Foster），2003[③]；陈仕华和卢昌崇，2017[④]；梁上坤等，2019[⑤]]，作为高管协同类型的一种，母子公司高管协同配置在治理实践中被广泛应用。但令人困惑的是，既然高管协同配置具备诸多优势，那么为何仍有集团公司并未选择这一治理形式？以及集团公司究竟在何种治理情境下才更倾向于实施高管协同配置的治理形式？

回顾已有文献，学者们对企业间高管协同现象进行了多方面的讨论，探索高管协同在各种治理情境下的作用机理的研究取得了丰富的成果[彭等（Peng，et al.），2015[⑥]；陈建林，2021[⑦]]。但随着研究的深入不难发现，该领域的学术研究在以下方面仍存在丰富空间：一方面，尽管现有文献对无产权隶属关系的企业间高层人员兼任现象（即高管横向协同配置）进行了

[①] 陈志军、刘晓：《母子公司协同效应评价的一种模型》，《经济管理》2010 年第10 期。

[②] 徐鹏等：《母子公司高管协同配置：表现形式、理论逻辑与整合研究框架》，《经济与管理评论》2020 年第5 期。

[③] Borgatti, S. P., Foster, P. C., "The Network Paradigm in Organizational Research: A Review and Typology", *Journal of Management*, Vol. 29, No. 6 (2003), pp. 991–1013.

[④] 陈仕华、卢昌崇：《国有企业高管跨体制联结与混合所有制改革——基于"国有企业向私营企业转让股权"的经验证据》，《管理世界》2017 年第5 期。

[⑤] 梁上坤等：《公司董事联结与薪酬契约参照——中国情境下的分析框架和经验证据》，《中国工业经济》2019 年第6 期。

[⑥] Peng, M. W., et al., "Human Capital and CEO Compensation during Institutional Transitions", *Journal of Management Studies*, Vol. 52, No. 1 (2015), pp. 117–147.

[⑦] 陈建林：《高管联结对制造业企业创新绩效的影响研究》，《科研管理》2021 年第1 期。

较为充分的研究（潘红波和韩芳芳，2016)①，初步厘清了高管横向协同配置的作用效果与作用路径［孙等（Sun，et al.），2016②；田高良等，2017③］，但学术界对高管协同配置现象的研究才刚刚起步，作为一种普遍存在的治理现象，高管协同配置的催生基础或适用情境尚不清晰。另一方面，治理组合包（Corporate Governance Bundle）观点指出，公司治理机制之间相互联动而非孤立地发挥作用［苏罗卡等（Surroca，et al.），2020]④，在组态视角下，不同公司治理制度耦合为复杂的制度组态，系统地塑造了公司的治理环境。尽管学术界一直存在从组态视角出发研究公司治理问题的呼吁［米萨尼和阿查里雅（Misangyi and Acharya），2014]⑤，但现有文献更多是在分析公司治理制度与公司层面经济或创新绩效的关系，少有研究将公司治理制度组态与高管资源配置联系起来，基于此，公司治理制度组态与高管协同配置之间的关系有待深入探索。

基于以上分析，本章从公司治理理论出发，借助模糊集定性比较分析（fsQCA）方法实证探索母子公司高管协同配置的驱动机制，主要回答了以下问题：（1）为什么有些公司实施了母子公司高管协同配置的治理形式而有些没有，即哪些公司治理制度组态导致了母子公司高管协同配置的实施？（2）影响母子公司高管协同配置的核心条件与边缘条件是什么，各条件如何发挥作用？（3）这些条件组合形成的组态之间有怎样的关系？

---

① 潘红波、韩芳芳：《纵向兼任高管、产权性质与会计信息质量》，《会计研究》2016年第7期。

② Sun, P., et al., "The Dark Side of Board Political Capital: Enabling Blockholder Rent Appropriation", *Academy of Management Journal*, Vol. 59, No. 2 (2016), pp. 1801–1822.

③ 田高良等：《基于连锁董事视角的税收规避行为传染效应研究》，《管理科学》2017年第4期。

④ Surroca, J. A., et al., "Is Managerial Entrenchment Always Bad and Corporate Social Responsibility Always Good? A Cross-national Examination of Their Combined Influence on Shareholder Value", *Strategic Management Journal*, Vol. 41, No. 5 (2020), pp. 891–920.

⑤ Misangyi, V. F., Acharya, A. G., "Substitutes or Complements? A Configurational Examination of Corporate Governance Mechanisms", *Academy of Management Journal*, Vol. 57, No. 6 (2014), pp. 1681–1705.

第二节　理论基础与分析框架

母子公司高管从非协同状态到协同状态的过程反映了母子公司治理机制的变革。从新制度经济学视角出发，一方面，旧制度中各因素间的组合导致了较高的制度运行成本，为制度变迁提供了基础；另一方面，路径依赖的存在也使得现有制度中的机制组合深刻影响着制度变革，这种制度变迁一旦走上了某一路径，其既定方向会在以后的发展过程中得到自我强化。因此，现有治理制度的构成情况是影响公司选择是否采取高管协同配置这一治理形式的重要因素。

自公司治理理论兴起以来，学者们对不同情境下的公司治理实践进行了一系列探讨［苏罗卡等（Surroca, et al.），2020］[①]。尽管研究者们对某些治理机制的作用效果还存在争议，但相关文献已经形成了较为严谨的研究体系，学术界对公司治理机制的分类方式也已形成了一定共识：首先，公司治理机制可以按照治理边界划分为内部治理（如董事会治理）与外部治理（如控制权市场）两部分［程等（Cheng, et al.），2016[②]；阿查里雅等（Acharya, et al.），2011[③]］。学者们指出，完整的公司治理体系包括内部治理和外部治理两方面要素，并通过产权和市场两条主线联系在一起。其中，内部治理体系为股东、董事会、高管等治理主体发表意见和参与公司经营决策提供了制度保证，外部治理体系则通过人力资源市场以及产品市场等外部市场带来的压力来改善治理环境。将产权作为基础的公司内部治理机制和以市场为出发点的外部治理机制可以协调委托人与代理人的利益诉求，两种机

---

① Surroca, J. A., et al., "Is Managerial Entrenchment Always Bad and Corporate Social Responsibility Always Good? A Cross-national Examination of Their Combined Influence on Shareholder Value", *Strategic Management Journal*, Vol. 41, No. 5 (2020), pp. 891-920.

② Cheng, Q., et al., "Internal Governance and Real Earnings Management", *The Accounting Review*, Vol. 91, No. 4 (2016), pp. 1051-1085.

③ Acharya, V. V., et al., "The Internal Governance of Firms", *The Journal of Finance*, Vol. 66, No. 3 (2011), pp. 689-720.

制之间相互关联，深刻影响着公司治理效果（徐鹏等，2019）[1]。其次，按照发挥作用的方式，治理机制被划分为激励机制与监督机制两类。激励机制强调对利益分配的协调，监督机制则更多强调控制属性。基于分权监督思想和激励相容原则［徐等（Xu, et al.），2020][2]，当代企业已经普遍采用了高管薪酬激励以及董事会监督等治理机制，相关机制的治理作用也已被反复分析［蔡贵龙等，2018[3]；徐鹏等，2019[4]；洛雷罗等（Loureiro, et al.），2020[5]］。最后的分类方式以治理主体为脉络，包括股东治理、董事会治理、高管（特别是首席执行官）治理等内容。研究者们指出，不同治理主体均在公司治理实践中饰演着重要角色（张宗益和宋增基，2011）[6]，通过相互间的博弈，各治理主体共同"瓜分"了公司的剩余控制权，并构成了公司有序运营的基础。通过对以上分类方式进行总结，同时也参考前人研究所提供的思路，本书认为现代公司治理机制主要涉及首席执行官激励机制、董事会监督机制、高层管理团队激励与协调机制、外部股东的控制与监督机制，以及控制权市场机制五部分。

一、首席执行官激励机制

理性人假设认为，委托人和代理人都会追逐自身利益的最大化。在此假定下，以首席执行官为代表的高层管理人员在谋求自身利益最大化的过程中可能会因为信息优势的存在而表现出机会主义倾向。管理实践中，强化激励一直是缓解此问题的思路之一，但相关激励方法是否真正有效也存在一定争

---

① 徐鹏等：《1998—2018 年中国公司治理研究热点与未来展望——基于 CiteSpace 的文献计量分析》，《山东财经大学学报》2019 年第 6 期。

② Xu, R., et al., "Executive Incentive Compatibility and Selection of Governance Mechanisms", *Accounting & Finance*, Vol. 60, No. 1 (2020), pp. 535-554.

③ 蔡贵龙等：《非国有股东治理与国企高管薪酬激励》，《管理世界》2018 年第 5 期。

④ 徐鹏等：《上市公司败德治理行为发生机理研究——基于组态视角的模糊集定性比较分析》，《管理学季刊》2019 年第 3 期。

⑤ Loureiro, G., et al., "One Dollar CEOs", *Journal of Business Research*, Vol. 109 (2020), pp. 425-439.

⑥ 张宗益、宋增基：《中国公司治理理论与实证研究——国家杰出青年基金项目 (70525005) 回溯》，《管理学报》2011 年第 3 期。

议［格瑞汉姆（Greckhamer），2016①；于震和张行，2020②］。一些学者从激励相容的观点出发，认为对首席执行官进行激励可以使股东与高层管理人员的利益目标趋于一致，从而降低了代理风险［贾等（Jia，et al.），2019］③。与之相悖，也有学者从管理层权力理论出发，指出首席执行官能够凭借自身权力影响公司激励政策的制定，从而使得激励趋于无效［万·埃森等（Van-Essen，et al.），2015］④。学术界对首席执行官激励的争论说明，首席执行官激励在公司治理过程中的作用机制较为复杂，在其他治理机制存在差异的情况下，针对首席执行官的激励也会产生异质性的结果。

二、董事会监督机制

董事会治理的形式在现代大型公司中得到了广泛应用，这得益于公司内部管理权与控制权的分离。法玛和詹森（Fama and Jensen，1983）⑤ 认为，决策管理和决策控制的分离是内部治理有效性得以实现的基本保障，被赋予决策控制权的董事会可以防止职业经理人在公司决策过程中一权独大，从而有效地降低了公司运营中的代理成本。可以说，作为公司最高决策机构，董事会被股东寄予厚望。但董事会制度并非完美，董事会的存在令公司内部原有的代理关系更为复杂，使得"股东—经理人"的单层代理关系成为"股东—董事会—经理人"的双层代理关系。不负责任的董事也可能不考虑自

---

① Greckhamer, T., "CEO Compensation in Relation to Worker Compensation Across Countries: The Configurational Impact of Country-level Institutions", *Strategic Management Journal*, Vol. 37, No. 4 (2016), pp. 793-815.

② 于震、张行：《"效率契约"还是"管理权力"？——公司治理对 CEO 股权激励的影响研究》，《管理评论》2020 年第 10 期。

③ Jia, N., et al., "Public Governance, Corporate Governance, and Firm Innovation: An Examination of State-owned Enterprises", *Academy of Management Journal*, Vol. 62, No. 1 (2019), pp. 220-247.

④ Van-Essen, M., et al., "Assessing Managerial Power Theory: A Meta-analytic Approach to Understanding the Determinants of CEO Compensation", *Journal of Management*, Vol. 41, No. 1 (2015), pp. 164-202.

⑤ Fama, E. F., Jensen, M. C., "Separation of Ownership and Control", *The Journal of Law and Economics*, Vol. 26, No. 2 (1983), pp. 301-325.

身原因而单纯地将公司业绩不佳等负面问题归咎于管理层。因此，董事会的治理效果亦难以用简单的"好"或"坏"进行定论。

三、外部股东的控制与监督机制

现代大型公司制企业拥有较为分散的股权结构，对于中小股东而言，投入精力去关心公司事务的相对成本过高。因此，他们更倾向于采用"搭便车"的治理方式，将公司的治理事务交由控股股东去决策。但是，这种方式为控股股东通过关联交易等途径攫取控制权私利提供了便利，并造成了"第二类代理问题"［姜等（Jiang, et al.），2010[①]；金等（Kim, et al.），2019[②]］。一般认为，那些实力强劲、能够抵抗大股东压力的外部股东可以通过退出威胁以及派驻董事等方式来限制控股股东，在缓解第二类代理问题上发挥着重要作用［达斯古普塔和皮亚琴蒂诺（Dasgupta and Piacentino），2015[③]；余怒涛等，2021[④]］。

四、高层管理团队激励与协调机制

高层管理团队（TMT）深刻地影响着公司决策的选择与执行，团队的有效协调是公司正常运营的必要基础［芬克尔斯坦和汉布瑞克（Finkelstein and Hambrick），1990[⑤]；苏马尔索诺（Sumarsono），2020[⑥]］。尽管法玛

---

① Jiang, G., et al., "Tunneling Through Intercorporate Loans: The China Experience", *Journal of Financial Economics*, Vol. 98, No. 1 (2010), pp. 1-20.

② Kim, B., et al., "Business Groups and Tunneling: Evidence from Corporate Charitable Contributions by Korean Companies", *Journal of Business Ethics*, Vol. 154, No. 3 (2019), pp. 643-666.

③ Dasgupta, A., Piacentino, G., "The Wall Street Walk When Blockholders Compete for Flows", *The Journal of Finance*, Vol. 70, No. 6 (2015), pp. 2853-2896.

④ 余怒涛等：《非控股大股东退出威胁究竟威胁了谁？——基于企业投资效率的分析》，《中央财经大学学报》2021 年第 2 期。

⑤ Finkelstein, S., Hambrick, D. C., "Top-management-team Tenure and Organizational Outcomes: The Moderating Role of Managerial Discretion", *Administrative Science Quarterly*, Vol. 35, No. 3 (1990), pp. 484-503.

⑥ Sumarsono, H., "Family in Top Management Team and Firm Value: Do Gender and Education of Family Manager Matter?", *Shirkah Journal of Economics and Business*, Vol. 5, No. 2 (2020), pp. 146-170.

(Fama，1980)① 认为，当经理人市场存在并有效运行时，管理人员不得不自我约束和相互监督以防止被其他竞争者替代。但现实情况是，有效经理人市场的前提假设太过苛刻，大多发展中国家并不存在成熟的经理人市场。相对而言，主张薪酬等级制度的锦标赛理论更加符合实践需求。当组织成员的偏好为风险中性时，基于等级的薪酬制度能够有效地配置资源，高管之间的薪酬等级差异有助于公司绩效的提升［巴克斯－耶尔纳和普尔（Backes-Gellner and Pull），2013②；孙慧和任鸽，2020③］。

五、控制权市场机制

控制权市场往往被视为公司治理约束管理者的最后一种手段［米萨尼和阿查里雅（Misangyi and Acharya），2014]④，但控制权市场能否发挥作用很大程度上受到股权结构的影响。卢拜克和詹森（Ruback and Jensen，1983)⑤ 指出，控制权市场是一个由不同管理主体相互争夺公司资源管理权的市场。如果公司控制权相对集中，控制权争夺者就不容易在控制权争夺中获得上风，公司被接管的潜在威胁过小，也就不能对现有管理团队造成威慑。

在明晰公司治理机制的类别后，有待分析的便是这些治理机制如何协同运作，并影响了母子公司高管协同的配置。在现有文献中，关于治理机制之间如何相互影响的论述存在两类常见观点。替代观点认为，一种治理机制

---

① Fama, E. F., "Agency Problems and the Theory of the Firm", *Journal of Political Economy*, Vol. 88, No. 2 (1980), pp. 288-307.

② Backes-Gellner, U., Pull, K., "Tournament Compensation Systems, Employee Heterogeneity, and Firm Performance ", *Human Resource Management*, Vol. 52, No. 3 (2013), pp. 375-398.

③ 孙慧、任鸽：《高管团队垂直薪酬差距、国际化战略与企业创新绩效——组织惯性的调节作用》，《经济与管理评论》2020 年第 2 期。

④ Misangyi, V. F., Acharya, A. G., "Substitutes or Complements? A Configurational Examination of Corporate Governance Mechanisms", *Academy of Management Journal*, Vol. 57, No. 6 (2014),pp. 1681-1705.

⑤ Ruback, R. S., Jensen, M. C., "The Market for Corporate Control: The Scientific Evidence", *Journal of Financial & Economics*, Vol. 11, No. 1-4 (1983), pp. 5-50.

（如激励机制）的影响可以被另一种治理机制（如监督机制）替换或取代，即在治理环境的塑造方面，各种治理制度的作用是相互替代的，并且这种替代关系广泛存在于内部与外部治理机制之间、激励与监督机制之间，以及不同治理主体之间［徐等（Xu, et al.），2020］①。替代观点将效率作为治理的标准，认为治理机制的选择来自对治理效率的权衡，一种治理机制的缺乏可以被另一种治理机制的存在抵消。在此视角下，如果两种治理机制都能够产生某种治理效果，则仅须采用其中一种。相较于替代观点，互补观点强调机制间的相互补充与影响。互补观点认为，各种治理制度通过相互补充共同塑造了治理环境，不同治理制度的并存提高了各自的有效性［阿查里雅等（Acharya, et al.），2011］②。互补概念反映了治理机制间协同作用的属性，在此视角下，特定治理制度将在与其他制度的共存中表现出差异化的作用，即表现出"$1+1 \neq 2$"的效应。总体来看，两种视角都考虑了公司治理机制的共存效果，制度的替代意味着一种制度多，另一种制度就少，即各种制度间此消彼长，制度的互补则意味着治理制度的并存强化了彼此的作用。两种视角并非截然对立，相关逻辑可能在组态条件的关系中单独或同时存在。已有文献虽然为这种治理机制间的联动关系提供了一定的经验证据［苏罗卡等（Surroca, et al.），2020］③，但受限于研究方法，多个治理机制之间组合作用的分析一直有待强化。

　　本节从组态视角出发，认为内外部治理机制对母子公司高管协同配置的影响并非彼此独立，而是通过相互间联动匹配的方式发挥作用［雷迪克和社（Rediker and Seth），1995］④。基于此，通过归纳前人的分析框架和分类

　　①　Xu, R., et al., "Executive Incentive Compatibility and Selection of Governance Mechanisms", *Accounting & Finance*, Vol. 60, No. 1 (2020), pp. 535-554.

　　②　Acharya, V. V., et al., "The Internal Governance of Firms", *The Journal of Finance*, Vol. 66, No. 3 (2011), pp. 689-720.

　　③　Surroca, J. A., et al., "Is Managerial Entrenchment Always Bad and Corporate Social Responsibility Always Good? A Cross-national Examination of Their Combined Influence on Shareholder Value", *Strategic Management Journal*, Vol. 41, No. 5 (2020), pp. 891-920.

　　④　Rediker, K. J., Seth, A., "Boards of Directors and Substitution Effects of Alternative Governance Mechanisms", *Strategic Management Journal*, Vol. 16, No. 2 (1995), pp. 85-99.

方式，界定并阐述首席执行官激励机制、董事会监督机制、高层管理团队激励与协调机制、外部股东的控制与监督机制，以及控制权市场机制等五类治理机制的内涵与特征，利用模糊集定性比较分析（fsQCA）方法探讨各种公司治理机制如何通过相互联动匹配影响母子公司高管协同配置的选择情况，相关分析有利于学者们更清晰地认识公司治理机制组态与母子公司高管协同配置的关系，进一步发展公司治理理论的组态逻辑。分析框架见图 3-1。

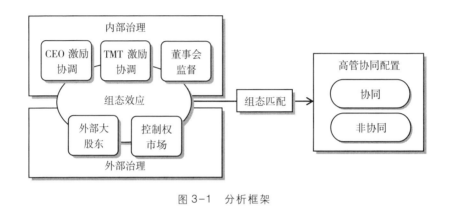

图 3-1　分析框架

第三节　研究设计

一、数据收集

本书以 2014—2020 年作为样本观测年份，选择此观测期间的原因如下：2013 年证监会发布了一系列重要改革措施，其中，2013 年 11 月 30 日发布的《关于在借壳上市审核中严格执行首次公开发行股票上市标准的通知》①规范了上市公司资产重组的程序，明确表示公司借壳上市审核要严格执行首次公开发行股票上市的标准，同时不允许在创业板进行借壳上市行为，这一政策可能会影响控制权市场等外部治理机制作用的发挥。

根据证监会发布的监管报告，2014 年，沪深两市已上市公司共 2613

---

① 该文件于 2020 年废止，在样本观测期间内，该政策的实施产生了重要影响。

家。首先，剔除观测期间内被特殊处理（ST）以及被停止上市的公司244家，剩余上市公司2369家。其次，去除银行、保险公司等金融行业的上市公司43家，剩余上市公司2326家。再次，参考卡尼等（Carney, et al., 2009）[1]、徐鹏和白贵玉（2019）[2]对集团隶属企业的划分依据，对以上样本进行再次筛选，共得到773家上市公司。最后，将此773家研究样本的高管协同数据进行整理，对任职高管的兼任信息进行逐条分析，确定观测期初上市公司高管均不在母公司单位任职（即不存在高管协同配置）的上市公司为基础样本，获得49家上市公司7年的观测数据，如表3-1所示。以此分析样本公司在高管协同配置安排上的演化过程，即探索哪些因素的共同作用促使原本未采用高管协同配置治理形式的上市公司向此方向转化。为了处理数据的时间效应，本书参考程建青等（2019）[3]的做法，将各变量进行了平均化处理。

表 3-1　样本筛选　　　　　　　　　　　（单位：家）

	筛选
观测期初上市公司数量	2613
去除特殊处理与退市公司后	2369
去除金融行业上市公司后	2326
存在集团隶属关系的公司	773
观测期初未采用协同配置的公司	49

资料来源：作者整理。

定性比较分析（QCA）方法基于组态视角探讨多要素的协同作用，旨在通过对样本案例的比较，探索条件组态与所关注结果间的复杂因果关系，是一种能够兼顾研究深度和可推广性的分析方法。该分析方法不仅适用于案

[1]　Carney, M., et al., "Business Group Performance in China: Ownership and Temporal Considerations", *Management and Organization Review*, Vol. 5, No. 2（2009）, pp. 167-193.
[2]　徐鹏、白贵玉：《动态竞争视角下制度环境与企业技术创新——来自企业集团框架内上市公司的经验证据》，《财经科学》2019年第10期。
[3]　程建青等：《制度环境与心理认知何时激活创业？——一个基于QCA方法的研究》，《科学学与科学技术管理》2019年第2期。

例数在 15 个以下的小案例分析或者 100 个案例以上的大样本研究，对于 15—50 个之间的中等样本也具备很好的适应性（伯努瓦·里豪克斯和查尔斯·拉金，2017）[①]。本书涉及 49 家上市公司，属于中等样本，样本规模与 QCA 方法相互匹配。

二、变量定义与测量

（一）结果变量的测量

母子公司高管协同（*ES*）：高管协同配置体现了企业集团为实现协同效应而采用的对集团内高管统一协调、集中配置的治理结构。在已有研究中，学者们一般以上市公司高管是否在大股东单位兼任职务来测量高管协同（潘红波和韩芳芳，2016[②]；徐鹏等，2020[③]）。参考这一做法，本书将高管协同设定为"0—1"变量，将观测期末高管在母公司单位兼任职务的公司赋值为"1"，将始终不存在高管协同配置情况的上市公司赋值为"0"。

（二）条件变量的测量

1. 首席执行官激励机制

本书以首席执行官薪酬激励（CC）作为上市公司首席执行官激励机制的体现，参考已有研究［荣格和苏布拉曼尼亚（Jung and Subramanian），2017］[④]，使用首席执行官年薪数额进行测量。首席执行官薪酬激励数值越高，说明上市公司对首席执行官的激励力度越大。

2. 高层管理团队协调机制

根据锦标赛理论，薪酬落差在协调高管团队积极工作方面发挥着显著作用，能够激励高层管理人员并协调高层管理人员之间的关系。借鉴这一思

[①] ［比利时］伯努瓦·里豪克斯、［美］查尔斯·拉金：《QCA 设计原理与应用：超越定性与定量研究的新方法》，杜运周、李永发译，机械工业出版社 2017 年版。

[②] 潘红波、韩芳芳：《纵向兼任高管、产权性质与会计信息质量》，《会计研究》2016 年第 7 期。

[③] 徐鹏等：《母子公司高管协同配置：表现形式、理论逻辑与整合研究框架》，《经济与管理评论》2020 年第 5 期。

[④] Jung, H. W. H., Subramanian, A., "CEO Talent, CEO Compensation, and Product Market Competition", *Journal of Financial Economics*, Vol. 125, No. 1 (2017), pp. 48–71.

想，本书利用 CEO 年薪数值与上市公司高管团队平均年薪数值的比值测量高层管理团队锦标赛（TMT），从而反映上市公司的高管团队协调情况。

3. 董事会监督

参考前人研究，董事会规模和董事会会议频率是反映董事会效率或监督能力的重要指标［科尔斯等（Coles, et al.），2008[1]；塔格尔等（Tuggle, et al.），2010[2]］。董事会成员由股东大会选举产生，不同的董事会成员可能代表着不同股东的意志。较大的董事会规模意味着需要更多的妥协才能达成共识，董事会的决策会更为稳定［程（Cheng），2008][3]。董事会会议是董事会成员参与决策的重要途径，董事会成员可以通过董事会会议履行自身的监督和管理职责。董事会会议频率的高低反映了董事会的履职强度，较高的董事会会议频率说明董事会在积极履行监督职责。借鉴已有文献的测量方式（陈仕华和张瑞彬，2020)[4]，本书使用上市公司年报中披露的董事会成员数量来测量董事会规模（BS），使用上市公司年报中披露的董事会会议次数来测量董事会会议频率（BC）。

4. 外部大股东监督

在针对外部大股东的研究中，机构投资者始终受到研究者们的关注［霍瓦基米安和胡（Hovakimian and Hu），2016[5]；陈等（Chen, et al.），2020[6]］，学者们认为，机构投资者有更强的动机与能力履行监督职责（梁

① Coles, J. L., et al., "Boards: Does One Size Fit All?", *Journal of Financial Economics*, Vol. 87, No. 2 (2008), pp. 329−356.

② Tuggle, C. S., et al., "Attention Patterns in the Boardroom: How Board Composition and Processes Affect Discussion of Entrepreneurial Issues", *Academy of Management Journal*, Vol. 53, No. 3 (2010), pp. 550−571.

③ Cheng, S., "Board Size and the Variability of Corporate Performance", *Journal of Financial Economics*, Vol. 87, No. 1 (2008), pp. 157−176.

④ 陈仕华、张瑞彬：《董事会非正式层级对董事异议的影响》，《管理世界》2020 年第 10 期。

⑤ Hovakimian, A., Hu, H., "Institutional Shareholders and SEO Market Timing", *Journal of Corporate Finance*, Vol. 36, 2016, pp. 1−14.

⑥ Chen, T., et al., "Institutional Shareholders and Corporate Social Responsibility", *Journal of Financial Economics*, Vol. 135, No. 2 (2020), pp. 483−504.

上坤，2018)①。参考以上研究，本书利用机构投资者持股占公司总股数的比例来测量外部大股东持股（OB）。

5. 控制权市场

根据公司控制权市场理论，当上市公司的股权结构相对分散，且缺乏经营效率时，就容易引发公司的控制权或代理权争夺（崔宏和夏冬林，2006)②，所以，相对分散的股权结构有利于对大股东实施有效的监督。反之，第一大股东的股权集中会削弱控制权市场的作用效果。本书利用第一大股东持股比例来测量上市公司的股权集中度（MCC）。股权集中度越高，控制权市场对大股东和管理层的约束能力越弱。

三、变量校准

校准是将变量转化为集合，给案例赋予集合隶属度的过程［施奈德和瓦格曼（Schneider and Wagemann），2012]③。模糊集定性比较分析中，校准后的分数代表属于某一集合的程度，"1"表示完全隶属于某集合，"0"表示完全不隶属于某集合，转变后的集合隶属度介于 0 与 1 之间。由于结果变量已经是"0—1"变量，此处仅对条件变量进行校准。在变量的校准过程中，本书参考已有文献（杜运周和贾良定，2017)④，首选将理论和实践知识作为校准的依据。

首先，在高管团队锦标赛（TMT）变量的校准上，本书参考了现有研究的结论。拉齐尔和罗森（Lazear and Rosen，1981)⑤ 认为，首席执行官与高管团队成员之间过高的薪酬差距不能用传统经济理论解释，并将 3 倍以上

---

① 梁上坤：《机构投资者持股会影响公司费用粘性吗?》，《管理世界》2018 年第 12 期。

② 崔宏、夏冬林：《全流通条件下的股东分散持股结构与公司控制权市场失灵——基于上海兴业房产股份有限公司的案例分析》，《管理世界》2006 年第 10 期。

③ Schneider, C. Q., Wagemann, C., *Set-Theoretic Methods for the Social Sciences*：*A Guide to Qualitative Comparative Analysis*, Cambridge University Press, 2012, pp. 52–60.

④ 杜运周、贾良定：《组态视角与定性比较分析（QCA）：管理学研究的一条新道路》，《管理世界》2017 年第 6 期。

⑤ Lazear, E. P., Rosen, S., "Rank-order Tournaments as Optimum Labor Contracts", *Journal of Political Economy*, Vol. 89, No. 5 (1981), pp. 841–864.

的薪酬差距作为锦标赛理论存在的证据。而与之对应，若高管薪酬差距的倍数接近 1 则代表着绝对的平均主义。参考这一现有经验，本书将 3 倍的薪酬差异确定为高管团队锦标赛的完全隶属点，将无薪酬差距（即首席执行官年薪数值与上市公司高管团队平均年薪数值的比值为 1）作为完全不隶属点，同时将两者的中间值 2 倍薪酬差异作为最大模糊点。

其次，在股权集中度（MCC）这一变量的校准上，本书参考了《公司法》对股东投票权的规定。根据《公司法》的规定，"股东大会作出决议，必须经出席会议的股东所持表决权过半数通过"。同时，"股东大会作出修改公司章程、增加或者减少注册资本的决议，以及公司合并、分立、解散或者变更公司形式的决议，必须经出席会议的股东所持表决权的三分之二以上通过"。在此基础上，公司股东若持有 2/3 以上的股权，便代表可全权控制公司，而若持股低于 1/3 便代表失去对公司事务的一票否决能力。由此，2/3、1/2 和 1/3 的持股水平可以被视为股权集中的三个关键点。本书在变量校准过程中借助此三个关键节点，将其分别作为股权集中的完全隶属点、最大模糊点，以及完全不隶属点。

再次，在外部大股东持股（OB）变量的校准上，本书主要参考《公司法》和《证券法》中对股东权利的规定。关于中小股东的持股水平与对应权利，《公司法》和《证券法》中有几个关键节点。第一，在《证券法》中，5% 的持股水平被视为"举牌线"，是外部股东持股水平能对公司造成重大影响的标志。第二，《公司法》规定，"单独或者合计持有公司百分之三以上股份的股东，可以在股东大会召开十日前提出临时提案并书面提交董事会"，保障了相应股东的监督权。第三，《公司法》规定，"有限责任公司的股东、股份有限公司连续一百八十日以上单独或者合计持有公司百分之一以上股份的股东，可以书面请求监事会或者不设监事会的有限责任公司的监事向人民法院提起诉讼"，限定了中小股东监督公司的基本持股要求。本书在变量校准过程中借助此三个关键点，将 5%、3% 和 1% 分别作为外部大股东持股的完全隶属点、最大模糊点和完全不隶属点。

最后，虽然校准的目的是将基本性质锚定在有理论意义的标准上（查尔斯·拉金，2019)[1]，但当经验数据相对缺乏时，研究人员就不得不依赖其他证据来建立校准，而这往往涉及根据研究的样本分布确定关键隶属点 [米萨尼等 (Misangyi, et al.)，2017][2]。因此，针对其他相对缺少已有文献支持、难以借助现有经验来进行校准的变量，参考先前的研究 [菲斯 (Fiss)，2011][3]，使用直接校准法，将各变量的完全隶属点、最大模糊点、完全不隶属点分别设定为特定变量的上四分位数、中位数和下四分位数。文章通过统计软件对样本上市公司的数据进行分析，得到各变量的四分位数数值，并输入 QCA 软件进行校准。

第四节　数据分析与结果讨论

一、数据分析

(一) 必要条件分析

在进行条件组态分析前，本书进行了必要条件分析，以检验各前因要素是否是导致被解释结果的必要条件，检验结果如表 3-2 所示。观察必要条件的分析结果后，可以发现各前因要素的一致性均低于 0.9，说明不存在作为必要条件的前因要素。

表 3-2　必要条件分析结果

前因条件	一致性	覆盖度
首席执行官薪酬激励	0.523	0.550
~首席执行官薪酬激励	0.477	0.511
高管团队锦标赛	0.705	0.526

---

① ［美］查尔斯·拉金：《重新设计社会科学研究》，杜运周译，机械工业出版社 2019 年版，第 47—455 页。

② Misangyi, V. F., et al., "Embracing Causal Complexity: The Emergence of a Neo-configurational Perspective", *Journal of Management*, Vol. 43, No. 1 (2017), pp. 255-282.

③ Fiss, P. C., "Building Better Causal Theories: A Fuzzy Set Approach to Typologies in Organization Research", *Academy of Management Journal*, Vol. 54, No. 2 (2011), pp. 393-420.

续表

前因条件	一致性	覆盖度
~高管团队锦标赛	0.295	0.542
董事会规模	0.642	0.611
~董事会规模	0.358	0.429
董事会会议频率	0.504	0.543
~董事会会议频率	0.496	0.518
外部大股东持股	0.600	0.734
~外部大股东持股	0.400	0.375
股权集中度	0.105	0.515
~股权集中度	0.895	0.533

资料来源：作者整理。

（二）条件组态分析

通过以上必要条件分析，发现单项前因条件不能导致结果的发生。鉴于此，本书进一步使用 fsQCA3.0 软件，对导致上市公司高管协同配置的前因条件进行组态分析。首先使用真值表算法对数据进行整理，在真值表界面设定基础参数。现有学者指出，在条件组态的充分性分析过程中，一致性水平阈值不应低于 0.75 ［施奈德和瓦格曼（Schneider and Wagemann），2012］[1]。本书遵循这一指导意见，将原始一致性阈值确定为 0.75。同时参考已有文献 ［杜运周等，2020[2]；谢智敏等，2020[3]；格瑞汉姆（Greckhamer, et al.），2018[4]］，设定 PRI[5] 一致性不低于 0.70。此外，基于前人研究从样本规模出发界定频数阈值的思路，并参考中小样本 QCA 研究中频数阈值普遍

---

① Schneider, C. Q., Wagemann, C., *Set-Theoretic Methods for the Social Sciences: A Guide to Qualitative Comparative Analysis*, Cambridge University Press, 2012, pp. 29-35.

② 杜运周等：《什么样的营商环境生态产生城市高创业活跃度？——基于制度组态的分析》，《管理世界》2020 年第 9 期。

③ 谢智敏等：《创业生态系统如何促进城市创业质量——基于模糊集定性比较分析》，《科学学与科学技术管理》2020 年第 11 期。

④ Greckhamer, T., et al., "Studying Configurations with Qualitative Comparative Analysis: Best Practices in Strategy and Organization Research", *Strategic Organization*, Vol. 16, No. 4 (2018), pp. 482-495.

⑤ PRI 是指"不一致性的比例减少"，该指标是 QCA（定性比较分析）所用软件中的一个指标术语。

界定为 1 的做法（张明等，2019）①，将频数阈值设置为 1。最后，由于相关实证经验的缺乏，本书在反事实分析中假定各种治理机制的存在与否均可促进高管协同配置的出现。

在此基础上，本书通过 fsQCA3.0 软件的标准分析选项进行运算，得到了复杂解、简单解和中间解。参考现有文献的做法［克里利等（Crilly, et al.），2012②；查尔斯·拉金，2019③］，将同时出现于简单解和中间解的条件标记为核心条件，将只出现在中间解的条件设定为边缘条件，分别用不同符号表示，得到表 3-3。

表 3-3　QCA 分析结果

条件	母子公司高管协同			非协同	
	S1	S2	S3	N1	N2
首席执行官薪酬激励	●	●	⊕	●	●
高管团队锦标赛	●	●	●	●	⊕
董事会规模	●	⊕	●	⊕	⊕
董事会会议频率	⊕	●	●	●	●
外部大股东持股	●	●	●	⊕	⊕
股权集中度	⊕	⊕	●		⊕
一致性	0.789	0.774	0.836	0.874	0.767
原始覆盖度	0.181	0.115	0.041	0.151	0.077
唯一覆盖度	0.158	0.094	0.030	0.107	0.033
解的一致性	0.806	0.853			
解的覆盖度	0.306	0.184			

注：●或●表示该条件存在，⊕或⊕表示该条件不存在；●或⊕表示该条件为核心条件，●或⊕表示该条件为边缘条件；空白表示该条件在组态中可以存在也可以不存在。

资料来源：作者整理。

---

① 张明等：《中国企业"凭什么"完全并购境外高新技术企业——基于 94 个案例的模糊集定性比较分析（fsQCA）》，《中国工业经济》2019 年第 4 期。

② Crilly, D., et al., "Faking it or Muddling Through? Understanding Decoupling in Response to Stakeholder Pressures", *Academy of Management Journal*, Vol. 55, No. 6 (2012), pp. 1429-1448.

③ ［美］查尔斯·拉金：《重新设计社会科学研究》，杜运周译，机械工业出版社 2019 年版，第 87—95 页。

由表 3-3 可知，共存在三个驱动上市公司实施高管协同配置的前因条件组态。三个组态的一致性水平均高于 0.75，说明各前因条件组态均属于上市公司高管协同配置的充分条件。此外，总体解的一致性为 0.806，说明定性比较分析的整体结果也符合一致性门槛值的要求。

二、结果阐释

通过 QCA 分析，本书得到了三条诱发高管协同的组态，并基于此归纳出三种驱动上市公司高管协同配置的路径，具体阐述如下。

（一）赋能控制型（组态 S1）：CC×TMT×BS×~BC×OB×~MCC

该组态表明：对于存在外部大股东而且母公司持股比例不高的上市公司，当内部 CEO 激励和高管团队竞争都较为明显时，如果其拥有一个规模较大但履职并不频繁的董事会，就容易搭配使用高管协同配置的治理形式。不完全契约理论认为（Grossman and Hart，1986）[1]，管理实践的复杂性使得人们难以对所有可能发生的情况都作出规划，故而委托人与代理人无法达成完备的契约。契约的不完备性造成了剩余控制权的存在，获得剩余控制权的利益相关者可以在契约未明确规定的事件发生时作出相应决策。通常而言，剩余控制权承载于股权、财产权及经营权之上，在股东和管理层之间分配（吴炯，2016）[2]，具体将多少剩余控制权分配给管理层，受到股东用人策略的影响。在中国传统的"用人不疑，疑人不用"授权情境下，管理层一旦得到股东的信任，股东就倾向于向其赋能，将更多的自由裁量权赋予公司管理层。在第一类组态中，母公司更倾向于通过实施激励策略来驾驭上市公司管理层，即采用高管协同的机制让部分上市公司管理者兼任母公司和上市公司职位，这一定程度上反映了母公司对管理层的信任，通过向上市公司管理层赋能塑造强势的管理者，并借此实现对上市公司的良好控制。

---

[1]　Grossman, S. J., Hart, O., "The Costs and Benefits of Ownership: A Theory of Vertical and Lateral Integration", *Journal of Political Economy*, Vol. 94, No. 4（1986），pp. 691-719.

[2]　吴炯：《家族企业剩余控制权传承的地位、时机与路径——基于海鑫、谢瑞麟和方太的多案例研究》，《中国工业经济》2016 年第 4 期。

（二）权力协调型（组态 S2）：CC×TMT×～BS×BC×OB×～MCC

该组态表明：对于 CEO 激励和高管团队竞争明显的上市公司，当存在外部大股东而且母公司持股比例不高时，如果董事会规模较小且履职频繁，上市公司会倾向于选择高管协同配置这一治理形式。委托代理理论认为，代理成本的构成涉及委托人对代理人的监督成本、激励成本以及因代理人决策与委托人所希望决策之间的分歧或差异造成的价值损失等［詹森和梅克林（Jensen and Meckling），1976］[1]。造成这些成本的现实基础来自委托人与代理人之间的信息不对称，以及因此而不可避免的协调问题。在公司制度下，股东与管理层之间、大股东与中小股东之间都存在复杂的代理问题。治理主体之间在遭遇涉及自身利益的问题时可能会产生许多不必要的摩擦，这严重削弱了公司运行的效率，造成权力协调成本畸高。在第二类组态中，公司内部力量构成较为复杂，大股东、外部股东与管理层之间力均势敌，权力间的协调势在必行。此时，为了减少权力摩擦，降低因权力过度分散造成的低效率问题，就需要提升治理主体之间的协调水平。鉴于纵向兼任高管在降低代理成本、提升协调效率上的突出作用，高管协同配置的治理形式也便更容易被此情景下的公司接受并采用。

（三）强化督导型（组态 S3）：～CC×TMT×BS×BC×OB×MCC

路径构成表明，对于那些 CEO 激励不强但高管团队竞争明显的公司，在董事会规模较大且履职强度较高时，如果同时存在外部大股东和持股比例较高的第一大股东，也容易选择使用高管协同配置的治理形式。证券投资组合理论认为［法玛（Fama），1980］[2]，随着投资的充分分散化，投资组合的收益与组合中单一公司经营状况的关系逐渐减弱，投资组合的持有人因此可以有效地降低投资风险，但这也令投资者失去了具体监管某家公司的动力。与之相反，单一公司在投资组合中占比越高，投资者越有动机强化对特

---

① Jensen, M. C., Meckling, W. H., "Theory of the Firm: Managerial Behavior, Agency Costs and Ownership Structure", *Journal of Financial Economics*, Vol. 3, No. 4 (1976), pp. 305-360.

② Fama, E. F., "Agency Problems and the Theory of the Firm", *Journal of Political Economy*, Vol. 88, No. 2 (1980), pp. 288-307.

定公司的监管。在第三类组态中，样本公司的重要特点之一便是股权相对集中，尽管较为集中的股权结构使得控制权市场带来的压力下降，但也令母公司利益与上市公司经营状况更加紧密地连接在一起。特别是在不强调利用激励策略的背景下，为了保障自身利益，母公司有必要了解上市公司的经营状况。故而此时，母公司更加具备监督意识，更可能利用纵向兼任高管固有的监管属性强化监督能力。

三、稳健性检验

为了保障研究结果的可靠性，本书采用三种方法进行稳健性检验。首先，参考克里利（Crilly，2011）[1] 和张明等（2019）[2] 的做法，通过调整 fsQCA 过程中使用的一致性阈值检查研究结果的稳健程度。具体而言，现有 QCA 研究中，学者们广泛使用的一致性阈值包括 0.75 和 0.8 ［崔等（Cui，et al.），2017[3]；杜运周等，2020[4]；黎常，2019[5]］。上文分析采用了 0.75 作为一致性阈值。此处，将 0.8 作为分析阈值进行稳健性检验。结果发现，当本书将一致性阈值由 0.75 提升至 0.8 后，中间解的覆盖率则是由 0.306 大幅下降到了 0.041。说明将 0.75 作为本书的一致性阈值，更能保证案例的可解释性。其次，参考苏等（Su，et al.，2019）[6] 的做法，通过调整频数阈值进行另一种稳健性检验。在保持其他因素不变的情况下，将案例频率数由

---

① Crilly, D., "Predicting Stakeholder Orientation in the Multinational Enterprise: A Mid-range Theory", *Journal of International Business Studies*, Vol. 42, No. 5 (2011), pp. 694–717.

② 张明等：《中国企业"凭什么"完全并购境外高新技术企业——基于 94 个案例的模糊集定性比较分析（fsQCA）》，《中国工业经济》2019 年第 4 期。

③ Cui, L., et al., "Where to Seek Strategic Assets for Competitive Catch-up? A Configurational Study of Emerging Multinational Enterprises Expanding into Foreign Strategic Factor Markets", *Organization Studies*, Vol. 38, No. 8 (2017), pp. 1059–1083.

④ 杜运周等：《什么样的营商环境生态产生城市高创业活跃度？——基于制度组态的分析》，《管理世界》2020 年第 9 期。

⑤ 黎常：《失败归因对创业者再创业行为选择的影响研究》，《科研管理》2019 年第 8 期。

⑥ Su, Y., et al., "Internationalization of Chinese Banking and Financial Institutions: A Fuzzy-set Analysis of the Leader-TMT Dynamics", *The International Journal of Human Resource Management*, Vol. 30, No. 4 (2019), pp. 2137–2165.

1 提升至 2，并进行标准分析。结果发现，案例阈值的提升导致最终解的覆盖度和一致性都出现了一定程度的下降（两者分别为 0.276 和 0.793），但组态 S1 和 S2 仍然得到了支持。这一结果为本书所获得组态的可靠性提供了一定证据。最后，参考杜运周等（2020）① 的研究，调整了 PRI 一致性的设定，将 PRI 一致性从不低于 0.70 提升为不低于 0.75，再次进行标准分析后发现，组态结果并不发生较大变化，同样说明了研究结果的稳健性。

四、因果非对称性的研究

除了能分析多变量的组态效应之外，QCA 方法在因果推断上也同传统回归方法迥然不同，其坚持的"因果非对称性"思想认为某个结果的出现与否需要不同的"原因组合"来分别解释（伯努瓦·里豪克斯和查尔斯·拉金，2017）②。因此，为了更全面、深入地探索母子公司高管协同配置的驱动机制，本书进一步分析了导致上市公司未出现高管协同的组态，并得到两种路径，具体如下：

N1：CC×TMT×~BS×~BC×~OB，表明当上市公司 CEO 激励和高管团队竞争明显时，若公司不存在外部大股东干涉，较小的董事会规模和履职频率会促使上市公司选择不采用高管协同配置这一治理形式。管理实践中，有限责任制在促进管理职位专业化的同时，也带来了代理人的道德风险问题。为了应对委托代理双方利益诉求不一致导致的代理问题，激励与监督两种治理思路均被广泛采用。在股东所有权与实际控制权分离的背景下，以高管激励与董事会制度为主的内部治理被认为是有效地维护了股东利益。组态 N1 中，较小的董事会规模意味着董事会更为高效的决策，董事会能够花费更小的成本以形成共识。同时，公司也充分地应用了针对 CEO 及其团队的激励，协调了管理者与公司的利益追求。得当的激励与监督共同保障了公司治理的

① 杜运周等：《什么样的营商环境生态产生城市高创业活跃度？——基于制度组态的分析》，《管理世界》2020 年第 9 期。
② ［比利时］伯努瓦·里豪克斯、［美］查尔斯·拉金：《QCA 设计原理与应用：超越定性与定量研究的新方法》，杜运周、李永发译，机械工业出版社 2017 年版，第 90—98 页。

效率，使得公司无须因为治理效率缺陷而实施高管协同配置。

N2：CC×~TMT×~BS×BC×~OB×~MCC，表明当上市公司 CEO 激励程度高但高管团队竞争不明显时，如果董事会规模较小但履职强度较高，相对分散的股权结构和外部大股东的缺位会令上市公司倾向选择不采用高管协同配置这一治理形式。管理层权力理论认为，随着高层管理者权力的提升，高层管理者越发有能力影响公司激励政策的制定，从而可能使得某些激励机制趋于无效［万·埃森等（Van-Essen，et al.），2015］①。在公司内部控制制度有所欠缺的情况下，相关效应尤为明显，管理层可能会获得过多的剩余控制权，从而表现出独断般的影响力。在组态 N2 中，公司的高管激励呈现出一种雨露均沾的形式，激励效果便得不到充分发挥。如果再进一步应用母子公司高管协同配置的形式，可能会愈发强化上市公司管理层的影响力，削弱其他治理机制的有效性，从而有损公司的运行效率。基于这种考量，母子公司高管协同配置的应用机会将相应减少。与造成上市公司采用高管协同配置治理方式的组态进行比较可以发现，非高管协同配置的两条路径并不是高管协同配置的三条路径的对立面，即影响高管协同配置的原因确实具有非对称性特征。

本章小结

一、研究结论

本书以我国上市公司为样本，从公司治理理论出发，应用定性比较分析方法整合了涉及上市公司内外部治理制度的六个变量，探讨影响上市公司高管协同配置的多重并发机制。研究获得以下结论：（1）母子公司高管协同配置有三类驱动路径，分别是因母公司对管理层的赋能需求导致的赋能控制

---

① Van-Essen，M.，et al.，"Assessing Managerial Power Theory：A Meta-analytic Approach to Understanding the Determinants of CEO Compensation"，*Journal of Management*，Vol. 41，No. 1（2015），pp. 164-202.

型、因明晰权力划分需要导致的权力协调型和因母公司监督意识增强导致的强化督导型。（2）在各路径中，内外部治理制度之间是互补关系而非替代关系，单纯的内部治理或外部治理机制组合都不是导致高管协同配置的充分条件。（3）非高管协同配置的驱动机制分为两条路径，且与母子公司高管协同配置的驱动机制存在非对称因果关系。

二、理论贡献

首先，本章有助于扩展对不同类型高管协同配置现象的研究，进一步厘清高管协同配置的理论构念。对于纵向兼任高管，母公司的兼职身份会使其在上市公司中具有相对特殊的地位。已有文献在分析高管协同配置的治理作用时，发现了纵向兼任高管在强化监督、降低第一类代理问题方面的作用（佟爱琴和李孟洁，2018）[①]，认为这种协同关系通过减少信息不对称有效地缓解了代理冲突。而本章通过分析公司治理机制组态与高管协同配置的关系，发现高管协同配置除了发挥监督效果外，还可能兼具赋能控制、权力协调等功能。且不同于以往研究主要强调高管协同配置的正向作用（潘红波和韩芳芳，2016[②]；韩金红和余珍，2019[③]），从因果非对称视角得出的组态结果显示高管协同配置可能会存在因强化管理权力配置而削弱激励效果的风险。相关结论进一步揭示了高管协同配置的丰富治理效果，有助于深化学术界对高管协同配置这一现象的认识。

其次，已有研究指出，两权分离背景下，高管任免是内部治理发挥成效的重要手段，且相关文献往往强调公司经济绩效在其中发挥的作用，认为公司经济绩效的优劣可以用于评判管理者的尽责情况并主导管理者的任免

---

① 佟爱琴、李孟洁：《产权性质、纵向兼任高管与企业风险承担》，《科学学与科学技术管理》2018 年第 1 期。

② 潘红波、韩芳芳：《纵向兼任高管、产权性质与会计信息质量》，《会计研究》2016 年第 7 期。

③ 韩金红、余珍：《纵向兼任高管与企业投资效率——基于"监督效应"和"掏空效应"分析》，《审计与经济研究》2019 年第 4 期。

（刘青松和肖星，2015）①。然而此类研究与管理实践不符的是，有许多因素并不受管理者的控制或影响，管理者的勤勉未必能转化为相应的公司绩效。同时，高管的任免并不仅由公司的经济绩效决定，而且受多方面因素的影响。本章分析了公司治理机制组态与母子公司高管协同配置的关系，研究发现有三类路径驱动了母子公司高管协同配置，研究结果进一步挑战了经济因素支配高管配置变化的观点，强调了治理需求等非经济因素对高管配置变化的影响，为高管配置与安排的相关研究提供了新的视角和经验证据。

最后，本章通过引入组态视角，进一步拓展了公司治理理论的应用。公司治理机制间的联动关系是怎样的？是相互补充关系、替代关系还是两者兼而有之？这些问题长久横亘在公司治理领域的研究中，相关争议使得学术界亟须探索多种治理机制的组合效应［米萨尼和阿查里雅（Misangyi and Acharya），2014］②。然而受限于方法，已有文献通过实证分析，往往仅能探讨两到三个治理机制间的交互作用［苏罗卡等（Surroca, et al.），2020］③。在此背景下，本章从组态视角出发，使用 fsQCA 方法探讨了多种治理制度的联动效应。结果发现，无论在内部与外部治理机制之间、激励与监督机制之间还是不同治理主体之间，一种治理机制的实施通常都伴随着另一种治理机制的存在，未出现一种机制存在另一种便不存在的情况，说明各治理机制之间更多的是通过共存互补的方式塑造了公司的治理环境，并影响了母子公司高管协同配置的情况。相应研究进一步提升了公司治理理论对高管协同配置现象的解释力度，丰富了公司治理理论的内涵。

---

① 刘青松、肖星：《败也业绩，成也业绩？——国企高管变更的实证研究》，《管理世界》2015 年第 3 期。

② Misangyi, V. F., Acharya, A. G., "Substitutes or Complements? A Configurational Examination of Corporate Governance Mechanisms", *Academy of Management Journal*, Vol. 57, No. 6（2014），pp. 1681-1705.

③ Surroca, J. A., et al., "Is Managerial Entrenchment Always Bad and Corporate Social Responsibility Always Good? A Cross-national Examination of Their Combined Influence on Shareholder Value", *Strategic Management Journal*, Vol. 41, No. 5（2020），pp. 891-920.

三、管理启示

本章通过研究公司治理机制组态与母子公司高管协同配置的关系，发现了赋能控制型、权力协调型和强化督导型等三类驱动母子公司高管协同配置的组态，基于相关组态的内涵，研究得出以下管理启示：第一，通过高管赋能提升集团管理效率。前文提及，集团总部的注意力资源具有相对的稀缺性。在此背景下，企业集团可以通过委任双重职务的方式向上市公司高管赋能，形成母子公司间的高管协同配置，充分发挥集团内部人力资源协同带来的信息交换作用，提升集团内部交流效率。第二，借助高管协同配置协调并减少权力摩擦。企业集团可以借助高管协同配置进一步明晰上市公司内部的权力划分，协调各方利益，减少因权责不明导致的冲突，提升管理决策中权力主体间沟通和达成共识的效率。第三，通过协同高管强化监督。母公司可以将纵向兼任高管作为媒介，从而深化对上市公司内部代理问题的了解，及早发现并缓解代理冲突。

第 四 章

母子公司高管协同配置的治理效应研究

中国资本市场一个典型的特征是上市公司股权集中度相对较高，实际控制人的控制权与现金流权分离现象较为普遍，由此导致中国制度背景下母子公司高管协同配置的治理效应更加多维、复杂。一方面，母子公司高管协同配置作为企业集团框架内母子公司治理结构安排的组合要素，是发挥集团化经营协同效应的重要手段和途径；另一方面，母子公司高管协同配置也为母公司与上市公司高管通过合谋实施利益输送提供了可能性与相对便捷的途径。本章将从母公司隧道行为、上市公司现金股利政策、上市公司董事高管责任保险、上市公司内部控制质量、上市公司治理稳定性、上市公司 AI 转型与上市公司的技术创新行为七个维度对母子公司高管协同配置的治理效应进行实证检验，以此剖析母子公司高管协同配置治理逻辑在中国制度背景下的普适性与异质性。

第一节　母子公司高管协同配置与母公司隧道行为①

一、问题的提出

如何防止第二类代理问题，保护中小股东的合法权益，始终是完善公司治理的核心和关键。康美药业和康得新等上市公司因为母公司或实际控制人

---

①　本节部分内容发表于《劳动经济评论》2020 年第 2 期。

违规占用上市公司巨额资金，出现财务造假并引致资本市场股价暴跌等侵害中小股东利益的现象，再次引起学术界和实践界对大股东隧道行为的关注。母子公司制是社会化大生产发展到一定程度后所出现的一种重要且复杂的现代企业制度，也是我国企业集团目前采取的主流组织形式（徐鹏，2016）[1]。母子公司制形成的金字塔网络能够创造资本杠杆效应，推动集团快速发展。但是，随着实践中越来越多的大股东或实际控制人利用金字塔结构提供的渠道便利性和隐蔽性侵占中小股东利益的现象不断发生，使得外界对母子公司制有效性和优越性的评价褒贬不一。在此背景下，如何有效缓解和规避母子公司形式企业集团实际控制人的隧道行为，成为学术界和实践界共同关注的焦点。

目前，学术界从股权制衡和董事会治理等视角对隧道行为的发生机理已进行了诸多探索，比如股权制衡层面，博阿滕和黄（Boateng and Huang，2017）[2] 通过实证研究发现，多个非控股大股东的存在可以抑制隧道行为的发生；姜付秀等（2015）[3] 认为，非控股大股东的退出威胁可以有效约束控股股东的利益侵占行为；海格贝尔和王（Huyghebaert and Wang，2012）[4] 的研究则表明股权制衡度越高，第一大股东侵占中小股东利益的动机越弱。在董事会治理方面，伊瓦萨克（Iwasaki，2014）[5] 研究发现，董事会治理行为对有效降低代理成本以及保护中小股东利益有积极影响；谢永珍和刘美芬（2016）[6] 的

① 徐鹏：《子公司动态竞争能力培育机制及效应研究——基于公司治理视角》，经济科学出版社 2016 年版，第 1—8 页。

② Boateng, A., Huang W., "Multiple Large Shareholders, Excess Leverage and Tunneling: Evidence from an Emerging Market", *Corporate Governance: An International Review*, Vol. 25, No. 1 (2017), pp. 58−74.

③ 姜付秀等：《退出威胁能抑制控股股东私利行为吗?》，《管理世界》2015 年第 5 期。

④ Huyghebaert, N., Wang L., "Expropriation of Minority Investors in Chinese Listed Firms: The Role of Internal and External Corporate Governance Mechanisms", *Corporate Governance: An International Review*, Vol. 20, No. 3 (2012), pp. 308−332.

⑤ Iwasaki, I., "Global Financial Crisis, Corporate Governance, and Firm Survival: The Russian Experience", *Journal of Comparative Economics*, Vol. 42, No. 1 (2014), pp. 178−211.

⑥ 谢永珍、刘美芬：《政治联系、创始人身份对国有上市公司隧道行为的影响——董事会治理行为强度的非线性中介检验》，《财贸研究》2016 年第 4 期。

研究表明国有上市公司董事会治理行为强度与控股股东的隧道行为存在非线性相关关系；刘等（Liu, et al., 2016）① 通过研究证实了独立董事的出席可以有效降低隧道行为；王凯等（2016）② 认为，具有实务工作经历的专业背景独立董事更能减少上市公司控股股东的掏空行为。

梳理以往研究可以发现，虽然目前学术界对隧道行为的前置因素已进行了诸多研究，并形成了相对丰富的研究成果，为管理实践提供了诸多理论依据和支撑。但是，基于金字塔集团框架中母子公司的特殊治理情景考察隧道行为发生机理的探索尚不充分。在母子公司治理体系下，母公司会通过对上市公司治理结构的设计和制度安排影响上市公司的战略决策，母子公司高管协同配置是指包括董事会与经理层在内的母公司高管在上市公司中同时也任职高管的状态（Zona, et al., 2018）③。作为母子公司治理机制中的关键要素，高管协同配置现象在管理实践中普遍存在，但这一要素在母子公司治理过程中具有什么样的作用，以及如何发挥作用，学术界的理论探索略显不足。

与已往文献中讨论的因连锁董事而被动建立联系的企业经营行为不同，母子公司高管协同配置是集团框架内的母公司主动进行的治理结构设计，这类在上市公司中具有特殊身份的高管是可以提升上市公司治理效率、促进集团化经营的协同效应，还是只为了帮助母公司更加方便实行隧道行为有待进一步考证。基于此，本书从母子公司高管协同配置这一特殊治理要素出发，分析隧道行为的发生机理，并考察母公司持股和企业集团产权性质的权变影响，在一定程度上丰富了关于母子公司高管协同配置的理论研究框架，同时研究结论还可以为实践中母子公司治理机制的科学设计提供参考借鉴。

---

① Liu, H., et al., "Removing Vacant Chairs: Does Independent Directors' Attendance at Board Meetings Matter?", *Journal of Business Ethics*, Vol. 133, No. 2 (2016), pp. 375–393.

② 王凯等：《专业背景独立董事对上市公司大股东掏空行为的监督功能》，《经济管理》2016 年第 11 期。

③ Zona, F., et al., "Board Interlocks and Firm Performance: Toward a Combined Agency-Resource Dependence Perspective", *Journal of Management*, Vol. 44, No. 2 (2018), pp. 589–618.

二、理论分析与研究假设

（一）母子公司高管协同配置对隧道行为的影响

大量文献的研究结论表明，大股东在拥有公司相对控制权的情况下，可能采取各种隐秘的手段和方法，实施侵害中小股东及上市公司利益的隧道行为，以满足自己利益最大化的需求（许金花等，2018）[①]。在利益侵占的过程中，关联交易具有操作空间大、渠道多、掏空形式隐蔽等特点，是控股股东实施隧道行为的常用方式［张（Zhang），2016[②]；魏明海等，2013[③]］。母子公司高管协同配置的存在构建起母子公司之间信息传递的捷径，双重身份的高管凭借其独特的职位优势，可以通过更多渠道和方式帮助母公司更加快速和充分地获取上市公司的经营决策和发展状态等信息，提高母公司在关联交易中实施隧道行为的便利性和隐蔽性（吴先聪等，2016）[④]。同时，这些高管还可以利用在上市公司中对经营决策的控制和影响能力增加关联交易的频率，加剧母子公司之间的堑壕行为［陈等（Chen, et al.），2018[⑤]；恩里克斯（Enriques），2015[⑥]；魏志华等，2017[⑦]］。总之，基于以上分析可知，母子公司高管协同配置增强了母公司在关联交易中实施利益侵占等隧道

---

① 许金花等：《反收购条款的作用机制——基于大股东掏空研究视角》，《管理科学学报》2018 年第 2 期。

② Zhang, X. L., "Study on Cash Flow Manipulation and Earnings Management-Based on Empirical Evidence of China Listed Companies' SEO", *International Journal of Business and Social Science*, Vol. 7, No. 9 (2016), pp. 46-54.

③ 魏明海等：《家族企业关联大股东的治理角色——基于关联交易的视角》，《管理世界》2013 年第 3 期。

④ 吴先聪等：《机构投资者特征、终极控制人性质与大股东掏空——基于关联交易视角的研究》，《外国经济与管理》2016 年第 6 期。

⑤ Chen, C., et al., "Board Independence As a Panacea to Tunneling? An Empirical Study of Related-Party Transactions in Hong Kong and Singapore", *Journal of Empirical Legal Studies*, Vol. 15, No. 4 (2018), pp. 987-1020.

⑥ Enriques, L., "Related Party Transactions: Policy Options and Real-World Challenges (With a Critique of the European Commission Proposal)", *European Business Organization Law Review*, Vol. 16, No. 1 (2015), pp. 1-37.

⑦ 魏志华等：《"双刃剑"的哪一面：关联交易如何影响公司价值》，《世界经济》2017 年第 1 期。

行为的能力。在此情况下，母子公司高管协同配置成为母公司实施隧道行为的工具，协同程度越高，隧道行为越多。为此，提出假设如下：

H4-1a：母子公司高管协同配置会强化治理过程中的隧道行为。

从委托代理视角下分析母子公司高管协同配置对隧道行为的影响还存在另一种截然相反的可能：在集团金字塔结构下，母子公司高管协同配置可以有效缓解母子公司治理框架中的委托代理问题，减少母公司的隧道行为，提升公司治理效率。这是因为由高管协同配置机制形成的具有双重身份的高管，有着独特的价值性和人力资本属性，在母子公司之间发挥着桥梁作用，提升了上市公司的信息透明度，一定程度上可以增加母子公司双方的彼此信任，弱化母公司对上市公司的掏空动机，减少对上市公司资源的侵占与掠夺（郑丽和陈志军，2018）①。此外，随着母公司对上市公司经营状态的了解程度增加，母子公司高管协同配置带来的深度参与可以有效降低自身利益受损的可能性，一定程度上会促成母公司作为控股股东的利他行为，有助于改善公司利益相关者间的利益冲突问题，减少隧道行为的发生［王明琳等，2014②；钟等（Jong，et al.），2015③；乌赫德等（Uhde，et al.），2017④］。基于此，我们提出 H4-1a 的竞争性假设如下：

H4-1b：母子公司高管协同配置会弱化治理过程中的隧道行为。

（二）母子公司高管协同配置与隧道行为关系的权变思考

1. 母公司持股对高管协同配置与隧道行为关系的权变影响

母公司持股会对母子公司高管协同配置与隧道行为的关系产生一定的权

---

① 郑丽、陈志军：《母子公司人员嵌入、控制层级与子公司代理成本》，《经济管理》2018 年第 10 期。

② 王明琳等：《利他行为能够降低代理成本吗？——基于家族企业中亲缘利他行为的实证研究》，《经济研究》2014 年第 3 期。

③ Gjalt de Jong, et al., "Does Country Context Distance Determine Subsidiary Decision-Making Autonomy? Theory and Evidence from European Transition Economies", *International Business Review*, Vol. 24, No. 5 (2015), pp. 874-889.

④ Uhde, D. A., et al., "Board Monitoring of the Chief Financial Officer: A Review and Research Agenda", *Corporate Governance: An International Review*, Vol. 25, No. 2 (2017), pp. 116-133.

变影响，具体逻辑如下：当母公司持股比例较高时，可以通过行使股东表决权实现对上市公司战略决策的监督和控制，以此来维护自身利益，有效降低防御心理（徐鹏等，2014）①。所以，在此情况下，高管协同配置在母子公司之间作为信息桥梁的价值效应会降低，难以对隧道行为施加较大影响 [胡和孙（Hu and Sun），2019]②。与之相反，当母公司持股比例较低时，对上市公司的控制能力较弱，母子公司之间信息不对称程度加剧，上市公司在生产经营中较高的自主权力会增加实施机会主义行为的可能性（魏志华等，2017）③，更有可能作出与母公司利益相悖的决策。此时，母公司不能确定自己的利益是否得到最大保障，防御心理占据主导地位，实行隧道行为的动机加强 [郑和田（Zheng and Tian），2016]④。

综上所述，高管协同配置作为母子公司之间的信息传递的重要途径，在母公司持股比例较低的情境下可以发挥更大的治理作用，对隧道行为的影响更强。基于以上分析，提出以下假设：

H4-2：母公司持股会对母子公司高管协同配置与隧道行为的关系产生权变影响，具体表现是，当母公司持股比例较低时，母子公司高管协同配置对隧道行为的影响更强。

2. 企业集团产权性质对高管协同配置与隧道行为关系的权变影响

诸多研究表明，国有企业和民营企业因为产权性质的不同，内部治理逻辑和决策机制存在较大差异化，这会进一步影响到高管协同配置对隧道行为的影响。首先，与民营企业集团相比，国有企业集团因所有权性质的特殊性，需要承担更多诸如维持就业、提供公共物品等的社会责任（张传财和

---

① 徐鹏等：《母公司持股、子公司管理层权力与创新行为关系研究——来自我国高科技上市公司的经验数据》，《经济管理》2014 年第 4 期。

② Hu，H. W.，Sun，P.，"What Determines the Severity of Tunneling in China?"，*Asia Pacific Journal of Management*，Vol. 36，No. 1（2019），pp. 161-184.

③ 魏志华等：《关联交易、管理层权力与公司违规——兼论审计监督的治理作用》，《审计研究》2017 年第 5 期。

④ Zheng，J.，Tian，C.，"The Impact of Tunneling Behavior on Equity Incentive Plan-Empirical Evidence of China's Main Board from 2006 to 2013"，*Open Journal of Social Sciences*，Vol. 4，No. 5（2016），pp. 217-224.

陈汉文, 2017①; 林毅夫等, 2004②), 对经济效益的关注处于次要地位 (陆正飞等, 2012③; 姚洋和章奇, 2001④)。而民营企业集团更关注股东利益最大化目标的实现, 大股东与中小股东之间更容易在利益分配过程中出现分歧, 此时大股东利用超额控制权实施隧道行为的动机更强 (吴世飞, 2016⑤; 周建和袁德利, 2013⑥)。其次, 民营企业集团面临的社会监督和政府监管相对少于国有企业集团, 母子公司高管协同配置的职位便利性被放大, 拥有双重身份的高管在母子公司间的信息传递作用能够更有效地帮助母公司参与上市公司的治理决策, 从而对隧道行为产生更大的影响。最后, 伊志宏等 (2010)⑦ 通过研究发现, 国有企业的信息披露质量高于民营企业, 因此, 在国有企业集团中, 母子公司高管协同配置的信息桥梁作用被弱化, 对隧道行为的影响弱于民营企业集团。基于以上分析, 提出以下假设:

H4-3: 企业集团产权性质的不同会对母子公司高管协同配置与隧道行为的关系产生影响, 具体表现是: 与国有企业集团相比, 民营企业集团中母子公司高管协同配置对隧道行为的影响更强。

三、实证设计

(一) 样本选择与数据搜集

本书以沪深两市制造业上市公司为初始样本, 并通过如下步骤进一

---

① 张传财、陈汉文:《产品市场竞争、产权性质与内部控制质量》,《会计研究》2017年第5期。

② 林毅夫等:《政策性负担与企业的预算软约束: 来自中国的实证研究》,《管理世界》2004年第8期。

③ 陆正飞等:《国有企业支付了更高的职工工资吗?》,《经济研究》2012年第3期。

④ 姚洋、章奇:《中国工业企业技术效率分析》,《经济研究》2001年第10期。

⑤ 吴世飞:《股权集中与第二类代理问题研究述评》,《外国经济与管理》2016年第1期。

⑥ 周建、袁德利:《公司治理机制与公司绩效: 代理成本的中介效应》,《预测》2013年第2期。

⑦ 伊志宏等:《产品市场竞争、公司治理与信息披露质量》,《管理世界》2010年第1期。

步筛选：一是隶属于企业集团且控股股东为公司制企业；二是样本观测期间 2014—2017 年未发生过控股股东变更等重大重组现象；三是剔除 ST 和数据严重缺失的样本企业。最终获得 776 家上市公司四年组成的 3104 组样本，实证分析中所使用到的其他相关数据主要来自国泰安数据库。

（二）变量定义与测量

母子公司高管协同（ES）。参考徐鹏（2016）[①] 的测量方法，将上市公司高管在母公司兼任高管的人数与上市公司高管总人数的比值来衡量母子公司之间的高管协同程度。需要说明的是，本书中"高管"的范围基于广义的概念进行界定，包括公司的董事会成员、总经理、副总经理、财务负责人、董事会秘书和公司章程规定的其他管理人员。

隧道行为（TB）。参考陈志军等（2016）[②] 的研究，以其他应收款与总资产的比值测量企业的隧道行为程度。为了避免异常值的存在影响实证结果，在进行数据分析之前进行了 5%水平的缩尾处理。

母公司持股（PS）。以母公司持有的上市公司股权比例进行衡量。

企业集团产权性质（PN）。民营企业集团记为"0"，国有企业集团记为"1"。

此外，结合已有研究，本书还选择了如下反映上市公司特征的要素作为控制变量，分别是：公司规模（Employees）、董事会领导权结构（BLS）、董事会独立性（Indpt）、高管薪酬水平（Pay）、资本结构（CS）、盈利能力（ROE）、扩张性（TAGR）、前一期隧道行为表现（LTB）和观测年度，具体测量如表 4-1 所示。

---

① 徐鹏：《子公司动态竞争能力培育机制及效应研究——基于公司治理视角》，经济科学出版社 2016 年版，第 108—109 页。

② 陈志军等：《不同制衡股东类型下股权制衡与研发投入——基于双重代理成本视角的分析》，《经济管理》2016 年第 3 期。

表 4-1　变量定义与衡量

变量名称	变量代码	衡量指标
母子公司高管协同	ES	上市公司高管在母公司兼任高管的人数与上市公司高管总人数的比值
隧道行为	TB	上市公司其他应收款与总资产的比值
母公司持股	PS	母公司持有的上市公司股权比例
企业集团产权性质	PN	民营企业集团记为"0"，国有企业集团记为"1"
公司规模	Employees	公司年末员工人数的自然对数
董事会领导权结构	BLS	董事长总经理两职一人兼任，记为"1"；否则记为"0"
董事会独立性	Indpt	独立董事人数占董事会成员总数的比值
高管薪酬水平	Pay	薪酬最高的 3 名高管的薪酬总额的平均数
资本结构	CS	公司年末资产负债率：负债总额/资产总额
盈利能力	ROE	净资产收益率：税后利润/所有者权益
扩张性	TAGR	总资产增长率：本年总资产增长额/年初资产总额
前一期隧道行为表现	LTB	上一期其他应收款与总资产的比值
年份（2015）	Year（2015）	观测年度属于该年度记为 1，否则为 0
年份（2016）	Year（2016）	观测年度属于该年度记为 1，否则为 0
年份（2017）	Year（2017）	观测年度属于该年度记为 1，否则为 0

（三）研究模型

为了验证本书提出的理论假设，设计以下多元回归模型：

模型（4-1）：$TB = c + \sum_{j=1}^{9} b_j Control + \varepsilon$

模型（4-2）：$TB = c + \sum_{j=1}^{9} b_j Control + ES + \varepsilon$

$$\text{模型（4-3）}: TB = c + \sum_{j=1}^{9} b_j Control + ES + PS + ES \times PS + \varepsilon$$

$$\text{模型（4-4）}: TB = c + \sum_{j=1}^{9} b_j Control + ES + PN + ES \times PN + \varepsilon$$

其中，$Control$ 为控制变量组，c 为截距项，ε 代表随机扰动项，j 为各控制变量编号，b_j 代表了各控制变量的回归系数。模型（4-1）为公司规模、董事会领导权结构、董事会独立性、资本结构、盈利能力、扩张性、前一期隧道行为表现和观测年度等控制变量对隧道行为的回归模型；模型（4-2）为母子公司高管协同配置对隧道效应的回归模型，可以检验假设 H4-1a 和 H4-1b 两个竞争性假设的合理性；模型（4-3）在模型（4-2）的基础上加入了调节变量母公司持股，以及母公司持股与母子公司高管协同的乘积项，验证母公司持股对母子公司高管协同配置与隧道行为关系的调节作用，即检验假设 H4-2 的合理性；模型（4-4）在模型（4-2）的基础上加入调节变量企业集团产权性质，以及企业集团产权性质与母子公司高管协同的乘积项，检验企业集团产权性质对母子公司高管协同配置与隧道行为关系的权变影响，即验证假设 H4-3 是否成立。

四、数据分析与结果讨论

（一）描述性统计分析

表 4-2 汇报了主要变量的均值、标准差、极小值与极大值。从表 4-2 中可以看出：观测期间，母子公司高管协同的极大值与极小值结果显示不同样本公司高管协同程度存在较大差异，同时，标准差在观测期内呈现大体上升趋势，也说明样本公司高管协同配置的差异化程度在不断加大；隧道行为的均值处于 0.012—0.014 之间，总体变化不大，极大值处于 0.286—0.605 之间，反映出个别样本公司存在较为严重的隧道行为，其他应收款占总资产比重较高；母公司持股在四年的观察期内均值呈现下降趋势，说明观测样本母公司持股比例在不断降低，同时，标准差越来越小也反映出样本公司之间差异化程度在不断减小。企业集团产权性质的均值为 0.504，说明隶属于国有企业集团的样本公司略多，但相差不大。

表 4-2　描述性统计结果

年份	变量	均值	标准差	极小值	极大值
2014	ES	0.174	0.110	0.000	0.583
	TB	0.014	0.026	0.000	0.455
	PS	0.377	0.143	0.050	0.850
	PN	0.504	0.500	0.000	1.000
2015	ES	0.176	0.117	0.000	0.583
	TB	0.013	0.028	0.000	0.605
	PS	0.368	0.139	0.050	0.900
	PN	0.504	0.500	0.000	1.000
2016	ES	0.174	0.122	0.000	0.583
	TB	0.013	0.025	0.000	0.286
	PS	0.357	0.134	0.084	0.891
	PN	0.504	0.500	0.000	1.000
2017	ES	0.173	0.120	0.000	0.583
	TB	0.012	0.023	0.000	0.345
	PS	0.351	0.132	0.084	0.891
	PN	0.504	0.500	0.000	1.000

资料来源：作者整理。

（二）多元回归分析

按照上文所设计的模型，运用 Stata 10.0 进行多元回归分析，具体运算结果如表 4-3 所示。由列（2）回归分析结果可知，模型（4-2）的 R^2 为 0.374，F 值为 154.11，通过了显著性检验，解释变量母子公司高管协同的回归系数为 -0.008，且在 1% 水平下显著，说明母子公司高管协同配置与隧道行为有负向相关关系，假设 H4-1b 得证；列（3）回归分析结果显示模型 R^2 为 0.376，F 值为 133.02，通过了显著性检验，母子公司高管协同与母公司持股乘积项的回归系数为 0.048，且在 5% 水平下显著，结合主效应回归结果，可以判断随着母公司持股比例增加，母子公司高管协同配置与隧道行为之间的关系会逐渐弱化，即在母公司持股比例较低情境下，母子公司高管协同配置对隧道行为的影响越强，假设 H4-2 得证；列（4）回归分析结果显示模型 R^2 为 0.375，F 值为 132.47，母子公司高管协同与产权性质的交互项回归系数为 0.004，未通过显著性检验，说明产权性质在母子公司高管协同配置与隧道行为之间不具有显著的调节作用。分析可能的原因如下：随着社会进步和现代企业制度不断完善，民营企业集团中股东利益至上主义不断弱化，利益相关者治理的适用性和关注度逐渐提升，在此背景下，民营企业集团治理目标和发展模式发生了变化，因此母子公司高管协同配置在这两类集团企业中的作用表现不出明显的差别，假设 H4-3 未得到验证。

表 4-3　回归分析结果

变量	TB			
	（1）	（2）	（3）	（4）
常数项	0.033 *** （4.13）	0.034 *** （4.25）	0.036 *** （4.41）	0.033 *** （4.01）
Employees	-0.002 *** （-4.74）	-0.002 *** （-4.61）	-0.002 *** （-4.23）	-0.002 *** （-4.22）
BLS	0.000 （0.51）	0.000 （0.33）	0.000 （0.23）	-0.000 （-0.13）
Indpt	0.010 （1.49）	0.009 （1.26）	0.010 （1.45）	0.009 （1.24）
Pay	0.072 （1.07）	0.060 （0.90）	0.056 （0.83）	0.055 （0.82）
CS	0.017 *** （7.15）	0.017 *** （7.27）	0.017 *** （7.14）	0.017 *** （7.39）
ROE	0.003 （0.47）	0.003 （0.52）	0.004 （0.63）	0.002 （0.34）
TAGR	-0.001 （-1.32）	-0.001 （-1.47）	-0.001 （-1.61）	-0.001 * （-1.67）
LTB	0.593 *** （39.90）	0.590 *** （39.59）	0.587 *** （39.37）	0.588 *** （39.37）
2015	-0.001 （-0.81）	-0.001 （-0.79）	-0.001 （-0.84）	-0.001 （-0.80）

续表

变量	TB			
	（1）	（2）	（3）	（4）
2016	0.000 （0.23）	0.000 （0.23）	0.000 （0.09）	0.000 （0.21）
2017	−0.001 （−0.95）	−0.001 （−0.97）	−0.001 （−1.16）	−0.001 （−1.02）
ES		−0.008 *** （−2.64）	−0.025 *** （−2.69）	−0.010 ** （−2.36）
PS			−0.014 *** （−2.90）	
PN				−0.002 （−1.63）
ES×PS			0.048 ** （2.05）	
ES×PN				0.004 （0.63）
R^2	0.373	0.374	0.376	0.375
F	167.17	154.11	133.02	132.47

注：*** 表示 $p<0.01$，** 表示 $p<0.05$，* 表示 $p<0.1$；括号内为 t 值。
资料来源：作者整理。

（三）稳健性检验

为保证实证结果的可靠性，参考谢永珍和刘美芬（2016）[①] 的研究，以"（预付款项净额＋其他应收款净额）/资产总额"作为隧道行为的替代变量，进行稳健性检验。根据上文所设定模型进行回归分析，具体运行结果如表4-4所示：列（2）中母子公司高管协同的回归系数为−0.007，在10%水平下显著，虽然显著性有所降低，但仍反映出母子公司高管协同配置对隧道行为的抑制作用；列（3）中母子公司高管协同与母公司持股乘积项的回归系数为0.073，在5%水平下显著，表明母公司持股的调节作用依然显著；列

---

① 谢永珍、刘美芬：《政治联系、创始人身份对国有上市公司隧道行为的影响——董事会治理行为强度的非线性中介检验》，《财贸研究》2016 年第 4 期。

（4）中母子公司高管协同与产权性质乘积项回归系数为 0.009，但未通过显著性检验，说明改变隧道行为的衡量方式后，企业集团产权性质的调节作用依然未得到验证。

表 4-4　稳健性检验回归分析结果

变量	TB			
	（1）	（2）	（3）	（4）
常数项	0.036*** (3.47)	0.036*** (3.55)	0.040*** (3.81)	0.035*** (3.41)
Employees	−0.002*** (−4.56)	−0.002*** (−4.46)	−0.002*** (−4.09)	−0.002*** (−4.15)
BLS	−0.001 (−0.52)	−0.001 (−0.65)	−0.001 (−0.75)	−0.001 (−1.03)
Indpt	0.024*** (2.65)	0.022** (2.49)	0.024*** (2.71)	0.022** (2.46)
Pay	−0.059 (−0.69)	−0.070 (−0.81)	−0.078 (−0.91)	−0.076 (−0.89)
CS	0.024*** (8.10)	0.024*** (8.17)	0.024*** (8.05)	0.025*** (8.28)
ROE	0.010 (1.17)	0.010 (1.20)	0.011 (1.32)	0.009 (1.08)
TAGR	−0.001 (−1.28)	−0.001 (−1.38)	−0.001 (−1.53)	−0.001 (−1.56)
LTB	0.689*** (55.41)	0.687*** (55.17)	0.684*** (54.89)	0.685*** (54.71)
2015	−0.000 (−0.05)	−0.000 (−0.04)	−0.000 (−0.10)	−0.000 (−0.06)
2016	0.004*** (3.06)	0.004*** (3.05)	0.004*** (2.88)	0.004*** (3.02)
2017	0.002 (1.25)	0.002 (1.23)	0.001 (1.01)	0.002 (1.17)
ES		−0.007* (−1.82)	−0.033*** (−2.77)	−0.012** (−2.06)
PS			−0.021*** (−3.27)	

续表

变量	*TB*			
	（1）	（2）	（3）	（4）
PN				−0.003 [*] （−1.82）
ES×PS			0.073 [**] （2.44）	
ES×PN				0.009 （1.08）
R^2	0.532	0.533	0.534	0.533
F	319.77	293.61	253.18	252.08

注：[***] 表示 $p<0.01$，[**] 表示 $p<0.05$，[*] 表示 $p<0.1$；括号内为 t 值。
资料来源：作者整理。

五、研究结论与管理启示

（一）研究结论

本书对母子公司高管协同配置与隧道行为的关系进行了实证分析，并考察了母公司持股和产权性质在母子公司高管协同配置与隧道行为关系中的调节作用，得出以下结论：第一，母子公司高管协同配置会弱化公司治理过程中的隧道行为；第二，母公司持股对母子公司高管协同配置与隧道行为的关系有调节作用，具体表现为，当母公司持股比例较低时，母子公司高管协同配置对隧道行为的影响更强；第三，企业集团产权性质在母子公司高管协同配置与隧道行为之间不具有显著调节作用。

（二）管理启示

首先，母子公司制是现代企业集团最广泛的组织形式，本书验证了高管协同配置机制在母子公司治理中的积极价值，也进一步表明双重身份高管具有独特的人力资本属性，可以有效帮助上市公司改善治理水平。所以，在实践中，母公司可以通过委派或者提拔等多种方式积极推进母子公司高管协同配置机制的实施，同时，为了尽可能发挥高管协同配置对隧道行为的抑制作用，还应当注重对双重身份高管治理能力与管理素质的培养，推动上市公司高管在互补协作的基础上发挥各自优势，提升上市公司高管团队的整体水平，以保证上市公司治理决策的科学性，最大限度减少母公司的隧道行为，缓解第二类代理问题。

其次，本书还验证了母公司持股对母子公司高管协同配置与隧道行为关系的调节作用，在母公司股东表决权相对较低的情况下，高管协同配置可以有效缓解母公司担心利益受损而诱发的过度防御心理。相关结论说明高管协同配置与母公司持股在母子公司治理机制中具有一定的互补作用，这为股权集中度较低的公司选择治理手段和完善治理机制提供了借鉴，即当母公司持股比例较低时，更应充分利用母子公司高管协同配置这一治理机制，提升母子公司治理效率。

第二节　母子公司高管协同配置与
上市公司现金股利政策①

一、问题的提出

上市公司现金分红不仅是投资者获取回报、降低投资风险的重要途径，也是资本市场体现投资价值和可持续发展的关键保障［纳面姆等（Naseem，et al.），2017］②。长期以来，我国资本市场一直存在过度投机问题，原因之一在于上市公司相对消极的现金股利政策促使投资者更倾向于通过股票交易带来的价差获取收益。近些年，证监会陆续出台了多项政策完善上市公司现金分红相关监管规则，打击上市公司的"铁公鸡"行为，引导资本市场转向价值投资。但是，对于上市公司来讲，过度积极的现金股利政策又会导致现金流紧张，限制管理层决策实施的自主权，为管理者施展才能、权力扩张与事业发展带来一定挑战。因此，上市公司现金股利政策的实施逻辑较为复

---

① 本节部分内容发表于《山东财经大学学报》2022年第1期。

② Naseem，M. A.，et al.，"Capital Structure and Corporate Governance"，*The Journal of Developing Areas*，Vol. 51，No. 1（2017），pp. 33–47.

杂，是多方利益相关者博弈的结果 ［金和金 （Kim and Kim），2014］①。在此背景下，明晰上市公司现金股利政策的影响因素，提升上市公司现金分红的积极性，成为学术界和实践界共同关注的重要课题。

目前，学术界主要从以下两个方面对上市公司现金股利政策的决策机理进行考察：一是基于治理结构和生命周期等自身特征分析上市公司主动实施现金股利政策的前因要素，比如哈福德等 （Harford, et al., 2008）② 的研究发现治理结构更强的公司倾向于选择增加股息，从而承诺长期获得更高的回报；陈东华和郝云宏 （2020）③ 的研究表明终极股东的控制权与现金股利政策显著正相关，两权分离度与现金股利政策显著正相关；陈艳等 （2017）④认为上市公司在不同生命周期阶段具有差异化的股利分配逻辑，处于成熟阶段的上市公司更倾向于实施积极的现金股利政策。二是考察媒体关注、监管政策等外部环境要素对上市公司现金股利政策的影响，比如陈艳等（2015）⑤ 认为在半强制分红政策条件下，有融资需求的公司股利政策验证了股利迎合理论，即现金分红是为了达到再融资条件；李斐和焦跃华（2019）⑥ 的研究表明，国家审计行为显著影响现金股利支付率，审计发现的违规违法问题金额比例越高，现金股利支付力度越大。

通过梳理以往文献发现，现有研究主要从股利信号理论 ［霍姆纳格等

---

①　Kim, I., Kim, T., "Changing Dividend Policy in Korea: Explanations Based on Catering, Risk, and the Firm's Lifecycle", *Asia-Pacific Journal of Financial Studies*, Vol. 42, No. 6 (2014), pp. 880-912.

②　Harford, J., et al., "Maxwell, Corporate Governance and Firm Cash Holdings in the US", *Journal of Financial Economics*, Vol. 87, No. 3 (2008), pp. 535-555.

③　陈东华、郝云宏：《终极股东特征对现金股利政策的影响——基于董事会特征的调节效应分析》，《首都经济贸易大学学报》2020 年第 4 期。

④　陈艳等：《公司生命周期、CEO 权力与现金股利决策》，《东南大学学报 （哲学社会科学版）》2017 年第 6 期。

⑤　陈艳等：《现金股利迎合、再融资需求与企业投资——投资效率视角下的半强制分红政策有效性研究》，《会计研究》2015 年第 11 期。

⑥　李斐、焦跃华：《国家审计、审计力度与银行股利政策》，《审计与经济研究》2019 年第 4 期。

(Homnurg，et al.），2018]①、结果与替代模型、股利迎合理论和股利生命周期理论［奥康纳（O'Connor），2013]② 对现金股利政策的影响因素和治理效应进行分析，并形成了一系列研究成果。本书以此为基础，考察母子公司高管协同配置与上市公司现金股利政策的关系及其权变性。与以往研究相比，可能的贡献包括：首先，对母公司与上市公司管理层在现金股利政策制定过程中决策逻辑的差异化进行分析，并从委托代理和文化治理两个视角验证了母子公司高管协同配置这一特殊治理要素的有效性，可以为该领域的后续研究抛砖引玉；其次，还考察了上市公司股权结构中诸如股权制衡、基金持股和产权性质等要素对母子公司高管协同配置治理作用的权变影响，进一步验证了集团公司治理机制的特殊性与复杂性，丰富了母子公司治理的理论研究框架，对集团框架内上市公司现金股利政策或其他治理决策的制定与实施具有指导意义。

二、理论分析与研究假设

（一）集团公司治理框架中的代理问题与上市公司现金股利政策的决策逻辑

母子公司制是中国企业集团在实践中使用最广泛的组织形式。由于跨组织边界及法人身份，母公司难以及时和充分掌握上市公司的具体经营情况，信息不对称使得集团公司治理框架中的委托代理问题较复杂。母公司与上市公司管理层作为委托代理关系的两个主体，均有动机和能力基于自身的利益参与上市公司现金股利决策的制定与实施。

一方面，上市公司是企业集团中经营具体业务以及创造利润和现金流量的重要单元，母公司更期望上市公司能够持续成长，以此收获长远的投资回

---

① Homnurg, C., et al., "How Important are Dividend Signals in Assessing Earnings Persistence?", *Contemporary Accounting Research*, Vol. 35, No. 4 (2018), pp. 2082-2105.

② O'Connor, T., "The Relationship between Dividend Payout and Corporate Governance Along the Corporate Life-cycle", *International Journal of Corporate Governance*, Vol. 4, No. 1 (2013), pp. 20-50.

报，而非短期内爆发式发展 [李（Li），2018]①。信号传递理论认为股利政策能够向外界市场反映出公司的盈利情况，高比率的现金分红可以使外界对公司的盈利能力充满信心，进而吸引长期投资者，推动企业发展 [兰布雷希特和迈尔斯（Lambrecht and Myers），2017]②。当上市公司很少或者不发放现金股利时，由于缺乏可预期的收益，投资者往往受投机心理驱动，较少长期持有股票，涌入的资金难以支持企业实业经营（苏冬蔚和毛建辉，2019）③。此外，母公司作为上市公司的控股股东，减持股份存在较多限制，也就是说母公司不像中小股东那样可以方便地进行股票交易，股息收入成为母公司持有上市公司股份的重要收益来源。所以，母公司更倾向于推动上市公司实施积极的现金股利政策，以获得投资收益。

另一方面，上市公司管理层作为公司法人财产的受托责任人，无法分享经营管理产生的剩余收益。因此，管理层往往会更关注个人的利益，比如权力建设、追求事业感和在职消费等（廖歆欣和刘运国，2016）④。上市公司的留存现金是管理层的可控资源，较多的现金流会增加管理层的支配权，使其更容易根据自己的偏好进行资源调配，增强权力感。而为了获得事业感，管理层更倾向于投资回报较快的项目，这种项目投资时间短、资金流动性较好、风险较低，用充足的现金流去支持该类投资计划可以提高短期内绩效水平，以维护管理者自身声誉（周军，2017）⑤。与此同时，管理层在履职过程中有必要的工作需求和关系需求，需要公司财务资源的支持。比如舒适的办公室、公务用车、通信等在职消费，以及拓展业务时维护公司、客户与合

---

①　Li, A., "Foreign Subsidiaries' Status: Distinctive Determinants and Implications for Subsidiary Performance", *Thunderbird International Business Review*, Vol. 60, No. 4（2018），pp. 699–708.

②　Lambrecht, B. M., Myers, S. C., "The Dynamics of Investment, Payout and Debt", *The Review of Financial Studies*, Vol. 30, No. 11（2017），pp. 3759–3800.

③　苏冬蔚、毛建辉：《股市过度投机与中国实体经济：理论与实证》，《经济研究》2019年第10期。

④　廖歆欣、刘运国：《企业避税、信息不对称与管理层在职消费》，《南开管理评论》2016年第2期。

⑤　周军：《国企高管权力与企业过度投资》，《中南财经政法大学学报》2017年第5期。

作伙伴之间关系产生的支出（孙世敏等，2016）①。根据自由现金流理论，将现金留在公司能够满足管理层的额外消费和需求，因而上市公司管理层在现金股利政策的制定中会相对保守和消极。

基于以上分析可知，集团公司治理框架中上市公司现金股利政策的制定是母公司与上市公司管理层相互博弈的结果，博弈逻辑和模型如图 4-1 所示。

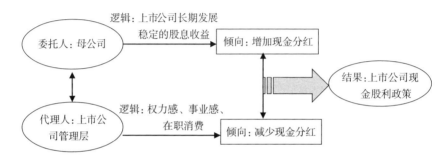

图 4-1　集团框架内上市公司现金股利政策的决策逻辑分析

（二）母子公司高管协同配置对上市公司现金股利政策的影响

上文论述了母公司与上市公司管理层作为委托代理关系的两个主体，在上市公司现金股利政策上具有不同的决策逻辑。考虑到集团公司治理机制的复杂性与特殊性，高管协同配置作为母子公司治理框架中的重要治理要素，会影响母公司与上市公司管理层的博弈关系，继而影响上市公司现金股利政策，具体路径如下：

首先，母子公司高管协同配置在上市公司层面产生了双重身份的高管，来自母公司的力量和意志增强。上市公司管理层受到母公司的干预后自主决策能力降低，利用信息优势谋求私利、减少现金分红的阻碍增加 [吉拉蓬等（Jiraporn, et al.），2011]②。此时，母公司在上市公司股利政策的博弈

---

①　孙世敏等：《在职消费经济效应形成机理及公司治理对其影响》，《中国工业经济》2016 年第 1 期。

②　Jiraporn, P., et al., "Dividend Payouts and Corporate Governance Quality: An Empirical Investigation", *Financial Review*, Vol. 46, No. 2 (2011), pp. 251-279.

中占据优势，有利于提升上市公司现金股利支付水平。母子公司高管协同配置也体现出母公司对上市公司的关注程度，若上市公司管理层主动迎合母公司，一定程度上可以增强母公司对上市公司的信任，有利于上市公司在未来发展中获取母公司资源支持和管理协助，推动上市公司发展，提高上市公司管理层的声誉。在此情境下，上市公司管理层对股利政策的决策逻辑发生改变，会适当顺从母公司的意愿，在股利政策上让步。

其次，双重身份的高管是由母公司选聘出来的，并在母公司的直接管理和文化影响下，具有和母公司一致的价值观。这就使高管成为母公司对上市公司实施文化管理的一种介质，通过对上市公司管理过程的参与和把控，母公司能够向上市公司传递企业集团的使命、愿景及价值观（徐鹏等，2020）[1]，影响上市公司成员的认知、行为决策。由此，母子公司之间目标一致性增强，母公司推动制定的策略更容易得到上市公司的认同，进而实现联合价值创造和协同发展［佐娜等（Zona，et al.），2018］[2]。相对于过去对个人权力感、事业感和在职消费的需求，上市公司管理层的决策会倾向于考虑母公司利益，并关注企业的价值发展。此时，管理层通过现金流实施短期投资的想法也会被弱化，只有利用现金股利吸引投资者的方式才能得到所有者和管理者的青睐。总体而言，母公司在上市公司现金股利政策制定上的博弈能力增强。

基于以上分析，提出假设如下：

H4-4：母子公司高管协同配置正向影响上市公司现金股利政策，即母子公司高管协同程度越高，上市公司现金股利支付水平越高。

（三）母子公司高管协同配置与上市公司现金股利政策关系的权变思考

在公司治理体系中，股东处于核心地位，拥有法律规定以及公司章程赋

---

[1]　徐鹏等：《母子公司高管协同配置：表现形式、理论逻辑与整合研究框架》，《经济与管理评论》2020年第5期。

[2]　Zona，F.，et al.，"Board Interlocks and Firm Performance：Toward a Combined Agency-resource Dependence Perspective"，*Journal of Management*，Vol. 44，No. 2（2018），pp. 589-618.

予的权力，对公司治理决策与发展战略具有重要影响。股权结构反映了不同性质股份所占比例及其相互关系，大股东和小股东的区别在持有股份的数量上，机构持股、个人持股、国家持股的区别在持有者的性质上。诸多研究表明，股权结构的差异会影响公司治理机制作用的发挥［罗莎等（Rosa，et al.），2020］①。基于此，本书选择股权制衡、基金持股和产权性质三项股权结构特征要素，对母子公司高管协同配置与上市公司现金股利政策关系的权变性进行分析和思考。

1. 股权制衡的权变影响

股权制衡主要反映了其他股东对控股股东在公司治理决策中的制衡能力，一定程度的股权制衡可以保障大股东之间相互牵制，任何一个大股东都无法对公司形成完全控制，也无法单独决定公司的未来行动（徐鹏等，2019）②。上市公司的股权制衡程度取决于母公司以及其他股东对上市公司的控股比例，母子公司高管协同效应的发挥在不同股权制衡程度中存在差异，具体来讲：股权制衡度越高，其他大股东对上市公司的控制权与话语权越强，拥有上市公司高管派驻权的股东也相应增加。一些高管可能代表其他大股东的利益，使得上市公司管理层中存在不同的股东意志且相互制约，上市公司关于股利政策的决策逻辑难以因高管协同而受到母公司的独立影响［德等（De，et al.），2015］③。从博弈论的角度来说，更多的博弈方会增加博弈的难度和不确定性。不同的股东都有可能为上市公司及其管理层提供资源支持和帮助，各方力量的涌入让上市公司对迎合母公司价值取向，争取母公司信任的意愿降低，母子公司高管协同配置对现金股利政策的影响作用不能得到充分发挥。

基于以上分析，提出假设如下：

---

① Rosa，F. L.，et al.，"Ownership Structure and the Cost of Equity in the European Context: the Mediating Effect of Earnings Management", *Meditari Accountancy Research*, Vol. 28, No. 3（2020），pp. 485−514.

② 徐鹏等：《1998—2018 年中国公司治理研究热点与未来展望——基于 CiteSpace 的文献计量分析》，《山东财经大学学报》2019 年第 6 期。

③ De，J. G.，et al.，"Does Country Context Distance Determine Subsidiary Decision-making Autonomy? Theory and Evidence from European Transition Economies", *International Business Review*, Vol. 24, No. 5（2015）, pp. 874−889.

H4-5：股权制衡对母子公司高管协同配置与上市公司现金股利政策的关系产生权变影响，具体表现是：股权制衡程度越低，母子公司高管协同配置对上市公司现金股利政策的正向影响越强。

2. 基金持股的权变影响

近年来，我国机构投资者规模扩张较快，持有的上市公司股份也在不断上升，逐渐成为推动资本市场发展的重要力量。基金持股是指基金公司作为一类机构投资者持有上市公司的股份，与母公司投资目的和持股理念不同，多数时候基金公司更依赖于股价的上涨获利。

基金公司拥有一定的人才和资金规模优势，基金业的管理体制中具有追求高绩效的压力因素，会激发机构投资者对上市公司监督的强烈动机和意识（张涤新和李忠海，2017）[①]，不断督促上市公司管理层勤勉尽责。基金经理与公司管理层之间的交流能够使高管更加了解资本市场发展情况，从而作出更加理性的战略决策（李胜楠等，2015）[②]。在公司管理水平和投资效率良好的情况下，基金公司倾向于降低现金股利支付水平，将现金用于上市公司的投资活动，以便更好地扩大公司规模，提高股价。母公司通过对上市公司的控制来增强博弈能力，这是母子公司高管协同效应发挥的关键，然而基金公司的参与分散了一部分母公司对上市公司的控制力，由此弱化了母子公司高管协同配置的治理效应。

基于以上分析，提出假设如下：

H4-6：基金持股对母子公司高管协同配置与上市公司现金股利政策的关系产生权变影响，具体表现是：基金持股水平越低，母子公司高管协同配置对上市公司现金股利政策的正向影响越强。

3. 产权性质的权变影响

国有企业和非国有企业受政府影响的程度不同，内部治理逻辑和决策机

[①]　张涤新、李忠海：《机构投资者对其持股公司绩效的影响研究——基于机构投资者自我保护的视角》，《管理科学学报》2017年第5期。

[②]　李胜楠等：《基金在中国上市公司中发挥治理作用了吗——基于影响高管非自愿变更与业绩之间敏感性的分析》，《南开管理评论》2015年第2期。

制也存在较大差异（王化成等，2016）①。一方面，高管所处的政治文化背景会影响委托人和代理人的认知从而影响公司治理决策。不同产权性质的企业中，高管和所有者追求的目标与利益有所不同，作用在代理关系上便会影响母子公司高管协同治理效应。非国有企业嵌入较为市场化的经济体制中，而政府背景下的国有企业更多地嵌入政治和社会体制中（曲红燕和武常岐，2014）②。因此，国有企业往往肩负多重任务，比如财政收入、居民就业、环境保护等政策性目标（钱晓东，2019）③。为了完成这些目标并承担相应的社会责任，国有企业更需要将现金流用于企业和社会，并非派发股息。该理念下的母公司也会削弱推动上市公司现金分红的动机，母子公司高管协同配置对上市公司现金股利政策的作用力度降低。另一方面，很多国有企业董事长拥有一定的行政级别，他们可能更期望通过不断投资、提高业绩从而得到政治晋升，对现金股利政策的消极态度愈加强烈。

基于以上分析，提出假设如下：

H4-7：企业集团产权性质的不同会对母子公司高管协同配置与上市公司现金股利政策的关系产生权变影响，具体表现是：与国有企业集团相比，非国有企业集团中母子公司高管协同配置对上市公司现金股利政策的正向影响更强。

三、实证设计

（一）样本选择与数据搜集

首先，参考徐鹏和白贵玉（2019）④ 的研究，选取隶属于企业集团的制造业上市公司作为初始样本。其次，确定样本的观测时间为2014—2020年，

---

① 王化成等：《经济政策不确定性、产权性质与商业信用》，《经济理论与经济管理》2016年第5期。

② 曲红燕、武常岐：《公司治理在制度背景中的嵌入性——中国上市国有企业与非国有企业的实证研究》，《经济管理》2014年第5期。

③ 钱晓东：《政府质量、产权性质与现金股利》，《经济与管理评论》2019年第4期。

④ 徐鹏、白贵玉：《动态竞争视角下制度环境与企业技术创新——来自企业集团框架内上市公司的经验证据》，《财经科学》2019年第10期。

剔除观测期内被 ST 或 *ST 以及被停止上市的公司。最终获得由 737 家上市公司组成的 4786 组有效观测样本，本书实证分析中所使用到的数据主要来源于国泰安数据库和上市公司年报。

（二）变量定义与测量

母子公司高管协同（ES）。参考徐鹏等（2020）[①] 的测量方法，以上市公司高管在母公司兼任高管的人数与上市公司高管总人数的比值来衡量母子公司之间的高管协同程度。

现金股利政策（DPR）。参考全怡等（2016）[②] 的研究，以现金股利支付水平来考察上市公司现金股利政策，通过计算公式"每股现金股利除以每股净利润"进行测量。

股权制衡度（ER）。参考赵国宇和禹薇（2018）[③] 的研究，用第二大股东全第五大股东持股比例之和与第一大股东持股比例的比值来衡量股权制衡程度。

基金持股（FUND）。借鉴蔡宏标和饶品贵（2015）[④] 的研究，采用基金持股数占该上市公司所有在外流通股的比例来反映机构投资者的持股水平。

产权性质（PN）。产权性质设置为虚拟变量，国有企业集团取值为"1"，非国有企业集团取值为"0"。

此外，结合已有研究，本书还选择了上市公司的资产负债率（ALR）、上市时间（AGE）、董事会独立性（IND）、两职合一（DY）、财务困境（DA）、管理层持股比例（MLD）、法人股比例（CLD）等作为控制变量。各变量测量方式如表 4-5 所示。

---

① 徐鹏等：《母子公司高管协同配置：表现形式、理论逻辑与整合研究框架》，《经济与管理评论》2020 年第 5 期。

② 全怡等：《货币政策、融资约束与现金股利》，《金融研究》2016 年第 11 期。

③ 赵国宇、禹薇：《大股东股权制衡的公司治理效应——来自民营上市公司的证据》，《外国经济与管理》2018 年第 11 期。

④ 蔡宏标、饶品贵：《机构投资者、税收征管与企业避税》，《会计研究》2015 年第 10 期。

表 4-5　变量定义与衡量

变量名称与代码		衡量指标
解释变量	母子公司高管协同（ES）	上市公司高管在母公司兼任高管的人数与上市公司高管总人数之比
被解释变量	现金股利政策（DRP）	现金股利支付水平＝每股现金股利/每股净利润
调节变量	股权制衡度（ER）	第二大股东至第五大股东持股比例之和与第一大股东持股比例之比
	基金持股（FUND）	基金持股数占该上市公司所有在外流通股的比例
	产权性质（PN）	虚拟变量，国有企业集团记为"1"，非国有企业集团记为"0"
控制变量	资产负债率（ALR）	上市公司年末负债合计与资产总额之比
	上市时间（AGE）	上市公司上市年数，即当年年份与上市年份的差值
	董事会独立性（IND）	上市公司年末董事会中独立董事占的比例
	两职合一（DY）	两职合一是指上市公司董事长兼任总经理。虚拟变量，兼任为"1"，不兼任为"0"
	财务困境（DA）	本书将财务困境类公司界定义为：（1）经营活动现金净流量为负；（2）净营运资本为负；（3）营业利润为负；（4）留存收益为负。虚拟变量，存在财务困境的公司记为"1"，非财务困境记为"0"
	管理层持股比例（MLD）	管理层持股数量与总股数之比
	法人股比例（CLD）	法人股股数与总股数之比

（三）研究模型

结合研究假设，设计回归模型如下：

模型（4-5）：$DRP = c + \sum_{j=1}^{n} b_j Control + aES + \varepsilon$

模型（4-6）：$DRP = c + \sum_{j=1}^{n} b_j Control + a_1 ES + a_2 ER + a_3 ES \times ER + \varepsilon$

模型（4-7）：$DRP = c + \sum_{j=1}^{n} b_j Control + a_1 ES + a_2 FUND + a_3 ES \times FUND + \varepsilon$

模型（4-8）：$DRP = c + \sum_{j=1}^{n} b_j Control + a_1 ES + a_2 PN + a_3 ES \times PN + \varepsilon$

其中，$Control$ 为控制变量组，c 为截距项，ε 代表随机扰动项，j 为各控制变量编号，b_j 代表了各控制变量的回归系数，a 代表各个解释变量的回归系数。模型（4-5）是解释变量母子公司高管协同配置与被解释变量现金股利政策的回归模型，用以检验母子公司高管协同配置与上市公司现金股利政策的相关关系，即假设 H4-4；模型（4-6）在模型（4-5）的基础上加入了母子公司高管协同与股权制衡度的乘积项，用以检验股权制衡度的调节作用，即假设 H4-5；模型（4-7）在模型（4-5）的基础上加入了母子公司高管协同与基金持股的乘积项，用以检验基金持股的调节作用，即假设 H4-6；模型（4-8）在模型（4-5）的基础上加入了母子公司高管协同与产权性质的乘积项，用以检验国有企业集团和非国有企业集团中母子公司高管协同配置对现金股利政策的差异化影响，即假设 H4-7。

四、数据分析与结果讨论

（一）描述性统计分析

表 4-6 显示了文中几个主要变量的数据特征，包括均值、中值、标准差、最小值、最大值。由此可以看出，现金股利支付最小值为 0，最大值为 20.86，最大值和最小值相差较大，说明企业在现金股利政策实施方面差异较大，可能有个别企业存在超能力派现的问题。母子公司高管协同最大值为 0.769，而均值为 0.175，反映出企业集团对高管协同配置的重视程度不一，在实际治理过程中的应用水平不同。股权制衡的均值为 0.586，中值为 0.442，表明多数样本公司都存在股权制衡现象。整体来看，基金持股的标准差、最大值与最小值之差较大，说明不同上市公司中基金持股占比存在较大差异，可能对公司治理有一定影响。产权性质的均值 0.507，标准差为 0.500，说明国有企业集团与非国有企业集团的样本数量相对均衡。

表 4-6　描述性统计结果

变量	均值	中值	标准差	最小值	最大值
DRP	0.294	0.207	0.638	0.000	20.860
ES	0.175	0.158	0.122	0.000	0.769
ER	0.586	0.442	0.486	0.004	2.925
FUND	3.748	2.105	4.453	0.000	32.040
PN	0.507	1.000	0.500	0.000	1.000
ALR	0.443	0.435	0.190	0.008	1.698
IND	0.371	0.333	0.056	0.200	0.800
AGE	14.300	15.000	6.393	1.000	29.000
DY	0.187	0.000	0.390	0.000	1.000
DA	0.399	0.000	0.490	0.000	1.000
MLD	0.027	0.001	0.073	0.000	0.749
CLD	0.047	0.000	0.121	0.000	0.902

资料来源：作者整理。

（二）多元回归分析

基于上文设计的模型，通过统计软件进行回归分析，结果见表 4-7。模型（4-5）在控制了相关变量后，加入母子公司高管协同作为解释变量，结果显示回归系数显著为正（$p<0.01$，$\beta=0.215$），说明母子公司高管协同配置与上市公司现金股利政策之间存在显著的正相关关系。即母子公司高管协同程度越高，上市公司现金股利支付水平越高，假设 H4-4 得证。

模型（4-6）的回归结果显示，在模型（4-5）的基础上加入母子公司高管协同与股权制衡度的乘积项后，乘积项系数显著为负（$p<0.05$，$\beta=-0.274$），这说明股权制衡在母子公司高管协同配置与上市公司现金股利政策的关系中具有负向调节作用，即上市公司股权制衡度的提升会弱化母子公司高管协同配置对现金股利的正向影响。反之，股权制衡程度越低，母子公司高管协同配置对现金股利的正向影响越强，假设 H4-5 得证。

模型（4-7）的回归结果显示，在模型（4-5）的基础上加入母子公司高管协同与基金持股的乘积项后，乘积项系数显著为负（$p<0.05$，$\beta=-0.034$），说明基金持股在母子公司高管协同配置与上市公司现金股利政策的关系中具有负向调节作用，即上市公司基金持股比例的提升会弱化母子公司高管协同配置对现金股利的正向影响，基金持股比例越低，母子公司高管协同配置对现金股利的正向影响越强，假设 H4-6 得证。

模型（4-8）在模型（4-5）的基础上，加入了母子公司高管协同与产权性质的乘积项，乘积项系数为 -0.149，但未通过显著性检验，假设 H4-7未得到验证。可能是因为：虽然国有企业集团的经营与管理体制具有一定特殊性，但上市公司作为公开发行股份的上市公司，与民营上市公司受到同样的外部监督，市场化程度大幅提升。所以母子公司高管协同配置对上市公司现金股利政策的影响在国有企业集团与民营企业集团中未表现出显著差异化。

表 4-7　回归分析结果

变量	DRP			
	模型（4-5）	模型（4-6）	模型（4-7）	模型（4-8）
CONS	0.317*** (3.127)	0.334*** (3.353)	0.302*** (2.954)	0.306*** (2.926)
ALR	-0.201*** (-3.659)	-0.202*** (-3.706)	-0.198*** (-3.588)	-0.196*** (-3.542)
IND	0.306 (1.277)	0.291 (1.223)	0.307 (1.281)	0.313 (1.311)
AGE	-0.004** (-2.148)	-0.004** (-2.234)	-0.004** (-2.158)	-0.004* (-1.673)
DY	0.010 (0.324)	0.013 (0.410)	0.011 (0.356)	0.007 (0.245)
DA	-0.112*** (-5.565)	-0.110*** (-5.456)	-0.115*** (-5.625)	-0.111*** (-5.386)
MLD	-0.043 (-0.387)	-0.010 (-0.094)	-0.045 (-0.406)	-0.053 (-0.489)
CLD	-0.026 (-0.447)	0.002 (0.041)	-0.020 (-0.336)	-0.037 (-0.651)
Year	Y	Y	Y	Y

变量	DRP			
	模型（4-5）	模型（4-6）	模型（4-7）	模型（4-8）
ES	0.215 *** (2.879)	0.306 *** (2.678)	0.347 *** (2.986)	0.284 ** (2.450)
ER		−0.018 (−0.897)		
FUND			0.004 * (1.731)	
PN				0.009 (0.371)
ES×ER		−0.274 ** (−2.503)		
ES×FUND			−0.034 ** (−2.560)	
ES×PN				−0.149 (−1.060)
R^2	0.018	0.019	0.018	0.017
F	11.419	12.718	11.222	13.092

注：*** 表示 $p<0.01$，** 表示 $p<0.05$，* 表示 $p<0.1$；括号内为 t 值。
资料来源：作者整理。

（三）稳健性检验

为保证研究结果的稳健性，解决样本自选择问题，本书通过 PSM 方法做进一步检验。首先将母子公司高管协同按照平均数进行分组，之后采取 1∶1 邻近匹配方法选择配对样本，计算倾向性得分的模型变量包括 ALR、IND、AGE、DY、DA、MLD 和 CLD。然后按照原有模型对匹配样本进行逐步回归，最终结果如表 4-8 所示。在模型（4-5）中，母子公司高管协同的回归系数为 0.049，在 5% 水平上显著为正，证明了假设 H4-4；在模型（4-6）中，母子公司高管协同与股权制衡乘积项的回归系数为−0.088，在 5% 水平上显著为负，证明了假设 H4-5；在模型（4-7）中，母子公司高管协同与基金持股的回归系数为−0.009，在 5% 水平上显著为负，证明了假设 H4-6。整体与上文回归分析的结果保持一致，说明研究结论具有较强稳健性。

表 4-8　稳健性检验回归分析结果

变量	DRP		
	模型 (4-5)	模型 (4-6)	模型 (4-7)
CONS	0.340 *** (3.176)	0.358 *** (3.320)	0.335 *** (3.133)
ALR	-0.206 *** (-3.388)	-0.210 *** (-3.463)	-0.202 *** (-3.315)
IND	0.311 (1.216)	0.301 (1.174)	0.309 (1.213)
AGE	-0.005 ** (-2.484)	-0.005 *** (-2.583)	-0.005 ** (-2.479)
DY	0.011 (0.347)	0.014 (0.443)	0.012 (0.373)
DA	-0.115 *** (-5.199)	-0.112 *** (-5.042)	-0.119 *** (-5.324)
MLD	-0.062 (-0.486)	-0.016 (-0.129)	-0.059 (-0.466)
CLD	-0.028 (-0.467)	0.010 (0.154)	-0.022 (-0.362)
Year	Y	Y	Y
ES	0.049 ** (2.075)	0.085 ** (2.229)	0.082 ** (2.370)
ER		-0.035 * (-1.857)	
FUND			0.002 (0.798)
ES×ER		-0.088 ** (-2.565)	
ES×FUND			-0.009 ** (-2.310)
R^2	0.015	0.017	0.015
F	7.379	10.741	7.148

注：*** 表示 $p<0.01$，** 表示 $p<0.05$，* 表示 $p<0.1$；括号内为 t 值。

资料来源：作者整理。

五、研究结论与管理启示

(一) 研究结论

本书基于委托代理理论，利用我国企业集团框架内上市公司的经验数据，对上市公司现金股利政策的决策逻辑进行实证分析，结果显示：第一，母子公司高管协同配置对上市公司现金股利政策有正向影响；第二，股权制衡度越低，母子公司高管协同配置对上市公司现金股利政策的正向影响越强；第三，基金持股水平越低，母子公司高管协同配置对上市公司现金股利政策的正向影响越强；第四，母子公司高管协同配置对上市公司现金股利政策的影响在不同产权性质的企业集团中不存在显著差别。

（二）管理启示

鉴于股利政策对上市公司投融资及资本市场持续发展的重要意义，本书从企业集团框架内的特殊委托代理关系出发，分析了母子公司高管协同配置对上市公司股利政策的影响，研究结论进一步明晰了企业集团框架内上市公司现金股利政策决策的内在逻辑，验证了高管协同配置对缓解母子公司代理问题的积极意义，对实践中企业集团框架内母子公司治理体系设计具有一定借鉴价值。

此外，本书还验证了母子公司高管协同配置与上市公司现金股利政策的关系会受到股权制衡和基金持股的影响，进一步反映出控股股东、其他大股东、机构投资者与高管团队等治理主体参与公司治理的决策逻辑差异。由此可知，缓解不同治理主体之间的利益冲突仍是公司治理的重要目标。尤其是在集团公司治理框架中，更需要重视委托代理关系的复杂性，综合考虑各方利益相关者，协调治理主体之间的多重矛盾，以建立起一种平衡的权利关系，发挥协同优势，增加企业集团整体收益。

第三节　母子公司高管协同配置与上市公司董事高管责任保险[①]

一、问题的提出

当董事和高管因职务疏忽及经营不当对公司产生不利影响时，上市公司

---

① 本节部分内容发表于《金融监管研究》2021年第9期。

可以通过购买董事高管责任保险（D&O Insurance，下文简称"董责险"）的方式，使保险机构作为担保机构支付相关赔付金额，进而分散公司风险。但是，2020 年年初，瑞幸咖啡 22 亿元的财务造假案发生后，被曝出公司上市前曾为董事高管购买了金额高达 2500 万美元的董责险，引起社会各界对董责险治理效应的巨大热议，甚至有人认为，董责险催生了高管的失职行为和上市公司的违规行为。董责险的有效性和真实购买动机也因此饱受诟病。

企业集团作为介于市场和企业之间的组织形式，在国民经济发展中具有举足轻重的作用。与一般的单体企业相比，企业集团往往具有更强的资源整合及协调配置能力，因此呈现出一定的组织优势；但同时母子公司形式的企业集团在治理实践中往往也会面临更加动态多变的内外部治理环境，也因此呈现出更为复杂的决策机制。母子公司董事高管协同配置是指董事和高级管理者同时在母公司及上市公司任职的一种状态，是母公司为了创造协同效应而在集团内部所采取的特殊人员配置安排（徐鹏等，2020）①。本书以 2015—2020 年沪深两市隶属于企业集团的 A 股制造业上市公司为研究样本，进行了实证检验，并得出母子公司董事高管协同配置对上市公司董责险购买行为具有显著负向影响，且这种负向影响在委托人与代理人利益目标一致性较低的情境下和国有企业集团中表现得更为显著的结论。与以往研究相比，本书可能的贡献在于：第一，讨论了企业集团框架内母子公司董事高管协同配置是如何影响上市公司董责险购买行为的，进一步丰富了上市公司董责险购买行为影响因素的理论体系；第二，分析了"母子公司董事高管协同配置—诉讼风险—董责险的购买行为"的作用路径，有助于进一步厘清母子公司董事高管协同配置与上市公司董责险购买行为之间的影响机制。本书结论有助于明晰企业集团框架内上市公司董责险购买行为的决策机理，并可为实践中母子公司治理结构的设计

———————

① 徐鹏等：《母子公司高管协同配置：表现形式、理论逻辑与整合研究框架》，《经济与管理评论》2020 年第 5 期。

与完善提供借鉴。

二、理论分析与研究设计

（一）母子公司董事高管协同配置对上市公司董责险购买行为的影响机理

母子公司董事高管协同配置作为企业集团特殊治理情境的重要体现，会通过如下途径影响上市公司董责险的购买行为：

一是母子公司董事高管协同配置会削弱董责险的外部监督效应。外部监督假说指出，作为企业购买董责险的主要担保方，保险公司的利益与认购公司关联密切。为减少并防止因被担保人实施不正当行为导致企业发生违规事件，保险公司会主动关注公司的经营决策，形成外部监督机制，进而有效防范公司高管的自利行为［孙（Sun），2020[1]；代彬等，2019[2]］。由于存在更为复杂的代理链条，在缺乏有效监督的情境下，企业集团框架内的金字塔层级结构有可能助长上市公司的机会主义行为，加剧母子公司间代理成本的产生［埃尔克里斯（Elkelish），2018］[3]。在此背景下，母公司为维护自身合法利益不受损害，会倾向于推动上市公司购买董责险，以发挥保险公司的外部监督作用，保护股东财富［布瓦耶（Boyer），2014[4]；邹等（Zou，et al.），2008[5]］。而母子公司董事高管协配置同作为集团内连接母子公司的信息沟通桥梁，则可以有效降低双方信息不对称的程度，由此减少母子公司间

---

① Sun，Z.，"The Impact of Directors' and Officers' Liability Insurance on Corporate Performance：An Empirical Evidence from the Data of Chinese Listed Financial Enterprises"，*Advances in Social Sciences Research Journal*，Vol. 7，No. 1（2020），pp. 35−45.

② 代彬等：《国际化董事会与董事高管责任保险："与时俱进"还是"制度陷阱"》，《金融经济学研究》2019 年第 6 期。

③ Elkelish，W. W.，"Corporate Governance Risk and the Agency Problem"，*Corporate Governance*，Vol. 18，No. 2（2018），pp. 254−269.

④ Boyer，M.，"Directors' and Officers' Insurance and Shareholder Protection"，*Journal of Financial Perspectives*，Vol. 2，No. 1（2014），pp. 107−128.

⑤ Zou，H.，et al.，"Controlling-Minority Shareholder Incentive Conflicts and Directors' and Officers' Liability Insurance：Evidence from China"，*Journal of Banking & Finance*，Vol. 32，No. 12（2008），pp. 2636−2645.

的代理问题［格雷罗等（Guerrero, et al.），2017]①，保险公司的外部监督作用因此会被弱化，母公司推动上市公司购买董责险的积极性会随之降低（凌士显等，2020②；谭露和胡珺，2019③）。

二是母子公司董事高管协同配置还会削弱董责险的风险转移效应，降低上市公司通过购买保险进行风险对冲的积极性［陈和李（Chen and Li），2010]④。一般情况下，上市公司出现违规行为时极有可能面临诉讼风险，并且随着诉讼风险的增加，公司付出的赔偿金额也会随之上升，此时上市公司会更倾向于购买董责险以分散和转移风险［刘向强等，2017⑤；王等（Wang, et al.），2020⑥]。而董事高管协同配置这一治理机制的存在，可以快速有效地向上市公司传递母公司更多的内部信息，并且双重身份的高管往往具有丰富的知识储备与管理经验，能够更好地帮助上市公司进行日常经营及事务管理，规避上市公司可能出现的违规行为，降低不必要的诉讼风险［伊兰和帕纳西安斯（Gillan and Panasian），2015]⑦。此时，董责险将难以发挥其风险转移效应，因此上市公司购买保险的主动性会减弱。

基于以上分析，母子公司董事高管协同配置不但能够降低母子公司间的信息不对称程度，缓解第一类代理问题，并且双重身份的高管能够帮助上市

---

① Guerrero, S., et al., "Board Member Monitoring Behaviors in Credit Unions: The Role of Conscientiousness and Identification with Shareholders", *Corporate Governance: An International Review*, Vol. 25, No. 2（2017），pp. 134-144.

② 凌士显等：《董事高管责任保险与上市公司关联交易——基于我国上市公司经验数据的检验》，《证券市场导报》2020 年第 3 期。

③ 谭露、胡珺：《上市公司认购董事高管责任保险：购买动机与经济效应》，《金融理论与实践》2019 年第 10 期。

④ Chen, T. J., Li, S. H., "Directors' & Officers' Insurance, Corporate Governance and Firm Performance", *International Journal of Disclosure and Governance*, Vol. 7, No. 1（2010），pp. 244-261.

⑤ 刘向强等：《诉讼风险与董事高管责任保险——基于中国 A 股上市公司的经验证据》，《商业经济与管理》2017 年第 9 期。

⑥ Wang, J., et al., "Directors' and Officers' Liability Insurance and Firm Innovation", *Economic Modelling*, Vol. 89, No. C（2020），pp. 414-426.

⑦ Gillan, S. L., Panasian, C. A., "On Lawsuits, Corporate Governance, and Directors' and Officers' Liability Insurance", *Journal of Risk and Insurance*, Vol. 82, No. 4（2015），pp. 793-822.

公司提升经营管理能力，有效防范公司违规行为产生的诉讼风险。在这种情况下，由于董责险的外部监督作用及风险规避作用难以发挥，而且购买保险还需要付出一定的财务成本，因而母公司及上市公司购买董责险的意愿和主动性均会降低。基于此，提出如下假设：

H4-8：母子公司董事高管协同配置对上市公司董责险购买行为具有负向影响，即母子公司董事高管协同程度越高，上市公司购买董责险的意愿越低。

（二）委托人与代理人利益目标一致性的调节作用

所有权与经营权的分离会带来严重的代理问题，因此母公司倾向于通过有效的监督与激励措施，促使委托人（股东）与代理人（上市公司管理层）的利益目标更趋一致。管理层持股作为一种长效的内部激励机制，能够产生"利益趋同效应"，缓解股东与管理者的利益冲突，降低上市公司代理成本[普特兰托和摩尔尼亚旺（Putranto and Kurniawan），2018][1]。由于不同上市公司管理层持有的股份存在较大差别，委托人与代理人利益趋同程度也不尽相同。在此背景下，母子公司董事高管协同配置对上市公司董责险购买行为的影响机理也会存在差异。具体作用路径如下：

道德风险假说认为，董责险的存在会助长管理层的激进行为，为其的机会主义行为"保驾护航"，进而对公司股东及保险机构均会产生双重不利影响（李从刚和许荣，2019）[2]。具体而言，管理层持股比例越低，上市公司委托人与代理人利益目标的一致性程度越低，越有可能导致管理层因激励不足而更加关注私人利益的获取，并由此作出更多机会主义行为，不利于公司的长远发展[陈等（Chen, et al.），2016[3]；黄和金（Hwang and Kim），

[1] Putranto, P., Kurniawan, E., "Effect of Managerial Ownership and Profitability on Firm Value (Empirical Study on Food and Beverage Industrial Sector Company 2012 to 2015)", *European Journal Business and Management*, Vol. 10, No. 25 (2018), pp. 96-104.

[2] 李从刚、许荣：《董事高管责任保险、诉讼风险与自愿性信息披露——来自A股上市公司的经验证据》，《山西财经大学学报》2019年第11期。

[3] Chen, Z., et al., "Directors' and Officers' Liability Insurance and the Cost of Equity", *Journal of Accounting and Economics*, Vol. 61, No. 1 (2016), pp. 100-120.

2018①；赖黎等，2019②]。而母子公司董事高管协同配置，则可通过缓解代理问题进而抑制上市公司董责险购买行为的治理作用，以规避董责险的"兜底效应"和可能存在的管理层的道德风险问题 [布瓦耶和斯特恩（Boyer and Stern），2014]③。反之，当管理层持股比例较高时，上市公司委托人与代理人利益的一致性也较高，代理问题得以缓解，管理层的机会主义与短视行为会受到一定程度的抑制，母子公司董事高管协同配置对上市公司董责险购买行为的影响将被削弱。由此，本研究提出如下假设：

H4-9：委托人与代理人利益目标一致性，对母子公司董事高管协同配置与上市公司董责险购买行为的关系具有调节作用：上市公司管理层持股比例越高，委托人与代理人利益目标一致性越强，此时母子公司董事高管协同配置对上市公司董责险购买行为的负向影响被弱化。

（三）企业集团产权性质的调节作用

不同产权性质的企业集团中，上市公司面对差异化的外部经营环境和内部治理方式，母子公司董事高管协同配置对上市公司董责险购买行为的影响也会有所不同。

在国有企业集团中，一方面，上市公司管理者在管理工作中更加关注自己的能力发挥与角色实现，更加看重个人声誉与企业价值的稳定增长，因此一般倾向于规避风险（张敦力和江新峰，2016）④。而董责险作为一项成本高且真实价值存在争议的重大决策，会使上市公司具有双重身份的董事与高管更加谨慎地评估上市公司购买保险的决策，以规避购买董责险可能产生的

---

① Hwang, J. H., Kim, B., "Directors' and Officers' Liability Insurance and Firm Value", *Journal of Risk and Insurance*, Vol. 85, No. 2 (2018), pp. 447-482.

② 赖黎等：《董事高管责任保险降低了企业风险吗？——基于短贷长投和信贷获取的视角》，《管理世界》2019 年第 10 期。

③ Boyer, M. M., Stern, L. H., "Do Insurance and IPO Performance: What Can We Learn from Insurers", *Journal of Financial Intermediation*, Vol. 23, No. 4 (2014), pp. 504-540.

④ 张敦力、江新峰：《管理者权力、产权性质与企业投资同群效应》，《中南财经政法大学学报》2016 年第 5 期。

争议给自身的职业生涯带来不确定性影响。另一方面，国有企业除了以盈利为目标，还需要承担更多的社会责任，资金更有可能用于多元目标的实现。在这种情况下，极有可能导致管理层的激励不足（王甄和胡军，2016）[①]。而母子公司董事高管协同配置则意味着在母公司担任一定职务是对高管工作的肯定与支持，是集团内部的一种激励方式，因此双重身份的高管更有可能勤勉尽责，更有动机对上市公司的经营决策实施严格监督，以规避其自利行为（郑丽和陈志军，2018）[②]。此时，董责险激励管理层的作用被削弱，购买董责险的可能性降低（雷啸等，2020）[③]。

基于以上分析，本书认为，国有企业集团中母子公司董事高管协同配置能够发挥更强的治理作用，可以在更大程度上影响上市公司董责险购买行为。据此，提出以下假设：

H4-10：产权性质对母子公司董事高管协同配置与上市公司董责险购买行为之间的关系具有调节作用：国有企业中，母子公司董事高管协同配置对上市公司董责险购买行为的负向影响更显著。

三、实证设计

（一）样本选择

鉴于2014年8月10日国务院印发了《关于加快发展现代保险服务业的若干意见》，提出要"发挥保险风险管理功能，完善社会治理体系；推进保险业改革开放，全面提升行业发展水平；加强和改进保险监管，防范化解风险"，明确了保险业发展的总体要求、重点任务和政策措施，对我国保险行业的发展与完善以及各社会主体的保险购买行为具有重大影响，所以，本书将2015年定为研究观测的起始时间，以2015—2020年沪深两市制造业上市公司作为研究样本。

[①] 王甄、胡军：《控制权转让、产权性质与公司绩效》，《经济研究》2016年第4期。

[②] 郑丽、陈志军：《母子公司人员嵌入、控制层级与子公司代理成本》，《经济管理》2018年第10期。

[③] 雷啸等：《董事高管责任保险能否抑制公司违规行为》，《经济与管理研究》2020年第2期。

在此基础上，本书对样本做了如下处理：剔除 ST、*ST 公司；删除重要数据缺失的样本；对连续性变量进行 1% 与 99% 缩尾处理以避免异常值的影响，最终获得 4790 个观测值。

（二）变量定义

母子公司董事高管协同（ES）。参考徐鹏等（2020）[①] 的研究，本书将母子公司董事高管协同定义为上市公司董事和高管在母公司兼职人数占上市公司董事、高管总人数的比例，比值越大说明母子公司董事高管协同程度越高。

董责险（INS）。借鉴高挺等（2021）[②] 的研究，董责险的数据搜集步骤如下：一是手工搜索股东大会及临时股东大会决议中含有"责任险""责任保险""董责险"的公司；二是通过巨潮资讯网搜集董责险相关公司决议的具体内容，如上市公司未发布终止购买保险的声明则视为继续购买保险。以此为基础设置董责险虚拟变量，当年购买保险为 1，否则为 0。

管理层持股（MO）。管理层持股体现了委托人与代理人利益目标的一致性程度。本书以管理层持股数量占公司总股本的比例来衡量，其中管理层持股数量包括董事、监事及高级管理人员持股数量，存在兼职时则不重复计算持股数量。

产权性质（SOE）。设为虚拟变量，隶属国有企业集团为 1，隶属民营企业集团为 0。

本书还选取了可能影响董责险购买行为的其他变量作为控制变量，包括监事会规模、董事会独立性、资产负债率、管理费用率等，具体的变量测量如表 4-9 所示。

---

① 徐鹏等：《母子公司高管协同配置：表现形式、理论逻辑与整合研究框架》，《经济与管理评论》2020 年第 5 期。

② 高挺等：《董事高管责任保险与企业内部控制质量——基于 A 股上市公司的经验证据》，《金融监管研究》2021 年第 5 期。

表 4-9 变量定义与衡量

	变量名称	符号	具体说明
被解释变量	董责险	INS	虚拟变量：上市公司购买董责险为 1，否则为 0
解释变量	母子公司董事高管协同	ES	上市公司董事和高管在母公司兼职人数占其董事、高管总人数的比例
调节变量	管理层持股	MO	上市公司董事、监事及高管持股数量占公司股本的比例
	产权性质	SOE	上市公司隶属国有企业集团为 1，隶属民营企业集团为 0
控制变量	监事会规模	Supervise	上市公司监事会人数
	董事会独立性	Indpt	上市公司独立董事人数与董事会人数之比
	资产负债率	Lev	上市公司期末负债总额与资产总额之比
	管理费用率	Msr	上市公司期末管理费用与营业收入之比
	现金持有水平	Cash	上市公司期末现金及现金等价物余额与资产总额之比
	公司市值	Value	先计算公司价值：人民币普通股×今收盘价当期值+境内上市的外资股 B 股×今收盘价当期值×当日汇率+（总股数-人民币普通股-境内上市的外资股 B 股）×所有者权益合计期末值/实收资本本期期末值+负债合计本期期末值；然后对上述数值取自然对数
	资产收益率	ROE	上市公司期末净利润与股东权益之比
	员工人数	Employee	上市公司期末员工人数的自然对数
	年份	Year	以虚拟变量反映数据观测年度

（三）模型设计

本书通过如下模型，对上文提出的研究假设进行检验：

模型（4-9）：$INS_{i,t} = c + \sum_{j=1}^{15} b_j Control + \varepsilon_{i,t}$

模型（4-10）：$INS_{i,t} = c + \sum_{j=1}^{15} b_j Control + \alpha_1 ES_{i,t} + \varepsilon_{i,t}$

模型（4-11）：$INS_{i,t} = c + \sum_{j=1}^{15} b_j Control + \alpha_1 ES_{i,t} + \alpha_2 MO_{i,t} + \alpha_3 ES_{i,t} \times MO_{i,t} + \varepsilon_{i,t}$

模型（4-12）：$INS_{i,t} = c + \sum_{j=1}^{15} b_j Control + \alpha_1 ES_{i,t} + \alpha_2 SOE_{i,t} + \alpha_3 ES_{i,t} \times SOE_{i,t} + \varepsilon_{i,t}$

式中，$Control$ 为控制变量组，c 为截距项，$\varepsilon_{i,t}$ 为随机误差项，j 为各控制变量编号，b_j 代表了各控制变量的回归系数，α 代表各解释变量的回归系数。模型（4-9）为控制变量与被解释变量董责险购买行为的基础回归模型；模型（4-10）在模型（4-9）的基础上增加解释变量母子公司董事高管协同，用来检验假设 H4-8；模型（4-11）在模型（4-10）的基础上，加入反映委托人与代理人利益目标一致性程度的管理层持股比例，以及管理层持股比例与母子公司董事高管协同的乘积项，用来检验假设 H4-9；模型（4-12）在模型（4-10）的基础上，加入产权性质，以及产权性质与母子公司董事高管协同的乘积项，用来检验假设 H4-10。

四、数据分析与结果讨论

（一）描述性统计分析

表 4-10 列示了各变量的描述性统计结果，董责险的样本均值为 0.036，中值为 0.000，这表明在我国上市公司中认购董责险的比例较小；母子公司高管协同最大值为 0.700，而均值为 0.161，反映出企业集团对高管协同配置的重视程度不一，在实际治理过程中的应用水平不同；产权性质的均值 0.513，标准差为 0.500，说明国有企业集团与非国有企业集团的样本数量相对均衡。

表 4-10　描述性统计结果

变量	均值	中值	标准差	最小值	最大值
INS	0.036	0.000	0.187	0.000	1.000
ES	0.161	0.143	0.122	0.000	0.700
MO	0.000	-0.420	1.000	-0.429	5.555
SOE	0.513	1.000	0.500	0.000	1.000
Supervise	3.662	3.000	1.079	3.000	7.000

续表

变量	均值	中值	标准差	最小值	最大值
Indpt	0.373	0.333	0.054	0.333	0.571
Lev	0.439	0.432	0.191	0.068	0.927
Msr	0.093	0.081	0.067	0.012	0.464
Cash	-2.246	-2.187	0.778	-4.673	-0.687
Value	23.206	23.050	1.047	21.333	26.395
ROE	0.000	0.072	1.000	-6.505	1.737
Employee	8.160	8.136	1.163	5.263	11.135

资料来源：作者整理。

由表 4-10 可知，母子公司董事高管协同的均值在 0.154—0.167 之间，说明在观察期内变化不大；董责险的均值从 0.016 增加到 0.052，说明样本公司中购买董责险的比例呈明显增加趋势；管理层持股比例均值从 0.033 逐年减至 0.021，说明样本公司中管理层持股比例呈下降态势，逐年降低的标准差则反映出样本公司间管理层持股比例的差异化程度在减小。

（二）多元回归分析

由于上市公司董责险购买行为是虚拟变量，故采用 Logit 回归，回归分析结果如表 4-11 所示。

表 4-11 回归分析结果

变量	INS			
	模型（4-9）	模型（4-10）	模型（4-11）	模型（4-12）
ES		-2.190 *** (-3.14)	-1.628 ** (-2.24)	-1.150 (-1.50)
ES×MO			2.397 ** (2.13)	
ES×SOE				-4.047 *** (-2.62)
Supervise	-0.270 *** (-3.45)	-0.261 *** (-3.32)	-0.258 *** (-3.28)	-0.261 *** (-3.32)

续表

变量	INS			
	模型（4-9）	模型（4-10）	模型（4-11）	模型（4-12）
Indpt	0.126 （0.09）	-0.030 （-0.02）	0.036 （0.03）	0.152 （0.11）
MO	-0.069 （-0.57）	-0.084 （-0.70）	-0.393* （-1.85）	-0.079 （-0.64）
SOE	1.247*** （6.01）	1.242*** （5.98）	1.272*** （6.09）	1.193*** （5.69）
Msr	0.498 （0.33）	-0.064 （-0.04）	-0.140 （-0.09）	-0.123 （-0.08）
Cash	-0.125 （-1.14）	-0.127 （-1.15）	-0.135 （-1.22）	-0.136 （-1.23）
Lev	-0.145 （-0.28）	-0.145 （-0.28）	-0.149 （-0.29）	-0.164 （-0.32）
Value	0.356*** （3.06）	0.356*** （3.07）	0.360*** （3.10）	0.366*** （3.15）
ROE	-0.009 （-0.10）	-0.008 （-0.09）	-0.016 （-0.18）	-0.017 （-0.18）
Employee	0.131 （1.10）	0.144 （1.22）	0.142 （1.20）	0.137 （1.15）
cons	-13.658*** （-6.49）	-13.354*** （-6.34）	-13.556*** （-6.43）	-13.731*** （-6.49）
Year	Yes			
伪 R^2	0.100	0.105	0.107	0.109
Chi^2	147.38	157.84	161.84	164.24

注：*** 表示 $p<0.01$，** 表示 $p<0.05$，* 表示 $p<0.1$；括号内为 z 值。
资料来源：作者整理。

模型（4-10）的回归结果显示，母子公司董事高管协同的回归系数为-2.190，且在1%水平显著，说明母子公司董事高管协同配置对上市公司董责险购买行为具有负向影响，即母子公司董事高管协同程度越高，上市公司越不倾向于购买董责险，假设 H4-8 成立。

模型（4-11）的回归结果显示，母子公司董事高管协同与管理层持股乘积项的回归系数为正，且在5%水平上显著，结合主效应结果，说明管理层持股弱化了母子公司董事高管协同配置对上市公司董责险购买行为的影响，即管理层持股比例较高时，母子公司董事高管协同配置对上市公司董责险购买行为的负向影响被弱化，假设 H4-9 成立。

模型（4-12）的回归结果显示，母子公司董事高管协同与产权性质乘积项的回归系数为-4.047，在 1% 水平上显著，说明企业集团产权性质的调节作用存在，即国有企业集团母子公司董事高管协同配置对上市公司董责险购买行为的负向影响更显著。此结果进一步说明，由于国有企业集团框架下上市公司董事高管的任命与考核机制具有一定特殊性，影响了董事高管的履职动机与治理行为，也由此导致了母子公司董事高管协同配置治理作用的差异化。

（三）稳健性检验

1. 固定效应模型

母子公司董事高管协同配置对董责险的影响可能会受到不随时间改变的公司层面因素的影响。为控制这些变量的影响，本书采用固定效应进行了回归检验（见表 4-12）。表 4-12 显示，母子公司董事高管协同的估计系数为-6.155，并通过了显著性检验，说明控制了公司层面的潜在遗漏变量后，本书结论依旧成立。

表 4-12　稳健性检验——公司固定效应模型

被解释变量	INS
ES	-6.155^{***} (-2.83)
Supervise	-0.413 (-1.07)
Indpt	-1.531 (-0.39)
MO	10.769 (0.73)
SOE	1.994^{***} (3.42)

续表

被解释变量	INS
Msr	−3.685 (−0.83)
Cash	−0.701** (−2.09)
Lev	0.915 (0.55)
Value	0.086 (0.18)
ROE	0.272 (1.53)
Employee	0.703 (1.32)
Chi^2	33.94

注：*** 表示 $p<0.01$，** 表示 $p<0.05$，* 表示 $p<0.1$；括号内为 z 值。
资料来源：作者整理。

2. 倾向得分匹配法（PSM）

本书采用 PSM 方法进一步进行内生性检验。计算倾向性得分的模型变量包括 Supervise、Indpt、MO、SOE、Msr、Cash、Lev、Value、ROE 和 Employee。检验方法如下：先用 1∶1 的邻近匹配方法选择配对样本，然后再按照模型对匹配样本进行回归分析。回归结果表明，在使用 PSM 后，本书的研究结论依旧成立（见表 4-13）。

表 4-13　稳健性检验——倾向得分匹配法

变量	INS			
	模型（4-9）	模型（4-10）	模型（4-11）	模型（4-12）
ES		−2.628*** (−3.48)	−1.932** (−2.49)	−1.105 (−1.08)
ES×MO			2.915*** (2.67)	
ES×SOE				−4.153** (−1.99)

变量	INS			
	模型（4-9）	模型（4-10）	模型（4-11）	模型（4-12）
Supervise	-0.274*** (-3.40)	-0.267*** (-3.29)	-0.264*** (-3.25)	-0.266*** (-3.27)
Indpt	0.899 (0.66)	0.805 (0.59)	0.867 (0.64)	0.887 (0.65)
MO	0.026 (0.23)	0.012 (0.10)	-0.355* (-1.72)	0.011 (0.10)
SOE	1.510*** (5.65)	1.571*** (5.90)	1.601*** (5.99)	1.398*** (5.14)
Msr	0.516 (0.32)	-0.077 (-0.05)	-0.226 (-0.14)	-0.234 (-0.14)
Cash	-0.119 (-1.03)	-0.125 (-1.07)	-0.138 (-1.18)	-0.130 (-1.11)
Lev	-0.478 (-0.89)	-0.504 (-0.93)	-0.503 (-0.93)	-0.496 (-0.91)
Value	0.294** (2.39)	0.297** (2.42)	0.305** (2.48)	0.307** (2.49)
ROE	-0.044 (-0.47)	-0.047 (-0.50)	-0.058 (-0.62)	-0.052 (-0.55)
Employee	0.210* (1.65)	0.223* (1.76)	0.219* (1.73)	0.216* (1.70)
cons	-13.112*** (-5.93)	-12.885*** (-5.83)	-13.202*** (-5.95)	-13.177*** (-5.93)
Year	Yes			
伪 R^2	0.100	0.109	0.113	0.112
Chi^2	134.37	147.36	153.39	150.80

注：*** 表示 $p<0.01$，** 表示 $p<0.05$，* 表示 $p<0.1$；括号内为 t 值。
资料来源：作者整理。

（四）进一步分析

为进一步弄清母子公司董事高管协同配置与上市公司购买董责险行为呈负向相关的影响机制，本书探究了诉讼风险在上述关系中是否存在中介作用。表4-14列出了对诉讼风险中介作用的检验结果。

表 4-14 进一步分析——诉讼风险的中介效应

变量	LSU	INS
	模型（4-13）	模型（4-14）
ES	-1.463*** (-3.92)	-1.653* (-1.83)
LSU		0.475*** (4.84)
Supervise	0.015 (0.36)	-0.401*** (-3.72)
Indpt	-2.426*** (-2.81)	1.467 (0.83)
MO	-2.967*** (-3.42)	-1.449 (-0.59)
SOE	0.077 (0.78)	1.335*** (4.97)
Msr	-0.651 (-0.89)	-1.205 (-0.56)
Cash	-0.004 (-0.06)	-0.166 (-1.11)
Lev	1.321*** (4.80)	-1.157* (-1.72)
Value	-0.017 (-0.23)	0.331** (2.02)
ROE	-0.177*** (-3.82)	-0.047 (-0.42)
Employee	-0.158** (-2.47)	0.195 (1.23)
cons	0.961 (0.67)	-13.012*** (-4.35)
Year	Yes	
伪 R^2	0.037	0.126
Chi^2	121.95	115.20

注：*** 表示 $p<0.01$，** 表示 $p<0.05$，* 表示 $p<0.1$；括号内为 t 值。
资料来源：作者整理。

本书的推论是：母子公司董事高管协同配置能够为上市公司带来更多的资金与信息支持，加之兼职的董事高管一定程度上可为上市公司带来丰富的管理知识与经验，因而可能会减少上市公司面临的诉讼风险，进而会弱化董责险的风险规避作用，导致购买的必要性降低。

为检验上述推论，本书参考温忠麟等（2004）① 中介效应的检验方法，设计如下模型：

模型（4-13）：$LSU_{i,t} = c + \sum_{j=1}^{15} b_j Contorl + \alpha_1 ES_{i,t} + \varepsilon_{i,t}$

模型（4-14）：$INS_{i,t} = c + \sum_{j=1}^{15} b_j Control + \alpha_1 ES_{i,t} + \alpha_2 LSU_{i,t} + \varepsilon_{i,t}$

上述模型中，LSU 表示中介变量诉讼风险，参考刘向强等（2017）② 的研究，测量方式为上市公司涉诉讼的次数加 1 取对数，越大表示公司面临的诉讼风险越高。模型（4-13）的回归结果显示，母子公司董事高管协同的系数为-1.463，并在 1%水平上显著（见表 4-14）。这表明，母子公司董事高管协同配置能够降低公司的诉讼风险。模型（4-14）的回归结果显示，诉讼风险的回归系数为 0.475 并在 1%的水平上显著；母子公司董事高管协同的回归系数为-1.653，相较于前文未加中介变量时的主效应回归系数（-2.190）的绝对值有所降低，并仍然在 10%的水平上保持显著（见表4-14）。这说明，诉讼风险在母子公司董事高管协同配置与董责险的购买决策关系中起到了部分中介作用。

五、研究结论与管理启示

（一）研究结论

随着越来越多的上市公司购买董责险，关于哪些因素促成了这种现象的频繁发生吸引了诸多学者的关注，进而引起了董责险购买动因分析的研究热潮。本书以 2015—2020 年沪深两市隶属于企业集团的 A 股制造业上市公司

---

① 温忠麟等：《中介效应检验程序及其应用》，《心理学报》2004 年第 5 期。
② 刘向强等：《诉讼风险与董事高管责任保险——基于中国 A 股上市公司的经验证据》，《商业经济与管理》2017 年第 9 期。

为样本，实证检验了母子公司董事高管协同配置对上市公司董责险购买行为的影响，并且考察了委托人与代理人利益目标一致性以及企业集团产权性质在其中的调节作用，得出如下结论：（1）母子公司董事高管协同配置对上市公司董责险购买行为具有负向影响，即母子公司董事高管协同程度越高，上市公司购买董责险的意愿越低。（2）委托人与代理人利益目标一致性对母子公司董事高管协同配置与上市公司董责险购买行为之间的关系具有负向调节作用，具体表现为管理层持股比例越高，即委托人与代理人利益目标一致性越高，母子公司董事高管协同配置对上市公司董责险购买行为的负向影响越小。（3）区分产权性质后，国有企业集团中母子公司董事高管协同配置对上市公司董责险购买行为的负向影响更加显著。

（二）管理启示

在公司治理实践中，董责险的治理效应存在争议，这使得探索上市公司董责险购买行为的影响因素更为重要。本书基于企业集团的特殊治理情境，发现母子公司董事高管协同配置作为集团框架下的一种特殊治理机制，对上市公司购买董责险具有负向影响。这一研究结论说明，母子公司董事高管协同配置促成了兼职高管以股东身份参与上市公司治理，从而可通过发挥积极作用来缓解母子公司间的信息不对称，减少因信息传递链冗长产生的代理问题。也就是说，母子公司董事高管协同配置在一定程度上不仅能代替董责险的激励作用，还可以规避购买董责险的负面影响。因此，母子公司治理实践中可以将董事高管协同配置作为一项特殊的治理机制，加强母公司与上市公司之间的信息与资源互动，缓解代理问题，提升母子公司的治理效率。

此外，本书以管理层持股作为反映委托人与代理人利益目标一致性程度的代理指标，检验了其在母子公司董事高管协同配置与上市公司董责险购买关系中的调节作用。结论说明，管理层持股与母子公司董事高管协同配置发挥治理作用的逻辑具有一定的相似性。这进一步表明，委托人与代理人利益目标一致性对抑制代理人机会主义行为具有重要价值，股权激励、员工持股计划等可以作为公司治理实践中上市公司优化治理结构、缓解代理问题的有效手段。

第四节 母子公司高管协同配置与
上市公司内部控制质量①

一、问题的提出

内部控制及其有效性是上市公司经营管理和内部监督治理必不可少的环节，也是国内外学术界研究的热点话题之一。近年来，随着资本市场监管力度不断加强，上市公司违规现象层出不穷，据统计，2022 年总计 857 家 A 股上市公司被监管处罚，所涉案例多达 1333 起。各类违规案件的曝光反映出部分上市公司内部控制存在严重缺陷，警醒上市公司需要进一步重视与健全内部控制建设。内部控制质量反映了内部控制制度的完善程度和内部控制措施的实施效果 [高挺等，2020②；徐（Xu），2021③]，将内部控制有效性全面落实到公司实际经营、资产管理等各环节，对上市公司战略决策的顺利实施和持续健康发展具有重要作用。

随着市场经济的发展，企业集团作为介于市场和企业之间的中间型组织，在国民经济发展中发挥着举足轻重的作用。现有研究从内外部公司治理视角对上市公司内部控制质量的前因做了相对充分的探讨，验证了媒体监督（张萍和徐巍，2015）④、董事高管责任保险（高挺等，2020）⑤、审计委员会 IT 专长（周冬华等，2022）⑥ 等公司治理要素对建立和完善上市公司内

---

① 本节部分内容发表于《山东财经大学学报》2023 年第 2 期。
② 高挺等：《董事高管责任保险与企业内部控制质量——基于 A 股上市公司的经验证据》，《金融监管研究》2020 年第 5 期。
③ Xu, Y., "On Internal Control Quality, the Degree of Marketization and Debt Default Risk", *Frontiers in Economics and Management*, Vol. 2, No. 8（2021），pp. 305-312.
④ 张萍、徐巍：《媒体监督能够提高内部控制有效性吗？——来自中国上市公司的经验证据》，《会计与经济研究》2015 年第 5 期。
⑤ 高挺等：《董事高管责任保险与企业内部控制质量——基于 A 股上市公司的经验证据》，《金融监管研究》2020 年第 5 期。
⑥ 周冬华等：《审计委员会 IT 专长能否提高内部控制质量?》，《审计研究》2022 年第 5 期。

部控制制度的积极作用。但鲜有文献聚焦于企业集团这一组织形式分析母子公司治理体系的特殊性对上市公司内部控制质量的影响机理。母子公司高管协同配置是指母公司高管在子公司同时任职高管的状态（徐鹏等，2022）①，是母子公司治理结构安排的特殊要素。目前，学术界对母子公司高管协同配置治理效应的研究存在两种相互对立的观点："积极观"认为母子公司高管协同配置有助于减少母子公司间的信息不对称，缓解第一类代理问题，对提高会计信息质量（潘红波和韩芳芳，2016）②、降低资产损失风险和股价崩盘风险（佟爱琴和李孟洁，2018③；曾晓和韩金红，2020④）具有积极意义；"消极观"认为母子公司高管协同配置强化了母公司对上市公司的控制能力，会增加母公司侵占上市公司利益、实施隧道行为的风险，继而对上市公司发展带来负面影响（郑杲娉等，2014）⑤。

虽然审查上市公司内部控制质量属于审计委员会的职责范畴，但是内部控制的实施主体主要是上市公司的高管，从母子公司特殊治理体系角度出发，集团对上市公司高管的安排及其行为均会对内部控制制度建设及其有效性产生重大影响。基于此，本书以企业集团框架内沪深两市制造业上市公司为研究样本，分析母子公司高管协同配置对上市公司内部控制质量的影响及作用机理。与以往研究相比，可能的贡献在于：一是通过分析母子公司高管协同配置对上市公司内部控制质量的影响，进一步深化母子公司高管协同配置治理效应的理论研究框架；二是基于企业集团产权异质性、实际控制人两权分离度、上市公司高管平均任期对母子公司高管协同配置与上市公司内部

①　徐鹏等：《母子公司高管纵向联结对子公司治理稳定性的影响研究——来自集团框架内上市公司的经验证据》，《现代财经（天津财经大学学报）》2022 年第 11 期。

②　潘红波、韩芳芳：《纵向兼任高管、产权性质与会计信息质量》，《会计研究》2016 年第 7 期。

③　佟爱琴、李孟洁：《产权性质、纵向联结高管与企业风险承担》，《科学学与科学技术管理》2018 年第 1 期。

④　曾晓、韩金红：《纵向兼任高管能降低股价崩盘风险吗?》，《南方经济》2020 年第 6 期。

⑤　郑杲娉等：《兼任高管与公司价值：来自中国的经验证据》，《会计研究》2014 年第 11 期。

控制质量关系的权变性进行了系统分析，可以为母子公司高管协同配置发挥积极治理作用的具体实施路径提供经验证据。

二、理论分析与研究假设

（一）母子公司高管协同配置与上市公司内部控制质量

母子公司高管协同配置作为企业集团框架内母子公司治理结构安排的特殊要素，是发挥集团化经营协同效应的重要手段，可以有效缓解母公司与上市公司之间的信息不对称、强化母公司的监督治理作用［法因施米特等（Fainshmidt, et al.），2017[1]；徐鹏等，2022[2]］，从而影响上市公司内部控制质量。具体逻辑分析如下：

首先，母子公司高管协同配置有利于提升上市公司财务信息与经营状况信息披露的真实性与可靠性，为优化上市公司内部控制环境提供条件。基于信息不对称理论，母子公司高管协同配置形成的"双重身份"高管就像在集团内部建立了一个"独特"的信息沟通渠道，能够更好地促进母公司与上市公司之间信息共享，简化集团内部的信息传递层级，有助于缓解两者之间的信息不对称问题［达钦和索休拉（Duchin and Sosyura），2013][3]，增强母公司与上市公司之间的信息透明度，抑制上市公司管理层的选择性信息披露行为（曾晓和韩金红，2020）[4]，减少信息失真的情况，提高上市公司内部控制质量。

其次，母子公司高管协同配置会强化母公司对上市公司治理决策的监督能力和监督倾向，为提升上市公司内部控制有效性奠定基础。"双重身份"高管在缓解母公司与上市公司之间信息不对称的同时，还使得母公司对上市

---

① Fainshmidt S., et al., "Orchestrating the Flow of Human Resources：Insights from Spanish Soccer Clubs", *Strategic Organization*, Vol. 15, No. 4 (2017), pp. 441−460.

② 徐鹏等：《集团框架内上市公司现金股利政策研究——基于母子公司高管协同配置视角》，《山东财经大学学报》2022 年第 1 期。

③ Duchin, R., Sosyura, D., "Divisional Managers and Internal Capital Markets", *The Journal of Finance*, Vol. 68, No. 2 (2013), pp. 387−429.

④ 曾晓、韩金红：《纵向兼任高管能降低股价崩盘风险吗?》，《南方经济》2020 年第 6 期。

公司的监督力度和控制力进一步加强，能够对盈余操控等不当行为实施监督（曙光和马忠，2022）①，抑制存在机会主义倾向的管理者实施不良行为，最终优化上市公司的决策过程与执行效率，保证内部控制体系的有效运行。

基于以上分析，提出如下假设：

H4-11：母子公司高管协同配置有利于提高上市公司的内部控制质量。

（二）母子公司高管协同配置与上市公司内部控制质量关系的权变性分析

1. 企业集团产权性质对母子公司高管协同配置与上市公司内部控制质量关系的影响

诸多研究表明，国有企业集团与民营企业集团因为产权性质的不同，内部管理体制、治理逻辑和经营目标均存在显著差异化，这会进一步影响母子公司高管协同配置对上市公司内部控制质量的作用效果（姜付秀等，2014）②。具体分析如下：首先，国有企业集团作为公有制经济的重要组成部分，政治关联相对较强并且承担着多重社会责任。与隶属于民营企业集团的上市公司相比，隶属于国有企业集团的上市公司信息披露制度要求更为严格，内部控制制度建设也更加健全（刘启亮等，2012）③。在此情境下，母子公司高管协同配置对上市公司内部控制质量的治理作用减弱。其次，国有企业集团多元化的经营目标会分散其拥有的资源，母子公司高管协同配置的积极作用难以聚焦于上市公司内部控制质量的提升。而民营企业集团以利润最大化为经营目标，绩效指标在上市公司高管考核体系中占主导地位（杨珊华等，2021）④，上市公司高管为了追求高绩效水平，会增加实施机会主义行为的可能性，导致上市公司面临一定的经营风险。此时，母子公司高管

---

①　曙光、马忠：《母子公司间高管纵向兼任与上市公司资本配置效率》，《经济与管理研究》2022 年第 1 期。

②　姜付秀等：《国有企业的经理激励契约更不看重绩效吗?》，《管理世界》2014 年第 9 期。

③　刘启亮等：《产权性质、制度环境与内部控制》，《会计研究》2012 年第 3 期。

④　杨珊华等：《重大突发公共卫生事件下的企业业绩考核指标体系优化研究》，《会计研究》2021 年第 10 期。

协同配置这一治理机制能够进行更为有效的监督，发挥更强治理效应，提升上市公司内部控制质量。

基于以上分析，提出如下假设：

H4-12：相较于国有企业集团，民营企业集团中母子公司高管协同配置对上市公司内部控制质量的正向作用更强。

2. 实际控制人两权分离度对母子公司高管协同配置与上市公司内部控制质量关系的影响

两权分离度反映了实际控制人控制权与现金流权的分离程度，随着资本市场的发展，金字塔结构下上市公司实际控制人的两权分离现象非常普遍（于连超等，2019①；付强和郝颖，2012②）。母子公司高管协同配置的治理效应在实际控制人两权分离度不同的上市公司中存在差异，具体来讲：两权分离程度越高，金字塔集团网络越复杂、越庞大，实际控制人将有更强能力和更多机会实施隧道行为，侵占上市公司利益［傅鸿震和张琳，2020③；叶等（Ye，et al.），2015④；刘和田（Liu and Tian），2012⑤］。在此背景下，母子公司高管协同配置作为母公司与上市公司间信息桥梁的价值效应被削弱，不利于上市公司建立规范的公司治理结构和议事规则，导致内部控制环境薄弱，继而抑制母子公司高管协同配置对上市公司内部控制质量的促进作用。此外，实际控制人两权分离度越高，实际控制人与母公司有更强动机促使上市公司实施更多盈余管理行为，增加信息不对称的程度（徐宗宇等，

---

① 于连超等：《环境税会倒逼企业绿色创新吗?》，《审计与经济研究》2019 年第 2 期。

② 付强、郝颖：《终极控制人、控制权转移与投资效率——基于上市公司并购事件的研究》，《经济与管理研究》2012 年第 11 期。

③ 傅鸿震、张琳：《制度环境、两权分离与企业环境治理》，《投资研究》2020 年第 12 期。

④ Ye, Y., et al., "Negative Media Coverage, Law Environment and Tunneling of Controlling Shareholder", *China Finance Review International*, Vol. 5, No. 1 (2015), pp. 3–18.

⑤ Liu, Q., Tian, G., "Controlling Shareholder, Expropriations and Firm's Leverage Decision: Evidence from Chinese Non-Tradable Share Reform", *Journal of Corporate Finance*, Vol. 18, No. 4 (2012), pp. 782–803.

2012)①，在"双重身份"高管发挥有效治理作用的过程中施加更多阻碍，进一步削弱母子公司高管协同配置对上市公司内部控制质量的积极影响。

基于以上分析，提出如下假设：

H4-13：实际控制人两权分离度越低，母子公司高管协同配置对上市公司内部控制质量的正向作用越强。

3. 高管平均任期对母子公司高管协同配置与上市公司内部控制质量关系的影响

高管任期指高管在公司担任管理职位的年限，根据管理层权力理论，高管任期越长，越可能通过时间的积累在公司内部组建联盟和积聚权力，由此产生对上市公司内部治理水平和战略决策逻辑更强的影响力［汉布里克和福当（Hambrick and Fukutomi），1991②；郑莹和黄俊伟，2020③］。基于此逻辑，高管团队成员平均任期也会影响母子公司高管协同配置与上市公司内部控制质量的关系，具体分析如下：一方面，高管任期越长，高管与董事会成员发展出强关系的可能性就越高，而这种强关系将会降低上市公司董事会对高管的监督欲望和制衡能力［江伟和姚文韬，2015④；迪科利等（Dikolli，et al.），2014⑤］，从而弱化母子公司高管协同配置对上市公司内部控制质量的积极作用；另一方面，高管任期是影响高管在上市公司拥有权力大小的重要因素，任期较长的高管在该职位积累的经验和人脉较丰富，享有更高的威信和权力［蒂豪尼等（Tihanyi，et al.），2000］⑥，此时的高管

---

① 徐宗宇等：《试析终极控制人两权分离度对盈余管理的影响——来自沪深股市的经验证据》，《现代财经（天津财经大学学报）》2012 年第 4 期。

② Hambrick, D. C., Fukutomi, G. D., "The Seasons of a CEO's Tenure", *Academic of Management*, Vol. 16, No. 4 (1991), pp. 719-742.

③ 郑莹、黄俊伟：《基于实物期权逻辑对企业专利放弃的新诠释》，《科学学研究》2020 年第 6 期。

④ 江伟、姚文韬：《所有权性质、高管任期与企业成本粘性》，《山西财经大学学报》2015 年第 4 期。

⑤ Dikolli, S. S., et al., "CEO Tenure and the Performance——Turnover Relation", *Review of Accounting Studies*, Vol. 19, No. 1 (2014), pp. 281-327.

⑥ Tihanyi, L., et al., "Composition of the Top Management Team and Firm International Diversification", *Journal of Management*, Vol. 26, No. 6 (2000), pp. 1157-1177.

更有能力利用信息不对称影响上市公司的经营行为（程富和王福胜，2018）①，母子公司高管协同配置作为信息桥梁的治理效应难以充分发挥，由此弱化了对上市公司内部控制质量的治理作用。

基于以上分析，提出如下假设：

H4-14：高管平均任期越短，母子公司高管协同配置对上市公司内部控制质量的正向作用越强。

基于以上研究假设，形成本书的理论模型如图 4-2 所示。

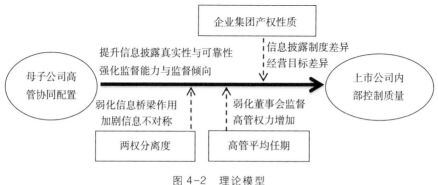

图 4-2　理论模型

三、实证设计

（一）样本选择与数据来源

选取 2014—2020 年隶属于企业集团的沪深两市制造业上市公司作为研究样本，将 2014 年作为样本观测起始年份的原因在于：2013 年 5 月，美国虚假财务报告委员会的发起人委员会（COSO）正式发布新内控框架，新框架包括了更多公司治理中有关董事会及其下属专门委员会的内容，强调董事高管的监督对内部控制有效性的重要作用。此前我国内控框架借鉴了 COSO 发布的原版《整体框架》，新框架的发布也会对我国内控理念与内控体系产生影响。此外，证监会 2013 年发布的《关于进一步加强稽查执法工作的意

---

① 程富、王福胜：《产权性质、CFO 背景特征与内部控制质量》，《财经理论与实践》2018 年第 5 期。

见》明确提出要加强企业违法违规行为的监测与分析，进一步完善优化企业内部控制环境，这一政策可能会影响上市公司内部控制制度的建设。同时，参考以往研究对样本进行如下筛选：（1）剔除金融类上市公司；（2）剔除 ST 和 * ST 的公司；（3）剔除主要相关数据缺失的公司。此外，为了消除异常值的影响，本书对所涉及的连续变量在上下 1% 和 99% 的水平上进行 Winsorize 处理。本书采用的内部控制指数来源于深圳市迪博风险管理技术有限公司发布的迪博·中国上市公司内部控制指数，母子公司高管协同配置数据通过手工收集后进行测算，上市公司财务数据与治理数据均来源于 CSMAR 数据库。经过以上处理，最终得到 5270 组样本数据。

（二）变量定义与测量

内部控制质量（IC）。参考于雅萍和姜英兵（2019）[1] 的研究，以深圳市迪博企业风险管理技术有限公司发布的迪博·中国上市公司内部控制指数除以 1000 后标准化的值进行测量，数值越大表示上市公司当年的内部控制质量越高。

母子公司高管协同（ES）。借鉴徐鹏等（2022）[2] 的研究，以上市公司高管在母公司兼任高管的人数与上市公司高管总人数的比值进行测量。

企业集团产权性质（SOE）。产权性质设置为虚拟变量，当上市公司隶属于国有企业集团时取值为"1"，隶属于民营企业集团取值为"0"。

两权分离率（SEP）。借鉴于连超等（2019）[3] 的做法，用实际控制人拥有上市公司控制权与现金流权之差进行测量，数值越大，表示实际控制人两权分离度越高。

高管平均任期（MTENURE）。参照郑莹和黄俊伟（2020）[4] 的做法，

---

① 于雅萍、姜英兵：《员工股权激励与内部控制质量》，《审计与经济研究》2019 年第 2 期。

② 徐鹏等：《上市公司绩效困境与母公司减持行为关系研究》，《经济与管理评论》2022 年第 2 期。

③ 于连超：《环境税会倒逼企业绿色创新吗?》，《审计与经济研究》2019 年第 2 期。

④ 郑莹、黄俊伟：《基于实物期权逻辑对企业专利放弃的新诠释》，《科学学研究》2020 年第 6 期。

采用高管团队成员自任职开始年份至观测年份总月数的平均值进行测量，不足一月按照一月计算。

参考前人研究，选择如下变量作为控制变量：董事会规模（BD）、独董比例（IB）、资产收益率（ROA）、托宾 Q 值（TQ）、上市公司规模（SIZE）、上市公司年限（AGE）、经营现金流（CASH）、审计师是否来自四大会计师事务所（BIG4）。此外，本书还控制了年份效应与行业效应，行业分类根据 2012 年证监会的行业标准划分。各变量汇总见表 4-15。

表 4-15　变量定义与衡量

变量符号	变量名称	变量定义
IC	内部控制质量	采用迪博·中国上市公司内部控制指数除以 1000 后标准化的值来衡量上市公司内部控制质量
ES	母子公司高管协同	上市公司高管在母公司兼任高管的人数与上市公司高管总人数的比值
SOE	企业集团性质	国有企业集团记为"1"，民营企业集团记为"0"
SEP	两权分离率	实际控制人拥有上市公司控制权与所有权之差
MTENURE	高管平均任期	上市公司高管团队任期（月数）的平均数
BD	董事会规模	上市公司董事会人数
IB	独立董事比例	董事会中独立董事所占比例
ROA	资产收益率	上市公司总资产报酬率，为净利润除以总资产
TQ	托宾 Q 值	上市公司总资产市场价值与账面价值的比率
SIZE	上市公司规模	上市公司期末总资产的自然对数值
AGE	上市公司年限	公司上市年数
CASH	经营现金流	上市公司经营活动现金流量除以总资产
BIG4	审计师是否来自四大会计师事务所	虚拟变量，审计师来自四大会计师事务所记为"1"，否则记为"0"

（三）模型设计

结合研究假设，设计回归模型如下：

模型（4-15）：$IC = c + \alpha_1 ES + \sum_{j=1}^{n} b_j Control + \varepsilon$

模型（4-16）：$IC = c + \alpha_1 ES + \sum_{j=1}^{n} b_j Control + \varepsilon (SOE = 1)$

模型（4-17）：$IC = c + \alpha_1 ES + \sum_{j=1}^{n} b_j Control + \varepsilon (SOE = 0)$

模型（4-18）：$IC = c + \alpha_1 ES + \alpha_2 SEP + \alpha_3 ES \times SEP + \sum_{j=1}^{n} b_j Control + \varepsilon$

模型（4-19）：$IC = c + \alpha_1 ES + \alpha_2 MTENURE + \alpha_3 ES \times MTENURE +$

$\sum_{j=1}^{n} b_j Control + \varepsilon$

其中，$Control$ 为控制变量组，c 为截距项，ε 代表随机扰动项，j 为各控制变量编号，b_j 代表各控制变量的回归系数，α 代表各个解释变量的回归系数。模型（4-15）是解释变量母子公司高管协同配置与被解释变量上市公司内部控制质量的回归模型，用以检验母子公司高管协同配置与上市公司内部控制质量的相关关系，即假设 H4-11；模型（4-16）和模型（4-17）基于企业集团产权性质进行分组回归，通过对比两个模型中母子公司高管协同配置的回归系数和显著性，检验国有企业集团和民营企业集团中母子公司高管协同配置对上市公司内部控制质量影响的差异化，即假设 H4-12；模型（4-18）在模型（4-15）的基础上加入了母子公司高管协同配置与实际控制人两权分离度的乘积项，用以检验实际控制人两权分离度的调节作用，即假设 H4-13；模型（4-19）在模型（4-15）的基础上加入了母子公司高管协同配置与高管平均任期的乘积项，用以检验高管平均任期的调节作用，即假设 H4-14。

四、数据分析与结果讨论

（一）描述性统计分析

表 4-16 报告了主要变量的描述性统计结果：母子公司高管协同的样本均值为 0.172，最小值为 0.000，最大值为 0.500，说明多数样本公司实施了母子公司高管协同配置，但是最大值与最小值差距较大，也表明不同上市公司中母子公司高管协同配置程度存在较大差别。上市公司内部控制质量的均值为 0.631，标准差为 0.139，表明上市公司内部控制有效性波动较大，内部控制的建设水平存在一定的差异。其他变量分布均在合理范围内。

表 4-16 描述性统计结果

变量	观测值	均值	中值	标准差	最小值	最大值
IC	5270	0.631	0.660	0.139	0.000	0.817
ES	5270	0.172	0.154	0.119	0.000	0.500
BD	5270	8.746	9.000	1.616	5.000	15.000
IB	5270	0.371	0.333	0.053	0.333	0.571
ROA	5270	0.009	0.006	0.014	-0.020	0.064
TQ	5270	2.127	1.730	1.279	0.869	7.985
SIZE	5270	22.639	22.519	1.212	20.212	25.999
AGE	5270	14.301	15.000	6.412	3.000	26.000
CASH	5270	0.047	0.043	0.061	-0.140	0.228
BIG4	5270	0.072	0.000	0.259	0.000	1.000
SOE	5270	0.489	0.000	0.500	0.000	1.000
SEP	5270	7.223	2.963	8.537	0.000	29.972
MTENURE	5270	53.034	50.281	18.627	10.933	143.286

资料来源：作者整理。

（二）相关性分析

从表 4-17 相关性分析数据可以看出，母子公司高管协同与上市公司内部控制质量的相关性系数为 0.046，并且在 1% 的水平上显著，说明二者存在显著的正相关关系，初步验证了假设 H4-11，但仍须通过回归分析进一步检验。此外，主要变量之间的相关系数绝对值均小于 0.5，说明不存在严重的多重共线性。

表 4-17 相关性分析结果

变量	IC	ES	SEP	MTENURE	BD	IB
IC	1.000					
ES	0.046***	1.000				
SEP	0.027**	0.194***	1.000			
MTENURE	0.115***	0.158***	0.071***	1.000		
BD	0.040***	0.104***	0.005	0.022	1.000	

续表

变量	IC	ES	SEP	MTENURE	BD	IB
IB	−0.013	−0.099***	−0.040***	−0.043***	−0.422***	1.000
ROA	0.225***	0.022	0.024*	0.129***	0.037***	−0.027*
TQ	−0.014	−0.086***	−0.040***	0.048***	−0.123***	−0.007
SIZE	0.169***	0.106***	0.039***	−0.032**	0.254***	0.066***
AGE	−0.043***	0.075***	0.022	−0.029**	0.078***	0.016
CASH	0.134***	0.100***	0.086***	0.107***	0.021	0.003
BIG4	0.100***	0.013	0.087***	−0.037***	0.081***	0.063***
变量	ROA	TQ	SIZE	AGE	CASH	BIG4
ROA	1.000					
TQ	0.216***	1.000				
SIZE	0.124***	−0.455***	1.000			
AGE	−0.039***	−0.117***	0.221***	1.000		
CASH	0.401***	0.037***	0.125***	0.003	1.000	
BIG4	0.127***	−0.094***	0.344***	0.085***	0.109***	1.000

注：*** 表示 $p<0.01$，** 表示 $p<0.05$，* 表示 $p<0.1$。
资料来源：作者整理。

（三）实证回归结果

为了验证本书的研究假设，通过 Stata 15 软件进行回归检验，具体结果见表4-18。模型（4-15）在控制了相关变量后，结果显示母子公司高管协同（ES）的回归系数在5%水平上显著为正，说明母子公司高管协同与上市公司内部控制质量存在正相关关系，即母子公司高管协同配置有利于提高上市公司的内部控制质量，假设 H4-11 得证。由模型（4-16）和模型（4-17）的回归结果可知，在国有企业集团中母子公司高管协同与上市公司内部控制质量呈正相关关系但未通过显著性检验，而在民营企业集团中，母子公司高管协同（ES）的回归系数显著为正，且在1%的水平上显著，这表明民营企业集团中母子公司高管协同配置对上市公司内部控制质量的正向作用更强，假设 H4-12 得证。模型（4-18）的回归结果显示，实际控制人两权分离度（SEP）与母子公司高管协同（ES）交互项的回归系数为负且通过

了显著性检验，说明实际控制人两权分离度较低时，母子公司高管协同配置
对上市公司内部控制质量的正向影响更强，假设 H4－13 得证。模型（4－
19）的回归结果显示，高管平均任期（MTENURE）与母子公司高管协同
（ES）交互项的回归系数在 1% 水平上显著为负，说明高管平均任期越短，
母子公司高管协同配置对上市公司内部控制质量的正向作用越强，假设
H4－14 得证。

表 4－18　回归分析结果

变量	IC				
	模型 （4－15）	模型 （4－16）	模型 （4－17）	模型 （4－18）	模型 （4－19）
ES	0.040 ** （2.50）	0.018 （0.76）	0.064 *** （2.86）	0.065 *** （2.92）	0.192 *** （4.28）
SEP				0.001 （1.42）	
MTENURE					0.001 *** （6.82）
ES×SEP				−0.003 * （−1.66）	
ES×MTENURE					−0.003 *** （−4.05）
BD	−0.000 （−0.15）	0.001 （0.58）	−0.005 ** （−2.34）	−0.000 （−0.08）	−0.001 （−0.42）
IB	−0.047 （−1.20）	−0.050 （−0.94）	−0.146 ** （−2.37）	−0.047 （−1.20）	−0.049 （−1.24）
ROA	2.059 *** （12.74）	2.105 *** （9.02）	2.101 *** （9.16）	2.077 *** （12.83）	1.981 *** （12.29）
TQ	0.001 （0.56）	0.000 （0.04）	0.001 （0.44）	0.001 （0.56）	0.001 （0.37）
SIZE	0.020 *** （9.44）	0.019 *** （6.48）	0.018 *** （5.69）	0.019 *** （9.25）	0.019 *** （9.37）
AGE	−0.001 *** （−3.55）	−0.001 *** （−2.70）	−0.002 *** （−3.73）	−0.001 *** （−3.67）	−0.001 *** （−3.22）
CASH	0.069 ** （2.05）	0.062 （1.27）	0.064 （1.36）	0.070 ** （2.07）	0.062 * （1.85）

续表

变量	IC				
	模型 （4-15）	模型 （4-16）	模型 （4-17）	模型 （4-18）	模型 （4-19）
BIG4	0.014* （1.79）	0.017* （1.77）	0.011 （0.86）	0.014* （1.82）	0.016** （2.04）
Year	控制	控制	控制	控制	控制
IND	控制	控制	控制	控制	控制
CONS	0.225** （2.16）	0.240** （2.11）	0.172* （1.72）	0.231** （2.21）	0.167 （1.61）
R^2	0.109	0.123	0.126	0.109	0.117
F	12.488	8.058	8.425	12.107	13.082

注：*** 表示 $p<0.01$，** 表示 $p<0.05$，* 表示 $p<0.1$；括号内为 t 值。
资料来源：作者整理。

（四）稳健性检验

1. 倾向得分匹配法

考虑到样本自选择、遗漏变量等可能的内生性问题，采用倾向得分匹配法（PSM）进行稳健性检验。按照母子公司高管协同的均值划分处理组和对照组，对研究样本 1∶1 匹配后进行回归分析，结果显示母子公司高管协同（ES）的回归系数在 1% 水平下显著为正，表明在剔除样本选择性偏差以后，母子公司高管协同依旧能显著提高上市公司内部控制质量，验证了本书研究结果的可靠性，回归结果见表 4-19 列（1）。

表 4-19　稳健性检验回归分析结果

变量	IC		
	（1）	（2）	（3）
ES	0.013*** （3.18）	0.012*** （3.07）	0.303** （2.31）
BD	-0.001 （-0.35）	-0.000 （-0.11）	0.006 （0.55）
IB	-0.052 （-1.26）	-0.050 （-1.26）	0.033 （0.10）

变量	IC		
	（1）	（2）	（3）
ROA	2.062*** （12.02）	2.060*** （12.75）	10.687*** （8.05）
TQ	0.001 （0.29）	0.001 （0.56）	−0.015 （−1.02）
SIZE	0.018*** （7.81）	0.020*** （9.46）	0.062*** （3.60）
AGE	−0.001*** （−3.44）	−0.001*** （−3.61）	−0.008*** （−3.15）
CASH	0.073** （2.00）	0.069** （2.06）	0.504* （1.82）
BIG4	0.017** （2.08）	0.014* （1.81）	−0.004 （−0.07）
Year	控制	控制	控制
IND	控制	控制	控制
CONS	0.277*** （2.60）	0.228** （2.19）	5.235*** （6.12）
R^2	0.105	0.109	0.042
F	11.028	12.553	5.121

注：*** 表示 $p<0.01$，** 表示 $p<0.05$，* 表示 $p<0.1$；括号内为 t 值。
资料来源：作者整理。

2. 替换变量的测量方式

替换解释变量的测量方式。参照池国华等（2014）[①] 的研究，根据母子公司高管协同的平均值，将全样本分为高管协同较高组与高管协同较低组。当母子公司高管协同（ES）大于均值时记为"1"，小于均值则记为"0"。回归结果如表4-19列（2）所示，母子公司高管协同的回归系数在1%水平上显著为正，母子公司高管协同对上市公司内部控制质量存在显著正向影响，研究结论依然成立。

---

① 池国华等：《高管背景特征对内部控制质量的影响研究——来自中国A股上市公司的经验证据》，《会计研究》2014年第11期。

替换被解释变量的测量方式。借鉴万红波和贾韵琪（2018）[①] 的研究，将深圳市迪博企业风险管理技术有限公司发布的内部控制指数取自然对数作为内部控制质量的代理变量进行稳健性检验，重复前文模型进行回归，结果如表 4-19 列（3）所示，未发生实质性变化。

（五）进一步分析：基于上市公司审计费用的补充研究

根据上文的分析可知，母子公司高管协同配置能够提高上市公司内部控制质量，而同时母子公司高管协同配置、上市公司内部控制质量也会引发上市公司的一系列经济后果。延续以上思路，母子公司高管协同配置是否会通过改善上市公司内部控制质量继而降低审计费用值得进一步探究。为了检验该问题，借鉴周泽将等（2020）[②] 的研究，选择年度审计费用取自然对数作为上市公司审计费用（AF）的测量变量，实证检验上市公司内部控制质量在母子公司高管协同配置有效降低上市公司审计费用的过程中的中介作用。具体的检验如模型（4-20）、模型（4-21）和模型（4-22）所示：

$$模型（4-20）：AF = c + \alpha_1 IC + \sum_{j=1}^{n} b_j Control + \varepsilon$$

$$模型（4-21）：AF = c + \alpha_1 ES + \sum_{j=1}^{n} b_j Control + \varepsilon$$

$$模型（4-22）：AF = c + \alpha_1 ES + \alpha_2 IC + \sum_{j=1}^{n} b_j Control + \varepsilon$$

以上模型的回归结果如表 4-20 所示。模型（4-20）为上市公司内部控制质量（IC）对审计费用（AF）影响的回归结果，结果表明，上市公司内部控制质量有利于降低审计费用。模型（4-21）的回归结果显示，母子公司高管协同（ES）的回归系数为 -0.293，且 $p<0.01$，这表明母子公司高管协同能够显著降低上市公司审计费用。另外，模型（4-22）是在加入中介变量（IC）后对上市公司审计费用的估计结果。结果显示，母子公司高管协同（ES）的回归系数为 -0.287，上市公司内部控制质量（IC）的回归系

---

① 万红波、贾韵琪：《母子公司地理距离对审计质量影响研究——基于内部控制的中介作用》，《审计与经济研究》2018 年第 2 期。

② 周泽将等：《审计委员会海归背景与内部控制质量》，《审计研究》2020 年第 6 期。

数为 -0.153，且通过显著性检验。由此可知，内部控制质量在母子公司高管协同降低上市公司审计费用的过程中发挥了部分中介作用，即母子公司高管协同配置可以通过提升内部控制质量从而降低上市公司审计费用。

表 4-20 对上市公司审计费用影响的进一步分析

变量	IC		AF	
	模型（4-15）	模型（4-20）	模型（4-21）	模型（4-22）
ES	0.040** (2.50)		-0.293*** (-5.93)	-0.287*** (-5.81)
IC		-0.161*** (-3.76)		-0.153*** (-3.57)
BD	-0.000 (-0.15)	-0.022*** (-5.21)	-0.021*** (-5.08)	-0.021*** (-5.09)
IB	-0.047 (-1.20)	-0.365*** (-2.99)	-0.408*** (-3.34)	-0.416*** (-3.40)
ROA	2.059*** (12.74)	-2.695*** (-5.30)	-3.008*** (-6.02)	-2.693*** (-5.31)
TQ	0.001 (0.56)	-0.004 (-0.69)	-0.006 (-0.98)	-0.005 (-0.95)
SIZE	0.020*** (9.44)	0.390*** (59.77)	0.388*** (60.02)	0.391*** (60.05)
AGE	-0.001*** (-3.55)	0.007*** (7.01)	0.007*** (7.61)	0.007*** (7.44)
CASH	0.069** (2.05)	0.303*** (2.91)	0.343*** (3.29)	0.353*** (3.40)
BIG4	0.014* (1.79)	0.534*** (22.62)	0.529*** (22.44)	0.531*** (22.55)
Year	控制	控制	控制	控制
IND	控制	控制	控制	控制
CONS	0.225** (2.16)	5.595*** (17.33)	5.571*** (17.29)	5.605*** (17.41)
R^2	0.109	0.628	0.630	0.631
F	12.488	159.977	160.995	158.750

注：*** 表示 $p<0.01$，** 表示 $p<0.05$，* 表示 $p<0.1$；括号内为 t 值。
资料来源：作者整理。

五、研究结论与管理启示

（一）研究结论

本书从母子公司治理视角出发，以沪深两市制造业上市公司为样本，考察了母子公司高管协同配置对上市公司内部控制质量的影响，并分析了不同治理情境下母子公司高管协同配置对上市公司内部控制质量影响的权变性。研究结果表明：第一，母子公司高管协同配置能够提高上市公司内部控制质量；第二，民营企业集团中母子公司高管协同配置对上市公司内部控制质量的正向影响更强；第三，两权分离程度、高管平均任期会弱化母子公司高管协同配置对上市公司内部控制质量的正向影响；第四，上市公司内部控制质量在母子公司高管协同配置降低审计费用的过程中发挥了部分中介作用。

（二）研究启示

本书验证了母子公司高管协同配置这一特殊治理机制在母子公司治理中的积极作用，为上市公司提升内部控制有效性提供了新的分析视角。基于以上研究结论，得出如下启示：第一，与以往研究对母子公司高管协同配置积极治理效应的结论相一致，本书进一步为母子公司高管协同配置治理效应"积极观"提供了经验证据，也说明企业集团框架内高管协同配置可以作为缓解母子公司之间第一类代理问题的有效途径，实践中上市公司治理结构的设计与优化可以考虑积极实施并推进母子公司高管协同配置这一治理机制。第二，本书基于企业集团的产权性质差异验证了母子公司高管协同配置对上市公司治理质量影响的权变性，进一步表明母子公司高管协同配置这一治理机制在不同产权性质企业集团中的适用性存在差异化，相关结论可以为不同产权性质的企业集团母子公司治理机制优化与改善提供参考。第三，研究结论进一步表明了实际控制人两权分离应当适度，并在公司治理制度建设中强化对实际控制人的监督与制衡，尽可能避免在两权分离度较高情况下，实际控制人的超额控制权为其他治理机制发挥作用带来消极影响。第四，高管平均任期对母子公司高管协同配置与上市公司内部控制质量关系的影响，说明实践中上市公司应当避免高管长期任职所导致的"边际效用递减"现象，可以逐步完善高管任期制度和高管岗位轮值制度，并通过有效的激励与约束机制实现高管价值效用最大化，提升上市公司治理质量。

第五节　母子公司高管协同配置与
上市公司治理稳定性①

一、问题的提出

高管协同配置一直是公司治理领域的热门话题，尽管学者们已经对横向高管协同配置进行了广泛而又深入的探索，但将关注点移向企业集团情境，针对母子公司高管协同配置这类纵向高管协同配置的研究方兴未艾［佐娜等（Zona, et al.），2018②；菲拉特切夫等（Filatotchev, et al.），2018③；徐鹏等，2021④］。发展中国家市场存在着相对严重的信息不对称问题，高昂的市场交易费用促使大股东利用金字塔股权结构组建企业集团，通过成员企业之间的相互支持创造协同效应、规避风险（黎文靖和严嘉怡，2021）⑤。为了提升母子公司之间的协同程度，充分发挥集团化运营的规模优势，母子公司高管协同配置（即同一高管在母公司和上市公司同时任职）的治理形式在母子公司治理实践中被广泛接受并采用。高管协同配置作为母子公司产权纽带之外的另一道连接"桥梁"，会加深上市公司在集团网络中的嵌入程度。那么这种机制在母子公司治理体系中能否发挥"稳定器"的作用，提升上市公司的治理稳定性，以及其在发挥治理效应的过程中又会受到哪些因

---

① 本节部分内容发表于《现代财经（天津财经大学学报）》2022年第11期。
② Zona, F., et al., "Board Interlocks and Firm Performance: Toward a Combined Agency-resource Dependence Perspective", *Journal of Management*, Vol. 44, No. 2 (2018), pp. 589–618.
③ Filatotchev, I., et al., "Board Interlocks and Initial Public Offering Performance in the United States and the United Kingdom: An Institutional Perspective", *Journal of Management*, Vol. 44, No. 4 (2018), pp. 1620–1650.
④ 徐鹏等：《组态视角下母子公司高管纵向联结驱动机制研究——一项基于模糊集定性比较分析》，《管理学季刊》2021年第3期。
⑤ 黎文靖、严嘉怡：《谁利用了内部资本市场：企业集团化程度与现金持有》，《中国工业经济》2021年第6期。

素的影响？对以上问题的思考，不仅有助于研究者加深对母子公司高管协同配置这一现象的了解，也能为实践中母子公司协同治理的结构优化和制度设计提供参考。

随着高管协同配置理论研究不断深入，可进一步完善的空间也逐渐显现：一方面，现有研究主要将注意力集中在了 CEO 或董事长等关键职位的纵向协同配置现象（卫聪慧等，2021）①，研究内容较少涉及对高层团队整体协同配置效应的考察。事实上，即便是普通高管，母公司的兼职身份也会使其在上市公司中具有相对特殊的地位，扩大其对上市公司经营决策的影响力。所以，尽管 CEO 和董事长在公司治理中发挥着重要的作用，但若仅以两者为代表进行研究，并不能充分反映母子公司高管协同配置的治理效应。为了深化对纵向高管协同配置的研究，本书借助中国上市公司公开披露的数据，利用固定效应回归及门限回归等方法，考察母子公司高管协同配置与上市公司治理结构稳定性、治理效果稳定性之间的关系，并研究高管协同配置程度在两者关系中的门限作用。相较于以往研究，可能的贡献包括：

首先，本书在集团公司治理领域引入了一种未被充分研究的高管协同配置方式。虽然围绕纵向高管协同配置进行的研究已经逐渐展开（乔菲等，2021）②，但相关文献在实证研究中往往是将纵向高管协同配置作类别划分，即仅区分"是否存在高管协同配置"，而未充分讨论高管协同程度不同带来的差异化治理效果。本书从"是否存在高管协同配置"这一"二元"结果转向高管协同的程度或比例，所得出的研究结论能够为企业集团在实践中实施高管协同配置提供更具有普适性的理论支持，并为母子公司协同治理的后续研究提供新思路。

其次，母子公司双向治理假说指出，上市公司并非仅仅被动接受母公司的治理行为，母子公司间的耦合关系也同样赋予了上市公司同母公司互动与博弈的能力，上市公司可以借此实现自主诉求和进行自我保护。本书响应徐

---

① 卫聪慧等：《纵向兼任高管、产权性质与审计收费》，《审计与经济研究》2021 年第 2 期。

② 乔菲等：《纵向兼任高管能抑制公司违规吗?》，《经济管理》2021 年第 5 期。

向艺和方政（2015）① 关注母子公司双向治理实现途径研究的呼吁，探索母子公司高管协同配置的治理效果。研究发现，母子公司高管协同配置有效抑制了两类代理问题，规范了母公司治理行为，实现了上市公司及全体股东的共赢，相关结论进一步为母子公司双向治理理论补充了证据与支撑。

最后，2021 年 12 月，中央经济工作会议明确提出"坚持稳字当头、稳中求进，推动经济实现质的稳步提升和量的合理增长"。如何在微观层面保障公司治理的稳定性，为企业发展提供稳定环境，成为有价值的学术话题。近年来，中国学术界一直致力于"讲好中国故事"，深入分析了中国情境下企业管理与公司治理的特殊性，并收获了丰硕的成果。然而，针对如何借助人员调配实现公司稳定治理这一问题，学术界尚未给出充分解答。为弥补这一可能存在的研究缺口，本书分析母子公司高管协同配置对公司治理结构及治理效果稳定性的影响，期望借此为相关研究提供新的视角。

二、理论分析与研究假设

（一）文献回顾

公司治理的核心是通过治理机制设计与安排来协调公司与利益相关者之间的关系，从而推动公司持续成长。动荡而混乱的公司治理不仅不利于投资者保护，也会影响资本市场的健康发展。所以，学术界和实践界始终关注如何保障公司治理的稳定性，即如何维持公司治理结构稳固、保障公司治理效果可持续这一问题。在此背景下，探索公司治理稳定性的影响因素并总结相机治理机制，对推动上市公司持续成长、规范资本市场发展意义重大。在以往学术研究中，学者们对公司治理稳定性进行了深入探讨，研究内容涉及"董事会稳定性、高管团队稳定、机构持股稳定性、财务稳定性"等诸多方面［里奇等（Ridge, et al.），2017②；阿格拉沃尔和库珀（Agrawal and

---

① 徐向艺、方政：《子公司信息披露研究——基于母子公司"双向治理"研究视角》，《中国工业经济》2015 年第 9 期。

② Ridge, J. W., et al., "Implications of Multiple Concurrent Pay Comparisons for Top-team Turnover", *Journal of Management*, Vol. 43, No. 3 (2017), pp. 671-690.

Cooper），2017①]。鉴于稳定的治理结构是实现公司治理有效性的重要基础，稳定的治理效果则是利益相关者共同期望的结果，以此区分研究对象，现有文献大体可以界定为两类，即针对公司治理结构稳定性的研究和针对公司治理效果稳定性的研究。

一方面，公司治理结构稳定性的分析涉及股东、董事会和管理层三个层面。在股东层面，现有研究发现，稳定的机构投资者更倾向于影响公司治理行为，注重公司长远业绩的改善，公司绩效与机构投资者的所有权稳定性之间存在正相关关系，而以短期交易为目的的机构投资者则更倾向于影响股票价格［伊莱亚夏尼和贾（Elyasiani and Jia），2010②；安和张（An and Zhang），2013③]。此外，相较于短期交易型机构投资者，持股稳定的机构投资者在进行信息竞争时对股价崩盘风险造成的影响也更大。在董事会和管理层方面，有学者发现，相对稳定的董事会和管理层有利于提高管理团队的默契程度、维持企业战略的一贯性，反之，董事会与管理层频繁变更则会削弱管理层激励的正面治理效应（许楠等，2021④）。并且，由于稳定的管理层可以带来以上优势，在外部不确定性较高时，一些公司会在内部采取风险对冲策略，即降低高管变更概率，这一情况在风险承担能力弱的公司中更加明显（饶品贵和徐子慧，2017）⑤。

另一方面，公司治理效果稳定性的研究主要关注公司利益分配以及价值成长问题。研究者发现，在多个股票市场交叉上市的公司相较于非交叉上市的公司股利政策更加稳定，这种适度的现金股利不仅有利于中小投资者利益

---

① Agrawal, A., Cooper, T., "Corporate Governance Consequences of Accounting Scandals: Evidence from Top Management, CFO and Auditor Turnover", *The Quarterly Journal of Finance*, Vol. 7, No. 1 (2017), pp. 371-406.

② Elyasiani, E., Jia, J., "Distribution of Institutional Ownership and Corporate Firm Performance", *Journal of Banking & Finance*, Vol. 34, No. 3 (2010), pp. 606-620.

③ An, H., Zhang, T., "Stock Price Synchronicity, Crash Risk, and Institutional Investors", *Journal of Corporate Finance*, Vol. 21, No. 1 (2013), pp. 1-15.

④ 许楠等：《创业团队的内部治理：协作需求、薪酬差距与团队稳定性》，《管理世界》2021年第4期。

⑤ 饶品贵、徐子慧：《经济政策不确定性影响了企业高管变更吗?》，《管理世界》2017年第1期。

保护，而且有助于公司价值的提高（徐寿福和徐龙炳，2015）[①]。但是，很多情况下利益的合理稳定分配只是美好的期望，比如有研究者发现当融资机会较小时，管理层可能会不负责任地使用公司资金，采用极端不稳定的投融资战略，造成上市公司财务困境，损害其他利益相关者的权益，情况严重时甚至会导致企业的战略萎缩和清算，对企业的健康稳定发展造成较大阻碍[巴尔康等（Balcaen, et al.），2011][②]。

为了规避这些不稳定的治理结构或治理效果造成的损失，公司治理实践倾向于采取强化管控与协调的治理路径。母子公司高管协同配置是指因高管同时在母公司和上市公司担任职务而产生的联结关系，它体现了企业集团为实现协同效应而采用的对集团内高管实行统一协调、集中配置的治理结构（徐鹏等，2021）[③]。近年来，高管协同配置成为公司治理领域的热门话题，围绕母子公司高管协同配置进行的研究亦逐渐展开（梁上坤等，2019[④]；周博，2020[⑤]）。母子公司高管协同配置对企业的影响体现在许多方面，比如：企业经济绩效方面，有研究发现母子公司高管协同配置能够在在职消费与公司业绩的关系中充当传导中介（孙世敏等，2018）[⑥]；基于投资视角的研究显示，存在高管协同配置的公司在投资方面产生了更高的效率（韩金红和余珍，2019）[⑦]；会计信息质量方面，潘红波和韩芳芳（2016）[⑧] 的研究指

---

① 徐寿福、徐龙炳：《现金股利政策、代理成本与公司绩效》，《管理科学》2015 年第 1 期。

② Balcaen, S., et al., "Ooghe, From Distress to Exit: Determinants of the Time to Exit", *Journal of Evolutionary Economics*, Vol. 21, No. 3 (2011), pp. 407-446.

③ 徐鹏等：《组态视角下母子公司高管纵向联结驱动机制研究——一项基于模糊集定性比较分析》，《管理学季刊》2021 年第 3 期。

④ 梁上坤等：《公司董事联结与薪酬契约参照——中国情境下的分析框架和经验证据》，《中国工业经济》2019 年第 6 期。

⑤ 周博：《高管金融联结对企业现金持有水平的影响》，《经济与管理研究》2020 年第 2 期。

⑥ 孙世敏等：《高管关系资源、在职消费与公司业绩》，《财经问题研究》2018 年第 6 期。

⑦ 韩金红、余珍：《纵向兼任高管与企业投资效率——基于"监督效应"和"掏空效应"分析》，《审计与经济研究》2019 年第 4 期。

⑧ 潘红波、韩芳芳：《纵向兼任高管、产权性质与会计信息质量》，《会计研究》2016 年第 7 期。

出母子公司高管协同配置作为控股股东加强对上市公司监督的手段，可以有效地缓解控股股东同管理者间的代理冲突，从而优化公司的会计信息质量。

通过梳理以上文献可以发现，经过学者们的不懈努力，关于公司治理稳定性及其后果的研究逐渐趋于成熟。但是，公司治理稳定性前因要素的分析仍主要集中在外部环境层面，内部因素对公司治理稳定性的作用机制仍有待厘清。而母子公司高管协同配置作为因高管同时在母公司和上市公司担任职务而产生的联结关系，可能通过某些路径实现治理效应，从而影响上市公司治理的稳定性。基于此，本书考察母子公司高管协同配置对上市公司治理结构与治理效果稳定性的影响机理，期望以此来深化相关研究。

（二）研究假设

1. 母子公司高管协同配置与母公司持股稳定性

母公司作为上市公司的控股股东，其持股的稳定性深刻影响着上市公司的治理情况。不稳定的母公司持股可能加剧上市公司控制权争夺，进而影响正常经营。本书认为，母子公司高管协同配置的存在提升了公司治理质量，使得上市公司股份成为"优质资产"，从而降低了母公司的减持意向，提升了母公司的持股稳定性。具体而言：高管协同配置架起了母公司与上市公司间的信息沟通桥梁，提高了上市公司信息的透明度，确凿可靠的信息将提高母公司对上市公司的整体评价，从而降低母公司的减持意向。与此同时，较高的信息透明度使得母公司更加信任上市公司，从而在进行内部资源分配时具有倾向性（佟爱琴和李孟洁，2018）[1]。由于沉没成本效应的存在，母公司对上市公司较多的投入也会促使母公司不轻易抛售所持股份。反之，母子公司间高管协同程度较低将不利于母子公司间的信息沟通，并造成较高的交易成本，降低母公司维持原有集团边界的意愿，提升母公司的减持倾向。基于以上分析，提出假设：

H4-15：母子公司高管协同配置会提升母公司持股的稳定性，降低母公

---

① 佟爱琴、李孟洁：《产权性质、纵向兼任高管与企业风险承担》，《科学学与科学技术管理》2018年第1期。

司减持倾向。

2. 母子公司高管协同配置与上市公司 CEO 职位稳定性

CEO 在公司战略制定和实施过程中处于主导地位，由于种种原因引致的 CEO 离职行为是影响公司价值和成长持续性的重要因素（张行，2018）[1]。所以，CEO 的职位稳定问题始终受到研究者们的广泛关注：如王福胜和王摄琰（2012）[2] 的研究结果表明，企业价值较高时，股东的预期通常能够得到满足，导致股东依据企业价值水平变更 CEO 的可能性较小；吴超鹏等（2011）[3] 从 CEO 实施价值损害型并购后是否被撤换的角度考察了公司内外部治理结构的有效性。姜俊九等（Kang, et al., 2018）[4] 指出，由于信息优势的存在，机构投资者高比例持股带来的监管提高了 CEO 的离职—绩效敏感性（Turnover-Performance Sensitivity）。综合以上文献可以发现，尽管相关研究多将 CEO 离职现象与公司各类经济行为挂钩，但是 CEO 离职不仅是一个经济过程，还是一个"政治"过程，除了受到"效率逻辑"的支配之外，还受到"权力逻辑"的强烈影响。母子公司高管协同配置将改变上市公司内部的控制权争夺格局，从而提升 CEO 职位稳定性，具体而言：

企业的决策过程包括发起、批准、实施和监督四个步骤，其中：第一步和第三步涉及决策的管理，通常由高层经理人员如 CEO 决定；第二步和第四步则通常受到董事会的影响。为了保证对上市公司决策的影响力，股东需要保证重要位置的管理人员是"自己人"。所以，在大股东争夺控制权的过

---

① 张行：《CEO 离职与公司继任决策研究：基于董事会结构特征的实证分析》，《科研管理》2018 年第 1 期。

② 王福胜、王摄琰：《CEO 变更与企业价值关系的实证模型》，《管理科学》2012 年第 1 期。

③ 吴超鹏等：《并购败绩后撤换 CEO 吗？——我国上市公司内外部治理结构有效性检验》，《经济管理》2011 年第 5 期。

④ Kang, J. K., et al., "Are Institutional Investors with Multiple Block Holdings Effective Monitors?", *Journal of Financial & Economics*, Vol. 128, No. 3 (2018), pp. 576–602.

程中，CEO 等高层管理人员总是首先受到影响（石水平，2010）[①]，控制权的竞争越激烈，CEO 的职位也就越不稳定。而随着母子公司高管协同配置的出现，上市公司的高层管理人员与母公司的协同程度上升，使得母公司在同其他股东争夺公司控制权时处于优势地位。此时其他股东更加难以挑战母公司，上市公司内部控制权争夺状况由此减弱，CEO 的职位也因此越发稳定。

基于以上分析，提出假设如下：

H4-16：母子公司高管协同配置有助于提升上市公司 CEO 职位的稳定性。

3. 母子公司高管协同配置与上市公司股东利益稳定性

信息不对称为代理问题和代理成本的存在提供了土壤，降低了现代公司的运行效率，也损害了股东的利益。实践中大股东与公司高管利用自身地位，通过"掏空"上市公司等方式侵害股东利益、攫取控制权私利的现象屡见不鲜。而企业集团框架内母子公司高管协同配置机制可以对母公司（大股东）和上市公司高管的机会主义行为产生抑制作用，以维护股东利益。具体逻辑如下：

一方面，因为高管自利倾向的存在，上市公司高管可能会借助构建商业帝国、谋取超额薪酬等方式来满足私人利益（郑志刚等，2021）[②]。而高管协同配置的双重角色使其受到母公司与上市公司利益相关者的共同监督，而且母子公司高管协同配置程度越高，意味着上市公司高管受到的监督力量越强，相对来讲更难实施机会主义行为（闫珍丽等，2021）[③]。另一方面，在母子公司治理体系中，上市公司并非只受到母公司的单向治理与管控，治理效果是母公司与上市公司管理层进行博弈的双向治理结果（徐向

---

①　石水平：《控制权转移、超控制权与大股东利益侵占——来自上市公司高管变更的经验证据》，《金融研究》2010 年第 4 期。

②　郑志刚等：《社会连接视角下的"中国式"内部人控制问题研究》，《经济管理》2021 年第 3 期。

③　闫珍丽等：《高管纵向兼任与企业投资效率：促进还是抑制》，《管理工程学报》2021 年第 3 期。

艺和方政，2015)①。这使得协同配置的高管这一利益群体有动机亦有能力防御大股东的掏空行为。在此背景下，高管协同配置可能会实现母公司治理行为的规范化，从而保护全体股东利益。

基于以上分析，提出假设如下：

H4-17：母子公司高管协同配置有利于提升上市公司股东利益的稳定性。

4. 母子公司高管协同配置与上市公司价值成长稳定性

良好的公司治理能够有效提升公司的成长与发展潜力，关系着全体利益相关者的切身利益。母子公司高管协同配置可能会正向地影响上市公司的价值成长稳定性，具体而言：

高阶理论认为，高层管理人员的特征深刻地影响着企业的决策和战略选择，并对组织绩效产生了深远的影响。据此，母子公司高管协同配置将通过如下途径影响上市公司成长。第一，行为的整合度是影响高管团队工作效果的核心因素，行为整合度较高的高管团队能够更好地分享信息与资源，并共同制定战略。所以，相对较高的高管团队整合度在企业经营过程中扮演着正面角色，有利于企业绩效的提升（成瑾和白海青，2013)②。母子公司高管协同配置减弱了母子公司高管团队内部的情感冲突，有利于母子公司高管团队的沟通与行为整合，故而也将对上市公司价值成长产生正面影响。第二，母子公司高管协同配置会改变联结高管对自身的角色定位，有利于母子公司协同优势的发挥。由于同时担任母公司及上市公司的高管职位，协同配置的高管需要兼顾母公司与上市公司价值的提升。企业集团存在资源平台优势，高管协同配置能够让母公司更加及时地获悉上市公司的需求，为企业持续成长保驾护航［谢等（Hsieh，et al.)，2010]③。由于高管协同配置带来的资

---

① 徐向艺、方政：《子公司信息披露研究——基于母子公司"双向治理"研究视角》，《中国工业经济》2015年第9期。

② 成瑾、白海青：《从文化视角观察高管团队行为整合》，《南开管理评论》2013年第1期。

③ Hsieh, T. J., et al., "Business Group Characteristics and Affiliated Firm Innovation: The Case of Taiwan", *Industrial Marketing Management*, Vol. 39, No. 4 (2010), pp. 560-570.

源优势，上市公司盈利能力和成长潜力得到提升，上市公司能够在同行业竞争中处于优势地位，促进上市公司的持续发展。

基于以上分析，提出如下假设：

H4-18：母子公司高管协同配置有利于提升上市公司价值成长的稳定性。

5. 母子公司高管协同配置程度的门限作用

作为一种治理主体，高管协同配置施加影响需要一定前提，只有在高管协同配置程度高于一定门限阈值时，母子公司高管协同配置的作用效果才能显现，具体而言：公司由一系列契约构建而成，由于契约成本的存在，相关契约只能规定公司经营的有限事宜，这就形成了公司治理中的剩余控制权。剩余控制权的实际拥有者往往掌握公司事宜的主导权，一般而言，公司的剩余控制权承载于股权、法人财产权、经营权之上，被配置给股东与管理层（吴炯，2016）①。在企业集团情境中，母子公司高管协同配置意味着母子公司通过人力资源构建起纽带，反映了母子公司在高管资源协同配置上的努力，也使得剩余控制权的分配向这些高管倾斜。但在高管协同程度较低时，协同配置的高管这一治理主体难以形成足够的话语权，"人微"必然导致"言轻"。此时，母子公司间虽然存在高管协同配置，但这种协同的作用会是轻微乃至失效的。反之，只有在高管协同程度较高时，协同配置的高管这一群体才能成为一股真正足以左右公司决策的力量，高管协同配置才可以通过发挥监督作用、协调调拨资源等方式来产生治理影响。总之，虽然协同配置的高管在公司治理中饰演着重要的角色，但在母子公司间高管协同程度较低时，协同配置的高管这一群体难以形成话语权。只有高管协同程度达到一定规模，能够充分保障协同配置高管群体的自主权时，母子公司高管协同配置才能充分发挥母子公司人力资源协同的优势，进而影响上市公司治理结构及治理效果的稳定性。

---

① 吴炯：《家族企业剩余控制权传承的地位、时机与路径——基于海鑫、谢瑞麟和方太的多案例研究》，《中国工业经济》2016年第4期。

基于以上分析，提出假设如下：

H4-19：母子公司高管协同配置对上市公司治理结构及效果稳定性的作用存在门限效应，只有在高管协同配置程度高于一定门限阈值时，母子公司高管协同配置的治理作用才能显现。

三、实证设计

（一）样本选择与数据来源

本书将2014—2020年作为数据观测年份，选择此观测期间是因为：一方面，中国证监会于2013年发布《中国证监会关于进一步推进新股发行体制改革的意见》（下文简称《意见》）。《意见》明确要求："提高公司大股东持股意向的透明度。发行人应当在公开募集及上市文件中披露公开发行前持股5%以上股东的持股意向及减持意向。持股5%以上股东减持时，须提前三个交易日予以公告。"所以，《意见》的出台可能会产生一定的治理效应，影响大股东减持与公司市场价值。另一方面，选取此观测期间能够保证数据的时效性和可获取性。母子公司高管协同配置的数据需要手动查找匹配，存在一定获取难度，使用此期间内的观测数据能保证数据的完整性和易得性。

首先，本书按照以下原则对观测期内沪深股票市场所有上市公司进行初步筛选：（1）剔除银行、保险公司等金融行业上市公司；（2）剔除观测期内被特殊处理（ST或*ST）以及被停止上市的公司；（3）剔除缺失关键数据的上市公司。然后，参考卡尼等（Carney, et al., 2009)[①] 对集团隶属企业的划分依据，使用国家统计局《中国企业集团年度统计》中的企业集团列表来验证集团隶属关系。经过以上步骤，共获取了包含685家上市公司的列表，将其作为样本基于CSMAR数据库收集与整理母子公司高管协同配置信息及其他经营情况，最终得到4795组数据用以实证检验。

---

① Carney, M., et al., "Business Group Performance in China：Ownership and Temporal Considerations", *Management and Organization Review*, Vol. 5, No. 2 (2009), pp. 167-193.

（二）变量定义与测量

母公司持股稳定性（PSS）。该变量反映了母公司持股意向的稳定情况。参考已有文献的做法（吴锡皓和张弛，2021）[1]，以母公司年度减持股份占公司总股份的比例乘以 100 进行测度，同时将当年未发生减持的情况赋值为 0，减持数量被记为正值，如减持 5% 在数据中显示为 5，变量数值越趋近于 0，说明母公司减持意向越低，母公司持股越稳定。

CEO 职位稳定性（CPS）。该变量反映了 CEO 职位的稳定程度。本书借鉴已有文献（蒋明新，2009）[2]，以公司年度内出现 CEO 变更情况的次数进行测量。变量的数值越高，上市公司 CEO 的职位越不稳定。

股东利益稳定性（SIS）。此变量反映了公司能在多大程度上规避代理问题，从而使股东利益能够得到恰当的保护。考虑到管理者的隧道行为会体现在管理费用中，本书借鉴已有研究的测量方式（万里霜，2021）[3]，利用公司年度管理费用率，即管理费用与营业收入的比值来测量股东利益稳定性。变量的数值越高，股东的期望稳定性越差。

价值成长稳定性（CVS）。该变量反映了公司能否维持市场价值的稳定。参考已有研究（赵国宇和禹薇，2019）[4]，本书利用托宾 Q 值来测量公司价值成长稳定性。变量数值越高，越说明公司能保证自身价值稳定。

母子公司高管协同（ES）。母子公司高管协同配置体现了企业集团为实现协同效应而采用的对集团内高管实现统一协调，集中配置的治理结构。在已有文献中，研究者们经常采用"上市公司董事长或总经理等高管是否在母公司担任职务"的方式衡量高管协同（潘红波和张哲，2019）[5]。但这种

---

①　吴锡皓、张弛：《业绩预告下的股份减持与内幕交易——会计稳健性是遏制还是助力？》，《审计与经济研究》2021 年第 1 期。

②　蒋明新：《我国上市公司总经理职位稳定性研究》，《财经科学》2009 年第 11 期。

③　万里霜：《上市公司股权激励、代理成本与企业绩效关系的实证研究》，《预测》2021 年第 2 期。

④　赵国宇、禹薇：《股权激励、过度投资抑制与公司价值》，《经济与管理评论》2019 年第 4 期。

⑤　潘红波、张哲：《控股股东干预与国有上市公司薪酬契约有效性：来自董事长/CEO 纵向兼任的经验证据》，《会计研究》2019 年第 5 期。

方式忽略了其他高管在公司治理中的重要角色，为了充分反映母子公司高管的协同配置状况，本书基于广义的概念对高管进行界定，囊括公司的董事会成员、总经理、副总经理、财务负责人和董事会秘书等高级管理人员，如果上市公司高管兼任母公司职务的情况赋值为 1，将不存在兼任的情况赋值为 0。

母子公司高管协同配置程度（RET）。不同于母子公司高管协同（ES）这一变量仅反映公司中是否存在高管协同配置，母子公司高管协同配置程度（RET）变量进一步反映了高管协同配置程度的高低。参考徐鹏等（2021）[①]的研究，采用上市公司中兼任母公司高管的人数与上市公司高管总人数之比值衡量母子公司高管协同配置程度。较高的变量数值代表着母子公司间较为紧密的协同程度。

此外，参考已有研究（卫聪慧等，2021[②]；乔菲等，2021[③]），本书还选取了公司规模（ASSET）、股权结构（SR）、董事会规模（BS）、董事会独立性（BI）、两职合一（DUA）、盈利能力（ROE）、资产负债率（LEV）、流动比率（CR）、速动比率（QR）等有可能对公司治理稳定性产生影响的因素作为本书的控制变量。各变量的具体定义与测量方式如表 4-21 所示。

表 4-21 变量定义与衡量

变量名称与代码	衡量方式
母公司持股稳定性（PSS）	母公司本年度减持股份占公司总股份的比例乘以 100
CEO 职位稳定性（CPS）	公司当年的 CEO 变更次数
股东利益稳定性（SIS）	公司年度管理费用与营业收入的比值
价值成长稳定性（CVS）	公司当年的托宾 Q 值
母子公司高管协同（ES）	公司高管兼任母公司职务时赋值为 1，否则赋值为 0
高管协同配置程度（RET）	母子公司兼任高管人数与子公司高管总人数的比值

---

① 徐鹏等：《组态视角下母子公司高管纵向联结驱动机制研究——一项基于模糊集定性比较分析》，《管理学季刊》2021 年第 3 期。

② 卫聪慧等：《纵向兼任高管、产权性质与审计收费》，《审计与经济研究》2021 年第 2 期。

③ 乔菲等：《纵向兼任高管能抑制公司违规吗?》，《经济管理》2021 年第 5 期。

变量名称与代码	衡量方式
公司规模（ASSET）	公司总资产取对数
股权结构（SR）	第一大股东持股数量占公司总股份的比例
董事会规模（BS）	公司当年董事会人数
董事会独立性（BI）	公司董事会中独立董事所占比例
两职合一（DUA）	公司董事长与 CEO 由一人兼任则记为 1，否则记为 0
盈利能力（ROE）	公司年度净资产收益率
资产负债率（LEV）	公司当年总负债与总资产之比
流动比率（CR）	公司当年流动资产总额与流动负债总额之比
速动比率（QR）	公司当年速动资产与流动负债之比

（三）研究模型

为了对上文所提出的假设进行验证，设计如下回归模型：

$$Ind\_Var = c + \alpha_1 \times ET \times I\ (q \leq X)\ + \alpha_2 \times ES \times I\ (q > x)\ + \sum\nolimits_1^n \beta_j \times Control + \varepsilon$$

$$Ind\_Var = c + \alpha_1 \times ES + \sum\nolimits_1^n \beta_j \times Control + \varepsilon$$

在以上模型中，Ind_Var 代表被解释变量，c 代表常数项，$Control$ 为控制变量组，ε 是模型的随机扰动项，j 代表各控制变量编号，β_j 代表控制变量的回归系数，α 则代表解释变量的回归系数。研究首先检验高管协同配置程度（RET）在母子公司高管协同（ES）与各被解释变量关系间的门限作用，模型中 q 代表高管协同配置程度（RET）变量的数值，X 代表门限回归的门限阈值。若门限检验未通过，研究则进一步检验母子公司高管协同（ES）与各因变量间潜在的线性相关关系。

四、数据分析与结果讨论

（一）描述性统计分析

图 4-3 展示了母子公司中高管协同程度的数值分布情况。由图 4-3 可见，高管协同配置程度（RET）这一变量的最小值为 0，即部分企业集团尚未采取这一治理形式，但此类集团数量较少，说明母子公司高管协同配置这一治理机制在实践中较为普遍。可以观察到的是，少部分公司的高管协同配

置程度甚至超过了 50%，即样本公司有超过一半的高管同时在母公司兼职。如果同现有研究一样只关注 CEO 或董事长的协同配置情况，可能会忽略母子公司高管协同配置被普遍应用的趋势。所以，有必要同时利用 0—1 分类形式和比值形式来测量和分析母子公司高管协同配置的治理作用，提升研究的严谨性和全面性。

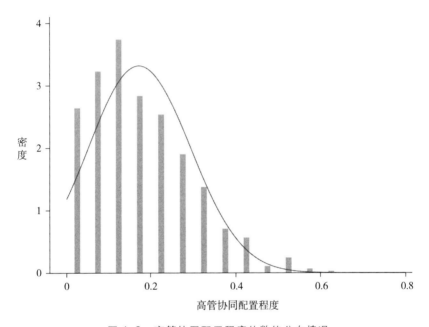

图 4-3　高管协同配置程度的数值分布情况

资料来源：作者整理。

　　表 4-22 展示了样本中其他变量的描述性统计情况，可以看到样本中 CEO 职位稳定性的均值和中位数分别为 0.202 和 0，这在一定程度上体现了公司对 CEO 更替的重视，表明多数公司都不倾向于在短期内重复进行 CEO 的变更。股东利益稳定性的 5% 分位数、95% 分位数以及中位数之间差距较大，说明不同公司在股东利益保护问题上的治理水平参差不齐。价值成长稳定性的均值和中位数分别为 2.137 和 1.670，5% 分位数也达到了 0.959，说明作为中国公司制企业中的排头兵，上市公司的价值能够得到投资者的普遍认可。母公司持股稳定性的 5% 分位数与中位数为 0，而 95% 分位数为

7.487，整体未处于高位水平，说明有较多公司不会出现频繁且激烈的减持行为。

表4-22　描述性统计结果

变量名	Obs	Mean	SD	P5	Median	P95
CEO职位稳定性（CPS）	4795	0.202	0.437	0.000	0.000	1.000
股东利益稳定性（SIS）	4795	0.087	0.121	0.020	0.071	0.178
价值成长稳定性（CVS）	4795	2.137	1.506	0.959	1.670	4.743
母公司持股稳定性（PSS）	4795	1.210	3.267	0.000	0.000	7.487
公司规模（ASSET）	4795	22.595	1.202	20.775	22.489	24.764
董事会独立性（BI）	4795	0.369	0.053	0.333	0.333	0.444
盈利能力（ROE）	4795	0.035	0.698	-0.137	0.058	0.210
董事会规模（BS）	4795	8.762	1.630	6.000	9.000	11.000
两职合一（DUA）	4795	0.195	0.396	0.000	0.000	1.000
资产负债率（LEV）	4795	0.436	0.187	0.141	0.429	0.731
流动比率（CR）	4795	2.143	3.167	0.626	1.518	4.779
速动比率（QR）	4795	1.644	2.573	0.406	1.122	3.967
股权结构（SR）	4795	35.261	13.500	15.219	33.469	60.100

资料来源：作者整理。

表4-23展示了主要变量之间的相关系数，其中右上方为斯皮尔曼相关系数，左下方为皮尔逊相关系数。由表4-23可见，各主要变量之间的相关系数均维持在相对合理范围内，最大仅为0.356，说明主要变量间不存在较为严重的共线性问题。此外，母子公司高管协同与股东利益稳定性变量之间显著的相关关系也初步支持了本研究的假设。

表4-23　相关性分析结果

	CPS	SIS	CVS	PSS	ES
CPS	1	-0.005	-0.043***	0.010	-0.017
SIS	0.011	1	0.356***	0.035**	-0.039***
CVS	-0.029**	0.232***	1	0.053***	-0.041***

	CPS	SIS	CVS	PSS	ES
PSS	0.016	0.017	−0.019	1	0.039***
ES	−0.013	−0.069***	−0.031**	0.026*	1

注：$n = 4795$；*** 表示 $p < 0.01$，** 表示 $p < 0.05$，* 表示 $p < 0.1$。
资料来源：作者整理。

（二）多元回归分析

1. 门限效应分析

本书利用 Stata 16 中的 xthreg 命令进行了高管协同配置程度（RET）的门限效应检验。结果如表 4-24 所示，当 CEO 职位稳定性（CPS）和股东利益稳定性（SIS）作为被解释变量时，高管协同配置程度（RET）的单门限效应通过了 5% 水平的显著性检验。进一步对其进行双门限检验，发现均未通过至少 10% 水平的显著性检验，双重门限不成立。门限效应检验结果说明，在母子公司高管协同（ES）变量对 CEO 职位稳定性（CPS）和股东利益稳定性（SIS）的影响作用中，高管协同配置程度（RET）发挥着单重门限作用。

表 4-24　门限效应检验

单门限检验	F 值	Prob>F	门限值
CPS	43.44	0.0000	0.1852
SIS	17.88	0.0350	0.0476
CVS	5.07	0.5250	—
PSS	5.18	0.3800	—
双门限检验	**F 值**	**Prob>F**	**门限值**
CPS	4.29	0.2700	—
SIS	3.74	0.5150	—

注：门限值的检验与计算过程使用 200 次 bootstrap 自抽样。
资料来源：作者整理。

在此基础之上，本书对高管协同配置程度（RET）变量门限前后的回归

结果进行了分析，结果如表 4-25 所示：对于被解释变量 CEO 职位稳定性
（CPS），当高管协同配置程度（RET）低于门限值时，母子公司高管协同
（ES）所对应的系数为 0.001，未通过显著性检验；当高管协同配置程度
（RET）跨过门限值以后，母子公司高管协同（ES）的回归系数变为
-0.266,通过了 1% 水平的显著性检验。说明只有当高管协同配置程度
（RET）高于门限阈值时，母子公司高管协同配置才能够显著地影响 CEO 职
位稳定性。假设 H4-16 得证，假设 H4-19 得到部分验证。同时，对于被解
释变量股东利益稳定性（SIS），当高管协同配置程度（RET）低于门限值
时，母子公司高管协同（ES）所对应的系数为-0.091，未通过显著性检验；
当高管协同配置程度（RET）跨过门限值以后，母子公司高管协同（ES）
的回归系数变为-0.124，通过了 5% 水平的显著性检验。说明只有当高管协
同配置程度（RET）高于门限阈值时，母子公司高管协同配置才能够显著地
影响股东利益稳定性。假设 H4-17 得证，假设 H4-19 得到进一步验证。

表 4-25 母子公司高管协同配置与 CEO 职位稳定性、
股东利益稳定性的关系检验

变量名	CPS		SIS	
	门限前	门限后	门限前	门限后
ES	0.001 (0.01)	-0.266*** (-3.22)	-0.091 (-0.98)	-0.124** (-2.08)
ASSET	0.063 (1.23)		-0.553*** (-13.38)	
BI	0.025 (0.86)		-0.014 (-0.60)	
ROE	-0.003 (-0.18)		-0.011 (-0.82)	
BS	-0.026 (-0.68)		-0.087*** (-2.81)	
DUA	-0.233*** (-3.79)		-0.142*** (-2.86)	
LEV	-0.003 (-0.09)		0.017 (0.58)	

续表

变量名	CPS		SIS	
	门限前	门限后	门限前	门限后
CR	−0.008 (−0.10)		−0.097 (−1.50)	
QR	−0.027 (−0.33)		0.037 (0.58)	
SR	−0.050 (−1.18)		−0.065* (−1.90)	
常数项	0.154** (2.17)		0.140** (2.47)	
N	4795		4795	
R^2	0.02		0.09	
F	5.21		20.56	

注：*** 表示 $p<0.01$，** 表示 $p<0.05$，* 表示 $p<0.1$；括号内为 t 值。
资料来源：作者整理。

2. 多元回归分析

针对被解释变量母公司持股稳定性（PSS）和价值成长稳定性（CVS）的门限检验未得到显著结果，说明其与母子公司高管协同（ES）之间可能存在线性关系而非相对复杂的门限关系。此处进一步使用固定效应回归检验母子公司高管协同（ES）与以上变量间潜在的线性关系，回归结果可见表4-26。根据固定效应回归结果，相关检验未发现母子公司高管协同（ES）与母公司持股稳定性（PSS）之间存在显著的相关关系（系数为 0.090，$p>0.1$），假设 H4-15 未得到验证。这可能是因为，母子公司高管协同配置增强了母公司控制能力，母公司无须维持较高的持股水平便可实现较强的控制力度，这减弱了母公司持股意向，母子公司高管协同配置的正向效应与负向效应实现了相互抵消。同时，在控制相关变量的情况下，母子公司高管协同（ES）与价值成长稳定性（CVS）之间呈现出显著的相关关系（系数为 0.133，$p<0.01$），说明母子公司高管协同配置有助于提升上市公司的价值成长稳定性，故假设 H4-18 得证。

表 4-26 母子公司高管协同配置与母公司持股稳定性、
价值成长稳定性的关系检验

变量名	PSS	CVS
ES	0.090 (1.26)	0.133 *** (2.59)
ASSET	−0.002 (−0.05)	−0.726 *** (−20.23)
BI	−0.039 (−1.39)	0.016 (0.80)
ROE	−0.011 (−0.70)	0.009 (0.78)
BS	0.003 (0.07)	0.045 * (1.68)
DUA	0.008 (0.14)	−0.097 ** (−2.24)
LEV	−0.159 *** (−4.47)	0.058 ** (2.27)
CR	−0.107 (−1.38)	0.096 * (1.72)
QR	0.094 (1.20)	−0.082 (−1.45)
SR	−0.662 *** (−16.22)	0.020 (0.69)
常数项	−0.083 (−1.23)	−0.103 ** (−2.09)
N	4795	4795
R^2	0.07	0.10
F	29.32	45.33

注：*** 表示 $p<0.01$，** 表示 $p<0.05$，* 表示 $p<0.1$；括号内为 t 值。
资料来源：作者整理。

（三）稳健性检验

为了保障回归结果的可靠性，除了使用固定效应回归以控制其他不受时间影响的因素之外，本书进一步使用多种方法进行稳健性检验：（1）在现有文献中，对公司价值能否保持稳健成长的衡量方式是多样的，除了本书的测量方式之外，应用比较多的还包括营业收入增长率（徐向艺和方政，2015）①。为了保证回归结果的稳健性，本书进行了更换变量测量方式的稳健性检验，结果如表4-27所示，母子公司高管协同（ES）的系数为0.149，且通过5%水平的显著性检验。（2）除了使用前文中的固定效应回归方法外，进一步使用随机效应回归方法检验母子公司高管协同（ES）与价值成长稳定性（CVS）之间的关系。表4-27中汇报的随机效应回归结果显示母子公司高管协同（ES）与价值成长稳定性（CVS）之间仍保持了显著的相关关系（系数为0.087，$p<0.1$）。（3）针对门限回归结果，本书在原有回归的基础上使用稳健标准误来缓解异方差问题，结果见表4-28，发现在使用稳健标准误的情况下，越过门限后，母子公司高管协同（ES）对CEO职位稳定性（CPS）的回归系数为-0.266，且通过1%水平的显著性检验；母子公司高管协同（ES）对股东利益稳定性（SIS）的回归系数为-0.124，且通过10%水平的显著性检验。（4）研究进一步提高自抽样（bootstrap）次数，由前文中设定的200次提升至1000次，结果见表4-29，在针对被解释变量CEO职位稳定性（CPS）和股东利益稳定性（SIS）的门限回归中，高管协同配置程度（RET）的单门限效应仍通过5%水平的显著性检验，双重门限检验则仍未通过10%水平的显著性检验，检验结果与前文一致。（5）为了解决研究中可能存在的内生问题，对前文验证的门限效应与线性关系做进一步检验。首先，对于母子公司高管协同与上市公司价值成长稳定性间的线性关系，本书进一步使用系统GMM方法来解决其中的内生问题。系统GMM回归如表4-30所示，解释变量母子公司高管协同（ES）的系数为0.229，且通过了5%水平的显著性检验。其次，对于门限回归结果，本书分别引入各被解释变量的滞后项（L. CPS与L. SIS）作为代理变量，用以控制遗漏变量等问题。回归结果如表4-31所示，母子公司高管协同（ES）对CEO职位稳定性（CPS）和股东利益稳定性（SIS）的回归结果均通过

---

① 徐向艺、方政：《子公司信息披露研究——基于母子公司"双向治理"研究视角》，《中国工业经济》2015年第9期。

10%水平的显著性检验。最后，为了规避因果倒置类的内生性问题，本书参考现有研究中的经典做法，通过引入解释变量滞后项的方式，对母子公司高管协同（ES）与上市公司价值成长稳定性（CVS）之间的线性关系进行稳健性检验。由于滞后解释变量的发生时间早于被解释变量，这就从理论上排除了被解释变量影响滞后解释变量的可能性（孙博等，2019）[①]。最终检验结果如表4-32所示，母子公司高管协同（ES）对上市公司价值成长稳定性（CVS）的影响通过了1%水平的显著性检验。以上检验说明，在排除内生性问题后，本书的研究结果仍旧保持稳健。（6）在前文检验中，对股东利益稳定性的测量主要使用了管理费用率这一指标。考虑到除管理费用外，销售费用与财务费用等项目也反映了公司股东利益遭到"掏空"的情况。为此，本书进一步利用销售费用率、管理费用率以及财务费用率之和测量股东利益稳定性，进行稳健性检验。结果如表4-33所示，越过门限后，母子公司高管协同（ES）对股东利益稳定性（SIS）的回归系数为-0.011，且通过5%水平的显著性检验，前文检验结果得到进一步支持。

表4-27　母子公司高管协同配置与价值成长稳定性关系的稳健性检验

变量名	CVS 更换变量测量方式	CVS 随机效应模型
ES	0.149** (2.01)	0.087* (1.82)
ASSET	0.368*** (7.15)	-0.488*** (-21.98)
BI	0.032 (1.10)	0.031* (1.79)
ROE	-0.002 (-0.10)	0.003 (0.27)
BS	0.161*** (4.16)	0.042** (2.06)

---

① 孙博等：《企业融资约束与创新绩效：人力资本社会网络的视角》，《中国管理科学》2019年第4期。

续表

变量名	CVS 更换变量测量方式	CVS 随机效应模型
DUA	0.032 (0.51)	−0.050 (−1.33)
LEV	−0.011 (−0.31)	−0.025 (−1.25)
CR	−0.198 ** (−2.46)	0.126 ** (2.43)
QR	0.170 ** (2.10)	−0.090 * (−1.73)
SR	0.005 (0.13)	0.075 *** (3.89)
常数项	−0.142 ** (−2.01)	−0.069 (−1.38)
N	4795	4795
R^2	0.02	0.09
F/Chi^2	9.409	637.90

注： *** 表示 $p<0.01$，** 表示 $p<0.05$，* 表示 $p<0.1$；括号内为 t 值。
资料来源：作者整理。

表 4-28 母子公司高管协同配置与 CEO 职位稳定性、
股东利益稳定性关系的异方差稳健性检验

变量名	CPS		SIS	
	门限前	门限后	门限前	门限后
ES	0.001 (0.01)	−0.266 *** (−2.80)	−0.091 (−1.10)	−0.124 * (−1.65)
ASSET	0.063 (0.92)		−0.553 *** (−4.91)	
BI	0.025 (0.94)		−0.014 (−0.56)	
ROE	−0.003 (−0.06)		−0.011 (−0.06)	
BS	−0.026 (−0.76)		−0.087 (−1.11)	

续表

变量名	CPS		SIS	
	门限前	门限后	门限前	门限后
DUA	-0.233^{***} (-3.50)		-0.142 (-1.12)	
LEV	-0.003 (-0.10)		0.017 (0.27)	
CR	-0.008 (-0.04)		-0.097 (-0.48)	
QR	-0.027 (-0.14)		0.037 (0.16)	
SR	-0.050 (-0.94)		-0.065 (-0.85)	
常数项	0.154^{*} (1.75)		0.140^{*} (1.74)	
N	4795		4795	
R^2	0.02		0.09	
Chi^2	68.67		92.64	

注：*** 表示 $p<0.01$，** 表示 $p<0.05$，* 表示 $p<0.1$；括号内为 t 值。
资料来源：作者整理。

表 4-29　提高自抽样次数的门限效应检验

单门限检验	F 值	Prob>F	门限值
CPS	43.44	0.0000	0.1852
SIS	17.88	0.0320	0.0476
双门限检验	F 值	Prob>F	门限值
CPS	4.29	0.2970	—
SIS	3.74	0.5490	—

注：门限值的检验与计算过程使用 1000 次 bootstrap 自抽样。
资料来源：作者整理。

表 4-30　母子公司高管协同配置与价值成长稳定性的系统 GMM 检验

变量名	CVS
L. CVS	0.469 *** (22.62)
ES	0.229 ** (2.14)
ASSET	−0.468 *** (−14.39)
BI	0.037 * (1.91)
ROE	−0.000 (−0.07)
BS	0.038 (1.34)
DUA	−0.104 ** (−2.18)
LEV	0.137 *** (3.30)
CR	0.230 * (1.66)
QR	−0.252 ** (−2.07)
SR	0.170 *** (3.57)
常数项	−0.193 * (−1.92)
N	4110
Chi^2	2163.69

注：*** 表示 $p<0.01$，** 表示 $p<0.05$，* 表示 $p<0.1$；括号内为 t 值。
资料来源：作者整理。

表 4-31　控制代理变量的门限回归检验

变量名	CPS		SIS	
	门限前	门限后	门限前	门限后
ES	0.023 (0.63)	-0.068* (-1.72)	-0.009 (-0.72)	-0.016* (-1.86)
L.CPS	-0.240*** (-14.08)			
L.SIS			-0.009 (-0.48)	
ASSET	0.049* (1.73)		-0.078*** (-11.48)	
BI	0.010 (0.69)		0.001 (0.21)	
ROE	-0.001 (-0.16)		-0.001 (-0.61)	
BS	-0.019 (-0.96)		-0.013*** (-2.78)	
DUA	-0.136*** (-4.53)		-0.015** (-2.09)	
LEV	-0.003 (-0.16)		-0.003 (-0.71)	
CR	-0.080 (-1.49)		0.008 (0.64)	
QR	0.045 (0.88)		-0.013 (-1.05)	
SR	-0.013 (-0.59)		0.005 (0.96)	
常数项	0.293*** (8.60)		0.107*** (13.00)	
N	4110		4110	
R^2	0.07		0.05	
F	20.417		15.884	

注：*** 表示 $p<0.01$，** 表示 $p<0.05$，* 表示 $p<0.1$；括号内为 t 值。
资料来源：作者整理。

表 4-32 母子公司高管协同配置与价值成长稳定性关系的解释变量滞后检验

变量名	CVS
L. ES	0.226 *** (3.68)
ASSET	-0.740 *** (-17.55)
BI	0.048 ** (2.02)
ROE	0.059 (1.36)
BS	0.121 *** (3.89)
DUA	-0.086 * (-1.73)
LEV	0.145 *** (4.83)
CR	0.118 ** (1.97)
QR	-0.097 (-1.62)
SR	0.143 *** (4.05)
常数项	-0.226 *** (-3.85)
N	4110
R^2	0.104
F	39.506

注：*** 表示 $p<0.01$，** 表示 $p<0.05$，* 表示 $p<0.1$；括号内为 t 值。

资料来源：作者整理。

表 4-33 股东利益稳定性的更换测量方式检验

变量名	SIS	
	门限前	门限后
ES	−0.006 (−1.22)	−0.011** (−2.36)
ASSET	−0.038*** (−12.58)	
BI	0.001 (0.58)	
ROE	−0.001 (−0.99)	
BS	−0.001 (−0.52)	
DUA	0.000 (0.07)	
LEV	0.017*** (7.74)	
CR	0.005 (0.97)	
QR	−0.008* (−1.70)	
SR	−0.003 (−1.16)	
常数项	0.188*** (45.24)	
N	4795	
R^2	0.05	
F	20.845	

注：*** 表示 $p<0.01$，** 表示 $p<0.05$，* 表示 $p<0.1$；括号内为 t 值。
资料来源：作者整理。

（四）进一步分析：制度差异的调节作用

相较于民营公司，国有公司拥有较为特殊的治理情境，现有研究尚未充分探明产权性质及其背后的制度差异究竟与高管协同配置存在怎样的"化学反应"。为此，本书进一步研究不同制度环境下母子公司高管协同配置作用的异质性，相关结论有助于明晰国有与民营不同股权性质公司治理机制的运行差异，从而为建设中国特色的公司治理机制提供参考。前文述及，母子公司高管协同配置影响了高管职位的稳定性。本书认为，国有企业存在较为特殊的高管任免制度，相较于民营企业，国有企业的高管任免并非完全的市场行为，而是会受到更多维度规章制度的影响，这使得母子公司高管协同配置在国有公司高管任免过程中扮演角色的重要性有所减弱。可以预测，若制度差异效应存在，母子公司高管协同配置对 CEO 职位稳定性的影响在民营企业中更为凸显。基于以上思考，进一步分析了制度差异（SOE，国有企业赋值为 1，民营企业赋值为 0）的调节作用，结果见表 4-34 与表 4-35。在 CEO 职位稳定性（CPS）与母子公司高管协同（ES）的关系之中，制度差异显著地调节了高管协同配置程度（RET）的门限效应。具体而言，在民营企业中，高管协同配置程度（RET）的门限值由 0.1852 下降为 0.1739，越过门限后的解释变量系数由 -0.266 改变至 -0.343。而在国有企业中，虽然门限效应通过检验，但门限前后解释变量对被解释变量的影响均不显著（$p>0.1$）。以上结果说明，高管协同配置程度（RET）的门限效应在民营企业中更为凸显，发挥作用所需的门限阈值更低，作用效果更强。

表 4-34　分组门限检验

单门限检验	F 值	Prob>F	门限值
民营企业	23.24	0.0000	0.1739
国有企业	21.79	0.0000	0.1852
双门限检验	F 值	Prob>F	门限值
民营企业	2.21	0.6550	—
国有企业	3.15	0.6900	—

注：门限值的检验与计算过程使用 200 次 bootstrap 自抽样。
资料来源：作者整理。

表 4-35 产权性质的调节作用检验

分组	民营企业		国有企业	
	门限前	门限后	门限前	门限后
ES	−0.087 (−0.88)	−0.343*** (−3.13)	0.092 (0.82)	−0.182 (−1.48)
ASSET	−0.030 (−0.47)		0.167* (1.96)	
BI	0.000 (0.00)		0.044 (1.03)	
ROE	−0.005 (−0.36)		0.084 (1.01)	
BS	−0.058 (−1.10)		−0.009 (−0.16)	
DUA	−0.236*** (−3.22)		−0.248** (−2.34)	
LEV	−0.018 (−0.41)		0.029 (0.44)	
CR	−0.146 (−0.79)		−0.023 (−0.19)	
QR	0.083 (0.50)		0.023 (0.14)	
SR	−0.055 (−1.04)		−0.072 (−1.03)	
常数项	0.146 (1.51)		0.121 (1.13)	
N	2506		2289	
R^2	0.02		0.02	
F	3.205		2.917	

注：*** 表示 $p<0.01$，** 表示 $p<0.05$，* 表示 $p<0.1$；括号内为 t 值。
资料来源：作者整理。

五、研究结论与管理启示

（一）研究结论

本书利用中国上市公司的经营数据，通过门限回归等方法，对母子公司高管协同配置与上市公司治理稳定性之间的关系进行研究。研究结果显示：

第一，母子公司高管协同配置对 CEO 职位稳定性的作用效果存在门限效应，只有在高管协同配置程度高于一定门限阈值时，母子公司高管协同配置的存在才能够提升 CEO 职位稳定性。第二，母子公司高管协同配置对股东利益稳定性的作用效果同样存在门限效应，只有在高管协同配置程度高于一定门限阈值时，母子公司高管协同配置的存在才能够保障股东利益稳定性。第三，母子公司高管协同配置有助于提升上市公司的价值成长稳定性。进一步研究发现：制度差异显著地调节了高管协同配置程度的门限效应。高管协同配置程度的门限效应在民营企业中更为凸显，发挥作用所需的门限阈值更低，作用效果更强。以上结果表明，母子公司高管协同配置对上市公司治理水平发挥影响的作用路径具有一定复杂性。

（二）理论贡献

首先，尽管现有文献已从不同视角对企业间高管协同配置现象进行了诸多分析，但以往研究多是聚焦于高管的横向协同配置问题（陈仕华和陈钢，2013）[1]，对高管纵向协同配置治理作用的探索方兴未艾。本书对集团框架中母子公司高管协同配置现象进行了研究，明晰了纵向高管协同配置的治理效应，有助于高管协同配置这一理论概念的进一步发展。

其次，针对公司高管这一治理主体与公司治理稳定性的关系，学术研究较多地强调了公司高管在代理冲突中的单一角色（佟爱琴和李孟洁，2018）[2]，这在一定程度上忽视了不同治理主体间的互动以及高管治理角色的丰富性。本书发现，随着高管协同配置程度突破一定门限，高管协同配置在公司治理中饰演的角色愈发重要，且协同的高管更有动机与能力对其他治理主体施加影响。通过验证母子公司高管协同配置与上市公司治理结构、效果稳定性的复杂关系，本书拓展了高管多角色治理问题研究，同时也丰富了对高管治理的作用机制的理论探索。

---

① 陈仕华、陈钢：《企业间高管联结与财务重述行为扩散》，《经济管理》2013 年第 8 期。

② 佟爱琴、李孟洁：《产权性质、纵向兼任高管与企业风险承担》，《科学学与科学技术管理》2018 年第 1 期。

最后，本书为集团框架下的公司治理结构演化提供了新的理论依据。尽管现有研究已经从多方面考虑了公司治理结构变化的原因，但高管协同配置对公司治理结构变动造成的影响仍有待探索。本书聚焦于企业集团情境，理论分析了母子公司高管协同配置对公司治理机制的补充与替代，相关结论能够为母子公司协同治理领域的研究带来一定启发。

（三）管理启示

首先，与单体企业相比，企业集团具有规模大、涉及产业和产品多等特点，尽管企业集团的规模和实力增长较快，但"统死放乱""集而不团"的现象仍大量存在，使得集团化经营的效率问题成为实践界关注的焦点。实际上，高管的横向协同配置和纵向协同配置本质上都是企业利用协同机制创造竞争优势的体现。特别是，高管的纵向协同配置可以加深母公司对上市公司的了解与信任，这为集团框架内母子公司治理机制的优化带来了一定启示：企业集团要充分发挥集团内部人力资源协同带来的信息传递作用。当企业集团向上市公司委派重要战略任务时，可以派遣经验丰富的高管入驻上市公司或从上市公司提拔了解情况的高管进入母公司，从而推动母子公司之间的决策信息交流，促成资源的合理调配，提升资源配置效率。

其次，企业集团是不同公司之间协同关系的集合，公司之间的协同关系降低了交易成本，是集团隶属企业在竞争中呈现出更高效率的基础。尽管分析指出，纵向协同配置高管会基于自身角色与职能主动保护上市公司利益，但由于上市公司高管的纵向协同配置很大程度上受到母公司的影响，如果期望通过纵向高管协同配置来有效地监督上市公司各项活动、降低掏空行为，还需要进一步强化协同高管的独立性，明晰协同配置高管的治理角色，使得协同配置的高管意识到自身需要为全体股东而非单一股东服务。

此外，为了尽可能发挥母子公司高管协同配置的积极治理效应，应当从高管协同配置程度确定机制和高管协同配置职位评价机制两方面完善母子公司高管协同配置机制，最大限度降低企业集团内部交易成本、创造竞争优势。一方面，上市公司及其母公司要对自身治理情况进行充分的评估，判定适宜的协同配置的高管比例、职位；另一方面，在进行高管协同配置的同时，上市公司要从根本上明晰母子公司之间的利益划分，完善协同配置高管的考评体系。

（四）不足与展望

本书的研究仍存在一定局限性，未来研究可以通过以下方式进行改进与完善：第一，母子公司之间存在多种管控与协同关系，本书主要探讨了母子公司间高管层面的人力资源协同治理作用。未来研究可以深入探讨母子公司之间战略协同、财务协同、创新协同和文化协同等其他管控协同关系的效用。第二，本书对母子公司高管协同配置相关影响的分析主要限于企业间的横向对比。然而，身处不同生命周期的企业对待母子公司高管协同配置的态度亦可能有所差异，今后研究可以基于生命周期视角分阶段探讨母子公司高管协同配置对公司治理的影响，并分析其差异性。第三，在数字时代，新技术拉近了企业同外界的距离，也对公司治理提出了更多要求，母子公司高管协同配置能否适应时代发展，以及其将如何与数字化结合等问题均值得在未来研究中进一步探讨。

第六节　母子公司高管协同配置与上市公司 AI 转型

一、问题的提出

"十四五"规划指出，智能制造是制造强国建设的主攻方向，是全面推进产业 AI 化、加快我国数字经济发展的主要路径，其发展程度直接关乎我国制造业质量水平。加快制造企业 AI 转型已经成为我国制造业高质量发展和数字经济建设的重要组成部分，也是实现经济持续健康发展和重塑国际竞争力的枢纽。谢萌萌等（2020）[①] 定义了"AI 转型"的概念，指的是人工智能与制造业两者的有效结合。AI 转型是基于新一代信息技术，实现工厂和企业内部、企业之间与产品全生命周期的实时管理和优化，具有自感知、

---

① 谢萌萌等：《人工智能、技术进步与低技能就业——基于中国制造业企业的实证研究》，《中国管理科学》2020 年第 12 期。

自决策、自执行等功能的先进制造过程与模式的总称（杨志波和杨兰桥，2020）①。从制造企业发展历程来看，制造业上市公司面临的许多内外部因素越来越成为影响其 AI 转型的关键，而促进上市公司 AI 转型也是实现我国经济持续健康发展的关键。

梳理以往研究可以发现，目前学术界对公司 AI 转型的前因已进行了诸多探索，如创新柔性、信息化战略认知与建设行为均对制造企业 AI 转型有显著正向影响（孟凡生和赵刚，2019②；王雪原和何美鑫，2022③），融合信息系统、制造技术应用也均能促进制造企业 AI 转型 [李等（Lee，et al.），2015④；孟凡生和宋鹏，2022⑤]，已形成了相对丰富的研究成果。然而从企业集团框架的角度考虑，上市公司高管作为集团内部的核心人力资本会对上市公司未来的战略转型及发展起到关键性的作用。作为母子公司治理机制中的关键要素，母子公司高管协同配置是指包括董事会或经理层在内的母公司高管在上市公司同时任职高管的状态（徐鹏等，2022）⑥，该协同现象在管理实践中普遍存在并且会对上市公司管理层制定战略性决策产生一定影响。因此，探索母子公司高管协同配置对上市公司 AI 转型的影响机理具有重要现实意义。鉴于高管协同配置对上市公司 AI 转型的重要作用，本书选取上市公司 AI 转型来检验母子公司高管协同配置在公司治理中是否发挥了作用具有一定的合理性和必要性，这有益于打开母子公司高管协同配置与上市公司 AI 转型之间关系的"黑箱"，整合智能制造资源、促进产业互联

---

① 杨志波、杨兰桥：《我国中小型制造企业智能化转型困境及破解策略》，《中州学刊》2020 年第 8 期。

② 孟凡生、赵刚：《创新柔性对制造企业智能化转型影响机制研究》，《科研管理》2019 年第 4 期。

③ 王雪原、何美鑫：《信息化战略认知与建设行为对制造企业智能化转型的影响》，《科技进步与对策》2022 年第 3 期。

④ Lee，J.，et al.，"A Cyber-Physical Systems Architecture for Industry 4.0-Based Manufacturing Systems"，*Manufacturing Letters*，No. 3（2015），pp. 18-23.

⑤ 孟凡生、宋鹏：《智能制造生态系统对制造企业智能化转型的影响机理》，《科研管理》2022 年第 4 期。

⑥ 徐鹏等：《上市公司绩效困境与母公司减持行为关系研究》，《经济与管理评论》2022 年第 2 期。

并加快上市公司 AI 转型。

本书以 2014—2020 年企业集团框架内沪深两市制造业上市公司为研究样本，实证检验了母子公司高管协同配置对上市公司 AI 转型的影响及作用机理。可能的贡献在于：一方面，聚焦在集团公司治理框架下分析了母子公司高管协同配置对上市公司 AI 转型的影响，并考察了资金占用行为在母子公司高管协同配置与上市公司 AI 转型关系中的作用机制，借此剖析制造企业战略转型的微观基础及作用路径；另一方面，从企业内部治理情境出发，探索并验证了母公司持股比例对上述效应的权变影响，考察不同情境下母子公司高管协同配置对上市公司 AI 转型的影响差异，为上市公司实践政策的制定提供具体方案。

二、理论分析与研究假设

（一）母子公司高管协同配置与上市公司 AI 转型

社会资本理论认为，在关系网络中，社会资本既是一种资源，也是一种掌控资源的能力，是除了物质资本和人力资本之外的另一种类型的资本，其核心是促进知识、信息和其他资源的流动，从而推动企业经济活动的开展，提升企业经营效能（陈爽英等，2010）[①]。母子公司高管协同配置作为集团化经营中发挥协同效应的重要手段和途径，母子公司高管协同程度越强，发展的社会联系越多，摄取资源的能力就越强，进而优化公司的关键战略决策，推动上市公司 AI 转型（陈建林，2021）[②]。结合已有研究，具体逻辑如下：

母子公司高管协同配置可以通过获得"社会资源支持"和提升"社会资本能力"两条路径影响上市公司 AI 转型行为。一方面，高管协同配置机制有助于上市公司获得有效的信息和创新技术，重构企业资源与组织架构，

[①] 陈爽英等：《民营企业家社会关系资本对研发投资决策影响的实证研究》，《管理世界》2010 年第 1 期。

[②] 陈建林：《高管联结对制造业企业创新绩效的影响研究》，《科研管理》2021 年第 1 期。

进而推动上市公司 AI 转型。社会资本理论的资源观是指嵌入且源于企业拥有的社会关系网络中，可利用的实际和潜在资源。对于企业集团来说，母子公司高管协同配置有助于高管通过隐秘的"私下"交流来传递消息，使上市公司获得更多异质性信息，而且通过高管间的密切交流互动可以促进知识技术的转移与共享，达到"溢出效应"（胡韬等，2020）[①]，解决上市公司在转型方面所面临的"信息资源匮乏"的难题，优化业务流程与组织结构，进一步推动上市公司 AI 转型的战略进程（王雪原和何美鑫，2022）[②]。另一方面，双重身份的高管依靠企业集团内部协同的机制以及人脉资源，利用社会资本所给予的社会关系网络能力，可以提升公司的研发投入水平［法列耶等（Faleye，et al.），2014］[③]，促进上市公司 AI 转型。社会资本理论的能力观是指企业、社会的联系以及通过这种联系获得资源的能力总和。双重身份高管所拥有的高水平的社会资本能够给上市公司带来强大的合作规范和密集的社会网络，能够帮助企业间建立联系和信任，提高人与人、组织与组织、企业与企业之间的联系互动，增强彼此间的信任程度，有效地获取公司自身所缺乏的市场信息、合适的技术等，增强上市公司技术洞察、吸收与集成能力（王雪原和何美鑫，2022）[④]，从而为上市公司 AI 转型提供强大的推动作用。基于以上分析，提出以下假设：

H4-20：母子公司高管协同配置有助于推动上市公司的 AI 转型。

（二）资金占用的作用机制分析

1. 母子公司高管协同配置与资金占用行为

已有文献证明，直接占用资源是母公司与上市公司进行利益输送的重要

---

① 胡韬等：《高管兼任与企业创新——来自集团型上市公司及其子公司的经验证据》，《投资研究》2020 年第 9 期。

② 王雪原、何美鑫：《信息化战略认知与建设行为对制造企业智能化转型的影响》，《科技进步与对策》2022 年第 3 期。

③ Faleye, O., et al., "Do Better-Connected CEOs Innovate More?", *Journal of Financial and Quantitative Analysis*, Vol. 49, No. 5-6 (2014), pp. 1201-1225.

④ 王雪原、何美鑫：《信息化战略认知与建设行为对制造企业智能化转型的影响》，《科技进步与对策》2022 年第 3 期。

路径，而资金占用正是占用资源的一种方式［姜等（Jiang, et al.），2010］①，资金占用是指出于利己主义的影响，母公司可能会通过代垫款项、关联交易等途径掏空上市公司，侵害其利益进而加剧与上市公司之间的冲突。而集团框架内母子公司高管协同配置的存在可能会发挥"监督效应"，抑制母公司管理层的掏空行为，降低对上市公司的资金占用程度。具体逻辑如下：

首先，母子公司高管协同配置是上市公司扩大社会资本网络、吸纳资本资源的方式，有助于扩大公司资本规模，提高企业间的联系互动，从而缓解母公司的资金占用行为。高管协同配置有利于母子公司间的信息传递与沟通，提高人与人、组织与组织间的社会信任程度（顾琴轩和王莉红，2015）②，给公司带来强大的合作规范和密集的社会网络，优化企业集团的资源配置能力，减少资金占用行为。其次，母子公司高管协同配置能够帮助双方及时获取各种资源与市场机会，实现优势互补，提高合作共赢的可能性。由于母公司资金占用的直接后果是上市公司可支配资金的减少（罗福凯等，2019）③，出于对自身利益与上市公司整体利益的考虑，高管必须努力提高上市公司的经营现金流，以维持企业日常经营活动，提高企业资源配置能力和投资效率，所以母子公司高管协同配置会发挥"监督效应"以及社会资本关系的作用，利用正式的组织结构的权力和非正式的企业文化的协同作用（冯韶华和张扬，2014）④，缓解母公司的资金占用行为，实现集团内部的强强联合。最后，高管协同配置在企业集团内部的存在，有助于降低母公司对上市公司的监管成本。母子公司高管协同配置使得集团内利益协同

---

① Jiang, G. H., et al., "Tunneling Through Inter-Corporate Loans: The China Experience", *Journal of Financial Economics*, Vol. 98, No. 1 (2010), pp. 1-20.

② 顾琴轩、王莉红：《研发团队社会资本对创新绩效作用路径——心理安全和学习行为整合视角》，《管理科学学报》2015 年第 5 期。

③ 罗福凯等：《混合所有制改革影响企业研发投资吗？——基于我国 A 股上市企业的经验证据》，《研究与发展管理》2019 年第 2 期。

④ 冯韶华、张扬：《关联交易资金占用与内部资本市场资源配置》，《财经理论与实践》2014 年第 4 期。

效应是主要的，而隧道效应是次要的（徐鹏等，2020）[①]。监管成本的降低减弱了母公司通过资金占用方式从上市公司转移资源的动机，而且，由于双重身份高管拥有广泛的社会资本关系网络，母公司担心"掏空"的负面消息一旦暴露对集团的声誉产生不良影响，因此母公司也会致力于提供资源支持而非恶意的资金占用。基于此，提出如下假设：

H4-21：母子公司高管协同配置能够减少母公司对上市公司的资金占用行为。

2. 资金占用行为与上市公司 AI 转型

在当今信息技术迅速变革的时代，财务资源是上市公司生存发展的根本，AI 转型过程的长期性、复杂性和高调整成本要求企业持续不断的资金支持（罗福凯等，2019）[③]，因而资金在上市公司 AI 转型的动态发展过程中发挥着不可或缺的作用。具体逻辑如下：

首先，AI 转型对资金依赖度高。由于市场的不确定性，传统制造企业需要拥有强大的资金流进行技术创新，保证预防性的现金持有，资金占用行为的缓解能够改善上市公司可利用的财务资源［贝尔特等（Berrtr，et al.），2002］[②]，提高日常经营的流动资金，避免资金链断裂，缓解资金压力，为创新研发提供后续的营运资金支持，促进上市公司 AI 转型。其次，充足营运资金的投入能够提高合作生产效率及市场竞争力，促进上市公司快速成长与发展。资金充足能够对员工起到鼓舞与激励作用，给予团队强大的希望，改善其内部治理环境，向资本市场传递积极信号（姚文韵和沈永建，2017）[③]，提高员工的自主创新能力、运营能力，减少上市公司财务风险及创新转型的风险，进而推动上市公司 AI 转型。最后，上市公司可持续发展的资金充裕，能够提高上市公司投资效率，间接促进上市公司 AI 转型。可

---

① 徐鹏等：《高管联结与隧道行为：促进还是抑制?》，《劳动经济评论》2020 年第 2 期。

② Berrtr, M., et al., "Ferreting out Tunneling: An Application to Indian Business Groups", *The Quarterly Journal of Economics*, Vol. 117, No. 30 (2002), pp. 121-148.

③ 姚文韵、沈永建：《资金占用、股价暴跌风险对信息透明度的影响研究》，《财经理论与实践》2017 年第 1 期。

支配资金增加，上市公司的投资活动也会受到推动，公司本身可以循环使用的资金可以继续进行再投资活动，提高上市公司资源整合能力和投资效率［姜等（Jiang, et al.），2010］①，产生经营现金流，扩大市场份额和营业额，提高未来经营业绩，强大的资金支持能够进一步为上市公司 AI 转型提供有效的保障。基于此，提出如下假设：

H4-22：母公司资金占用行为越少，越有利于上市公司的 AI 转型。

3. 资金占用行为在母子公司高管协同配置和上市公司 AI 转型之间的作用机制

通过上述分析可知，母子公司高管协同配置和资金占用均能对上市公司 AI 转型产生影响。就上市公司 AI 转型而言，母子公司高管协同配置既可直接影响上市公司 AI 转型，也可通过资金占用的作用机制，间接为上市公司 AI 转型提供便利。基于以上分析，提出如下假设：

H4-23：母子公司高管协同配置通过缓解母公司对上市公司的资金占用行为来促进上市公司的 AI 转型。

（三）母公司持股的调节作用

股权关联是母公司对上市公司治理行为进行监管和干涉的前提（徐鹏和徐向艺，2013）②，上市公司的股权配置直接影响母公司对上市公司决策的参与度和控制力［马蒂内和里克斯（Martinez and Ricks），1989］③，母公司对上市公司持股比例的差异使得其对董事会和管理层的控制能力以及上市公司所制定的战略决策及未来发展的参与度也存在较大差别。本书认为，母公司持股比例的高低会对上市公司管理层的权力配置产生差异进而影响高管协同配置对上市公司 AI 转型的促进作用，具体逻辑如下：

---

① Jiang, G. H., et al., "Tunneling Through Inter-Corporate Loans: The China Experience", *Journal of Financial Economics*, Vol. 98, No. 1 (2010), pp. 1-20.

② 徐鹏、徐向艺：《子公司动态竞争能力维度建构与培育机制——基于集团内部资本配置的视角》，《中国工业经济》2013 年第 5 期。

③ Martinez, Z. L., Ricks, D. A., "Multinational Parent Companies' Influence over Human Resource Decisions of Affiliates: U. S. Firm Sin Mexico", *Journal of International Business Studies*, Vol. 20, No. 3 (1989), pp. 465-487.

在母公司持股比例较低的情况下，上市公司创新行为给母公司收益带来的风险损害相对较小，母公司风险规避倾向较低，更加倾向于推动上市公司的技术成果工程化，增强企业竞争优势，高管协同配置的积极作用得到更大程度地发挥，有助于强化高管协同配置对上市公司 AI 方向转型的促进作用。另外，相对于持股比例高的母公司来说，母公司持股比例小，上市公司的独立自主性较强，双重身份高管可以根据公司自身的情况，与董事会商讨作出合理的 AI 转型策略，决策战略更容易得到实施。相反，当母公司持股比例较高时，母公司管控上市公司的欲望不断上升，母公司对上市公司的控制权越大，越倾向于参与上市公司的重大决策并且对经营管理提出过多的指导意见［万等（Van, et al.），2014①；刘小元等，2021②］，抑或利用其控制权直接干预高管的决策，导致公司管理层及管理层的战略决策（郑丽和陈志军，2018)③ 受到更严格的监督与约束，不利于上市公司自主性的发挥，从而降低母子公司高管协同配置对上市公司 AI 转型的正向作用。而且，随着母公司持股比例的上升，当面对上市公司风险较高的 AI 转型决策时，母公司会偏于保守而持有规避态度，阻碍公司在战略转型方面的资源与技术投入（左晶晶等，2013)④，导致企业内部数据、流程与技术等多方面的协同作用难以发挥，进而母子公司高管协同配置对上市公司 AI 转型的积极影响被弱化。基于以上分析，提出如下假设：

H4-24：母公司持股比例越高，母子公司高管协同配置对上市公司 AI 转型的正向作用越弱。

---

① Van, V. K., et al., "Where Do International Board Members Come from? Country-level Antecedents of International Board Member Selection in European Boards", *International Business Review*, Vol. 23, No. 2 (2014), pp. 407–417.

② 刘小元等：《母公司持股比例对子公司财务绩效影响机理研究——地理距离和制度距离的调节作用》，《中央财经大学学报》2021 年第 7 期。

③ 郑丽、陈志军：《母子公司人员嵌入、控制层级与子公司代理成本》，《经济管理》2018 年第 10 期。

④ 左晶晶等：《第二类代理问题、大股东制衡与公司创新投资》，《财经研究》2013 年第 4 期。

三、实证设计

（一）样本选择与数据来源

研究选取 2014—2020 年隶属于企业集团的沪深两市制造业上市公司为样本。根据以往学者的研究标准，对样本的初始数据进行如下筛选：（1）剔除金融类上市公司；（2）剔除 ST 和 *ST 的公司；（3）剔除存在其他实证数据缺失的公司；（4）删除数据异常的样本。为避免奇异值对实证结果产生影响，本书对所涉及的所有连续变量在上下 1% 和 99% 的水平上进行 Winsorize 处理。采用的母子公司高管协同数据、上市公司 AI 转型数据均来源于手工收集以及公式测算，上市公司财务数据及公司治理数据均来源于 CSMAR 数据库。基于上述数据处理流程，本书最终得到 4552 个样本的观测数据。

（二）变量定义与测量

AI 转型（INM）。为了测量 AI 转型变量，参考谢萌萌等（2020）[①] 对人工智能的测量方法，采用双重差分法（DID）构建测度指标 $AI_{it} \times Year_{it}$。先构建虚拟变量 AI_{it}，表示 i 公司是否进行了 AI 转型，AI 转型企业为 1，否则赋值为 0；再构建哑变量 $Year_{it}$，表示 i 公司进行 AI 转型的年份，实施年份为 1，否则为 0。具体步骤如下，首先，手工收集所有样本 2014—2020 年的上市公司年报，选取"智能""自动化""智慧""信息化"等反映 AI 转型的词语，筛选出包含关键词的所有语句；其次，基于 AI 转型的内涵，挑选出有关符合新一代信息技术与制造业的深度融合的企业，并将此企业确定为 AI 转型企业，赋值 AI_{it} 为 1；最后，本书以人工方式从以下两个方面确定 AI 转型开始的年份：其一，"公司业务概要"和"经营情况讨论与分析"的文字表述中涉及企业应用人工智能产品的年份，例如深圳中恒华发股份有限公司 2014 年更新了部分老旧注塑机设备，节能效果持续显现，加之推行自动

---

① 谢萌萌等：《人工智能、技术进步与低技能就业——基于中国制造业企业的实证研究》，《中国管理科学》2020 年第 12 期。

化改进及工序优化进程，大大降低了人力投入及生产物料的浪费，生产效率显著提高；其二，"在建工程"会计科目明细项涉及"人工智能"应用的工程完工且达到预计可使用状态的年份。例如，徐工集团工程机械股份有限公司2014年"装载机制造智能化升级项目"由在建工程转入固定资产，将初始年份确认为2014年。最终得到AI转型变量的测量指标 $AI_{it} \times Year_{it}$。

母子公司高管协同（ES）。借鉴徐鹏等（2022）[①] 的研究，以上市公司高管在母公司兼任高管的人数与上市公司高管总人数的比值来衡量母子公司之间的高管协同程度。

资金占用（CO）。参考王和邢（Wang and Xing，2011）[②]、罗福凯等（2019）[③] 的研究，以上市公司其他应收款占期末资产总额的比重作为母公司对上市公司资金占用的测度指标。

母公司持股（MER）。借鉴徐鹏等（2014）[④] 的做法，母公司持股以国泰安数据库统计的上市公司年报中披露的，年末母公司对上市公司持有的股权占上市公司总股数的比例进行衡量。

本书借鉴产业AI化转型的相关研究，控制可能对上市公司AI转型产生影响的变量：董事会规模（BD）、独董比例（IB）、资产收益率（ROA）、前十大股东持股比例（TOP10）、资产负债率（LEV）、上市公司年限（AGE）、平均教育背景（TMT）、具有吸引力的盈余资源（ASR）。此外，本书还控制了年份效应与行业效应，行业分类根据2012年证监会的行业标准划分。各变量汇总见表4-36。

---

① 徐鹏等：《上市公司绩效困境与母公司减持行为关系研究》，《经济与管理评论》2022年第2期。

② Wang and K., Xing, X., "Controlling Shareholders' Tunneling and Executive Compensation: Evidence from China", *Journal of Accounting and Public Policy*, Vol. 30, No. 1 (2011), pp. 89-100.

③ 罗福凯等：《混合所有制改革影响企业研发投资吗？——基于我国A股上市企业的经验证据》，《研究与发展管理》2019年第2期。

④ 徐鹏等：《母公司持股、子公司管理层权力与创新行为关系研究——来自我国高科技上市公司的经验数据》，《经济管理》2014年第4期。

表 4-36 变量定义与衡量

变量符号	变量名称	变量定义
INM	AI 转型	AI 转型企业为"1",否则赋值为"0"
ES	母子公司高管协同	母公司在上市公司兼任的人数与上市公司高管总人数的比值
MER	母公司持股	母公司对上市公司的持股数占总股本的比例
CO	资金占用行为	其他应收款除以期末总资产
BD	董事会规模	董事会人数
IB	独立董事比例	董事会中独立董事所占比例
ROA	资产收益率	上市公司净利润除以总资产
TOP10	前十大股东持股比例	上市公司前十大股东持股比例合计
LEV	资产负债率	上市公司负债总额除以总资产
AGE	上市公司年限	公司上市年数
TMT	平均教育背景	对上市公司高管团队的学历水平取平均值
ASR	具有吸引力的盈余资源	上市公司管理费用除以营业收入

(三)模型设计

为考察母子公司高管协同配置对上市公司 AI 转型的影响,本书借鉴王雪原和何美鑫(2022)[①] 等的研究构建模型:其中,模型(4-23)用以检验母子公司高管协同配置对上市公司 AI 转型的作用,如果 α_1 显著为正数,则说明两者为正向关系。模型(4-24)采用交互项的方式检验母公司持股比例对母子公司高管协同配置与上市公司 AI 转型关系的调节作用。

模型(4-23): $INM_{i,t} = \alpha_0 + \alpha_1 ES_{i,t} + \alpha_2 Control_{i,t} + \sum Year + \sum Ind + \varepsilon_{i,t}$

模型(4-24): $INM_{i,t} = \alpha_0 + \alpha_1 ES_{i,t} + \alpha_2 MER_{i,t} + \alpha_3 ES_{i,t} \times MER_{i,t} + \alpha_4 Control_{i,t} + \sum Year + \sum Ind + \varepsilon_{i,t}$

其中,α_0 为截距,α_i 为各变量对产业 AI 化转型的影响系数,$\varepsilon_{i,t}$ 为随机干扰项。

[①] 王雪原、何美鑫:《信息化战略认知与建设行为对制造企业智能化转型的影响》,《科技进步与对策》2022 年第 3 期。

为验证母子公司高管协同配置对上市公司 AI 转型的影响机理：基于资金占用的中介效应分析，本书设定以下模型：

模型（4-25）：$CO_{i,t} = \alpha_0 + \alpha_1 ES_{i,t} + Control_{i,t} + \sum Year + \sum Ind + \varepsilon_{i,t}$

模型（4-26）：$INM_{i,t} = \alpha_0 + \alpha_1 CO_{i,t} + Control_{i,t} + \sum Year + \sum Ind + \varepsilon_{i,t}$

模型（4-27）：$INM_{i,t} = \alpha_0 + \alpha_1 ES_{i,t} + \alpha_2 CO_{i,t} + Control_{i,t} + \sum Year + \sum Ind + \varepsilon_{i,t}$

其中，CO 为中介变量，表示公司 i 在 t 年的资金占用程度。借鉴温忠麟和叶宝娟（2014）① 的中介效应检验方法，本书首先检验模型（4-23）和模型（4-24）中 α_1 的显著性；其次检验模型（4-25）中 α_1 的显著性；最后对模型（4-26）和模型（4-27）中的 α_1、α_2 的显著性进行检验，若 α_1 显著，表示资金占用在母子公司高管协同配置与上市公司 AI 转型之间存在中介作用机制；在此基础上，若 α_2 同时显著，表明资金占用行为发挥了部分中介效应，若 α_2 不显著，则表明存在资金占用的完全中介作用。

四、数据分析与结果讨论

（一）描述性统计和相关性分析

表 4-37 报告了主要变量的描述性统计结果：母子公司高管协同的样本均值为 0.172，标准差为 0.118，且极小值与极大值差距较大，这表明在该研究样本及研究期间中，集团框架内有 17.2% 的上市公司存在高管协同配置，而且企业集团对高管协同配置的认识与实施程度存在较大差异。上市公司 AI 转型的平均值为 0.462，标准差为 0.499，表明上市公司 AI 转型波动较大，AI 转型水平也存在一定的差异。前十大股东持股比例平均值 56.595，标准差为 13.860，最小值为 25.950，最大值为 88.330，表明我国不同上市

---

① 温忠麟、叶宝娟：《中介效应分析：方法和模型发展》，《心理科学进展》2014 年第 5 期。

公司的股权分配比例差距悬殊的情况。其他变量中，董事会规模的标准差为1.552，公司年龄的标准差为6.373，表明该变量离散程度较大，其他变量分布均在合理范围内。变量的 VIF 值均在 10 以下，说明变量选取较好，适合后续开展回归分析。

表 4-37 描述性统计和相关性分析结果

variable	N	mean	p50	sd	min	max	range	VIF
INM	4552	0.462	0.000	0.499	0.000	1.000	1.000	—
ES	4552	0.172	0.154	0.118	0.000	0.500	0.500	1.12
BD	4552	8.765	9.000	1.552	5.000	14.000	9.000	1.39
IB	4552	0.370	0.333	0.052	0.333	0.571	0.238	1.28
TOP10	4552	56.595	56.350	13.860	25.950	88.330	62.380	2.18
LEV	4552	0.444	0.436	0.186	0.078	0.916	0.838	1.52
ROA	4552	0.009	0.006	0.014	-0.020	0.066	0.086	1.45
AGE	4552	13.736	14.000	6.373	3.000	26.000	23.000	1.46
TMT	4552	3.418	3.467	0.517	2.000	5.000	3.000	1.21
ASR	4552	0.081	0.070	0.054	0.010	0.331	0.321	1.49
CO	4552	0.016	0.008	0.025	0.000	0.153	0.153	1.21
MER	4552	39.415	39.500	14.022	11.840	75.130	63.290	2.03

资料来源：作者整理。

（二）实证回归结果

为了验证本研究的研究假设，通过 stata 15 软件进行检验，具体回归分析结果见表 4-38。列（1）的回归结果显示，母子公司高管协同（ES）的回归系数为 0.594，且在 5% 水平上显著，初步说明母子公司高管协同配置与上市公司 AI 转型有正向相关关系。为确保模型具有更强的解释力，在列（2）中，加入了 8 个变量作为控制变量，并且控制年份和行业，从回归结果来看，母子公司高管协同对上市公司 AI 转型的影响仍在 5% 的水平上显著为正，表明母子公司高管协同配置能显著促进上市公司 AI 转型，假设H4-20 得证。列（3）回归结果显示，母公司持股比例（MER）与母子公司高管协同（ES）交互项的回归系数在 5% 水平上显著为负，说明母公司持股比例越高，母子公司高管协同配置对上市公司 AI 转型的正向影响越弱，假设 H4-24 得到验证。

表 4-38　回归分析结果

变量	INM		
	（1）	（2）	（3）
ES	0.594 ** （2.15）	0.590 ** （2.08）	2.410 *** （2.79）
MER			0.012 *** （2.71）
ES×MER			−0.048 ** （−2.29）
BD		0.068 *** （2.83）	0.072 *** （2.99）
IB		2.131 *** （3.07）	2.166 *** （3.11）
TOP10		0.006 ** （2.47）	0.003 （0.84）
LEV		0.869 *** （4.17）	0.874 *** （4.19）
ROA		8.536 *** （3.18）	8.865 *** （3.29）
AGE		−0.031 *** （−5.11）	−0.031 *** （−5.03）
TMT		0.278 *** （4.04）	0.286 *** （4.16）
ASR		−1.542 ** （−2.13）	−1.503 ** （−2.07）
Year	控制	控制	控制
IND	控制	控制	控制
常数项	−0.730 *** （−3.30）	−3.443 *** （−6.75）	−3.821 *** （−7.19）
N	4552	4552	4552
F	547.10	655.69	663.35
pseudo-R^2	0.0871	0.1044	0.1056

注：*** 表示 $p<0.01$，** 表示 $p<0.05$，* 表示 $p<0.1$；括号内为 t 值。
资料来源：作者整理。

为了检验研究假设 H4-21、H4-22、H4-23，根据中介效应检验标准，对母子公司高管协同配置通过减缓资金占用行为这一部分路径作用于上市公司 AI 转型的关系进行实证检验，回归结果如表 4-39 所示。在列（1）中，回归结果显示，母子公司高管协同配置有利于缓解资金占用现象，假设 H4-21 得证；列（2）为资金占用（CO）对上市公司 AI 转型（INM）的回归结果，结果表明，资金占用程度越小，上市公司越有可能向 AI 转型方向发展，假设 H4-22 得证；由列（3）的回归结果可知，母子公司高管协同（ES）的回归系数为 0.590，且 $p<0.05$，这表明母子公司高管协同配置对上市公司 AI 转型具有显著的促进作用；另外，列（4）是在加入中介变量（CO）后对上市公司 AI 转型（INM）的估计结果。结果显示，母子公司高管协同（ES）与上市公司 AI 转型（INM）的回归系数分别为 0.488 和 -4.962,分别在 10% 和 1% 水平上显著。母子公司高管协同的回归系数与列（3）未加入资金占用的回归系数相比显著变小，由此可知，资金占用行为在母子公司高管协同配置促进上市公司 AI 转型的过程中发挥了部分中介效应，换言之，母子公司高管协同配置可以通过减少资金占用行为促进上市公司的 AI 转型，假设 H4-23 得证。

表 4-39 中介作用的回归分析结果

变量	CO		INM	
	（1）	（2）	（3）	（4）
ES	-0.020^{***} （-6.82）		0.590^{**} （2.08）	0.488^{*} （1.71）
CO		-5.214^{***} （-3.61）		-4.962^{***} （-3.42）
BD	-0.000 （-1.00）	0.069^{***} （2.86）	0.068^{***} （2.83）	0.067^{***} （2.77）
IB	0.004 （0.56）	2.099^{***} （3.02）	2.131^{***} （3.07）	2.168^{***} （3.11）
TOP10	-0.000^{***} （-4.76）	0.006^{**} （2.24）	0.006^{**} （2.47）	0.006^{**} （2.20）

变量	CO		INM	
	（1）	（2）	（3）	（4）
LEV	0.031 *** (14.11)	1.034 *** (4.84)	0.869 *** (4.17)	1.023 *** (4.78)
ROA	-0.157 *** (-5.57)	7.822 *** (2.90)	8.536 *** (3.18)	7.811 *** (2.90)
AGE	0.000 *** (5.01)	-0.029 *** (-4.74)	-0.031 *** (-5.11)	-0.030 *** (-4.87)
TMT	0.001 ** (2.01)	0.281 *** (4.09)	0.278 *** (4.04)	0.286 *** (4.15)
ASR	0.091 *** (12.15)	-1.192 (-1.62)	-1.542 ** (-2.13)	-1.108 (-1.50)
Year	控制	控制	控制	控制
IND	控制	控制	控制	控制
常数项	0.009 * (1.76)	-3.317 *** (-6.53)	-3.443 *** (-6.75)	-3.404 *** (-6.66)
N	4552	4552	4552	4552
R^2	0.162			
F	21.48	664.75	655.69	667.67
pseudo-R^2		0.1058	0.1044	0.1063

注：*** 表示 $p<0.01$，** 表示 $p<0.05$，* 表示 $p<0.1$；括号内为 t 值。

资料来源：作者整理。

（三）稳健性检验

1. 倾向得分匹配法（PSM）

参考韩金红和余珍（2019）[1] 的研究，考虑到样本的自选择问题，本书采用 PSM 倾向得分匹配法，在剔除了 26 个样本后做进一步检验。根据母子公司高管协同配置的强度，将高管协同大于中位数值的变量赋值为"1"，其样本归为处理组；高管协同小于中位数值的变量赋值为"0"，其样本归为控制组。本书利用模型（4-23）中的控制变量按一对一无放回匹配法进

① 韩金红、余珍：《纵向联结高管与企业投资效率——基于"监督效应"和"掏空效应"分析》，《审计与经济研究》2019 年第 4 期。

行配对，筛选出配对样本，在保证母子公司高管协同样本不变的前提下减少总体样本观测值，再次对重新匹配样本进行回归，结果显示在 10% 水平下显著为正，表明在剔除样本选择性偏差以后，母子公司高管协同配置依旧能显著促进上市公司 AI 转型，验证了研究结果的可靠性，回归结果见表 4-40 列（1）。

2. 更换回归方法

为保证结论的稳健性，借鉴龙小宁和林志帆（2018）[①] 的做法，我们也使用了 Probit 模型对主效应做了进一步检验。如表 4-40 列（2）所示，结果未发生实质性变化。

3. 替换解释变量的测量方式

参照曙光和马忠（2022）[②] 的研究，根据母子公司高管协同的中位数值，将全样本分为高管协同较高组与高管协同较低组。当母子公司高管协同（ES）大于中位数时，赋值为"1"，否则为"0"，对上述模型分别进行 Logit 回归。回归结果如表 4-40 列（3）所示，母子公司高管协同的回归系数在 5% 水平上显著为正，说明母子公司高管协同程度越大，对上市公司 AI 转型的正向影响越强，结论依然成立。

参考张先治和王晨嫣（2022）[③] 的研究方法，本书将样本按照是否处于绝对控制地位分为两类，母公司持股比例大于等于 50% 则认定为处于绝对控制地位（MER=1），否则为处于非绝对控制地位（MER=0）。划分样本后，再次对模型（4-24）进行回归，考察母公司不同控制权地位发挥作用的差异。结果如表 4-40 中列（4）所示，ES×MER 的回归系数在 1% 的水平下显著为负，结论仍然成立。

---

① 龙小宁、林志帆：《中国制造业企业的研发创新：基本事实、常见误区与合适计量方法讨论》，《中国经济问题》2018 年第 2 期。

② 曙光、马忠：《母子公司间高管纵向兼任与上市公司资本配置效率》，《经济与管理研究》2022 年第 1 期。

③ 张先治、王晨嫣：《剩余索取权、母子公司协同型配置模式与公司价值》，《管理学刊》2022 年第 2 期。

表 4-40　稳健性检验回归分析结果

变量	INM			
	（1）	（2）	（3）	（4）
ES	0.129 * （1.94）	0.346 ** （2.00）	0.131 ** （1.98）	1.047 *** （3.25）
MER				0.539 *** （3.66）
ES×MER				−1.974 *** （−3.01）
BD	0.065 *** （2.70）	0.042 *** （2.87）	0.069 *** （2.89）	0.073 *** （3.01）
IB	2.001 *** （2.87）	1.304 *** （3.08）	2.077 *** （2.99）	2.178 *** （3.13）
TOP10	0.007 ** （2.49）	0.004 ** （2.41）	0.007 ** （2.50）	0.003 （0.94）
LEV	0.849 *** （4.06）	0.527 *** （4.17）	0.863 *** （4.14）	0.884 *** （4.24）
ROA	8.517 *** （3.16）	5.204 *** （3.20）	8.567 *** （3.19）	9.077 *** （3.36）
AGE	−0.031 *** （−5.07）	−0.019 *** （−5.18）	−0.031 *** （−5.09）	−0.030 *** （−5.01）
TMT	0.272 *** （3.94）	0.167 *** （4.00）	0.275 *** （4.00）	0.278 *** （4.05）
ASR	−1.569 ** （−2.13）	−0.911 ** （−2.09）	−1.567 ** （−2.17）	−1.509 ** （−2.08）
Year	控　制	控　制	控　制	控　制
IND	控　制	控　制	控　制	控　制
常数项	−3.300 *** （−6.47）	−2.077 *** （−6.72）	−3.389 *** （−6.67）	−3.466 *** （−6.74）
N	4526	4552	4552	4552
F	647.17	655.26	655.29	669.18
Pseudo-R^2	0.1036	0.1043	0.1043	0.1065

注：*** 表示 $p<0.01$，** 表示 $p<0.05$，* 表示 $p<0.1$；括号内为 t 值。

资料来源：作者整理。

（四）基于产权性质的进一步分析

产权性质会影响上市公司股权结构以及决策机制。民营企业主要面临大股东与中小股东的代理问题，其他大股东、上市公司管理层等发挥监督和治理作用更加显著（潘红波和张哲，2019）①，而国有企业股权制衡、高管股权激励程度普遍不高，行政干预较强。因此，企业集团不同的产权性质会对母子公司高管协同配置产生不同的影响。根据企业集团产权性质进行分组，如表 4-41 的列（1）回归结果显示，在国有企业集团中，母子公司高管协同与上市公司 AI 转型呈正相关关系但不显著；而在民营企业集团中，即列（2）母子公司高管协同（ES）的回归系数显著为正，且在 10% 的水平上显著，这表明母子公司高管协同配置对上市公司 AI 转型的正向作用在民营企业集团中更强。

表 4-41　进一步分析

变量	INM	
	（1）	（2）
ES	0.567 （1.29）	0.676* （1.69）
BD	0.095*** （2.85）	0.058 （1.48）
IB	2.587*** （2.69）	1.938* （1.75）
TOP10	0.004 （1.02）	0.009** （2.42）
LEV	1.396*** （4.54）	0.464 （1.55）
ROA	4.851 （1.22）	11.284*** （2.91）
AGE	−0.017* （−1.71）	−0.030*** （−3.42）

---

① 潘红波、张哲：《控股股东干预与国有上市公司薪酬契约有效性：来自董事长/CEO 纵向兼任的经验证据》，《会计研究》2019 年第 5 期。

续表

变量	INM	
	（1）	（2）
TMT	0.373 *** （3.36）	0.243 ** （2.49）
ASR	1.235 （1.02）	-3.339 *** （-3.49）
Year	控 制	控 制
IND	控 制	控 制
常数项	-5.292 *** （-6.82）	-2.770 *** （-3.39）
N	2161	2371
F	446.97	335.82
pseudo-R^2	0.1502	0.1025

注：*** 表示 $p<0.01$，** 表示 $p<0.05$，* 表示 $p<0.1$；括号内为 t 值。
资料来源：作者整理。

五、研究结论与管理启示

（一）研究结论

本书从母子公司治理视角出发，以沪深两市制造业上市公司为样本，考察了母子公司高管协同配置对上市公司 AI 转型的影响，并分析了不同治理情境下母子公司高管协同配置对上市公司 AI 转型的影响差异以及具体的传导机制，并得出以下结论：（1）母子公司高管协同配置能够促进上市公司 AI 转型，母公司持股会弱化母子公司高管协同配置对上市公司 AI 转型的正向影响；（2）作用机制分析表明，母子公司高管协同配置通过缓解资金占用行为来促进上市公司 AI 转型；（3）进一步分析发现，母子公司高管协同配置对上市公司 AI 转型的正向影响在民营企业集团中更强。本书丰富了母子公司高管协同配置的经济后果研究以及上市公司 AI 转型的影响因素研究，同时也有助于厘清母子公司高管协同配置促进上市公司 AI 转型的作用机制。

（二）管理启示

本书提供了母子公司高管协同配置在新兴资本市场上积极治理效应的经

验证据，研究结论对学术界和实践界都具有一定的启示作用。在学术层面上，本书论证了母子公司高管协同配置与上市公司 AI 转型之间的关系，凸显了构建这一特殊机制的必要性。通过社会资本理论，从母公司持股的角度考察了其背后的权变影响，拓展了上市公司 AI 转型的影响因素以及母子公司高管协同配置这一特殊机制经济后果方面的研究。在实践层面上，研究母子公司高管协同配置对上市公司 AI 转型的积极作用，为上市公司 AI 转型提供了新的角度，对于高管合理制定战略决策，维护上市公司自主决策权，提升企业竞争力，从而提高上市公司 AI 转型具有借鉴意义。

在政策启示方面，第一，正确发挥母子公司高管协同配置的积极作用能够促进上市公司向 AI 转型发展。双重身份高管要充分运用其社会资本网络的关系，保持强大的动力以及对外界环境敏锐的反应能力，发挥管理经验与战略才能，积极实施母子公司高管协同配置治理机制，提升上市公司对母公司的制衡能力，进而推动上市公司 AI 转型。第二，稳定的资金流是实现上市公司 AI 转型的重要一环。上市公司需要合理利用配置现有资源，通过合理的经营投资等活动保持稳定的现金流，减少创新转型的风险，促进公司快速成长与发展，推动上市公司 AI 转型。第三，拥有话语权地位的母公司应避免过度控制和约束上市公司管理层的情况，过多的干涉不利于上市公司根据其所处市场环境的变化制定合理的战略决策，因此，母公司要充分尊重上市公司管理层，保障其自主决策权力的发挥，促进上市公司的健康成长。

第七节　母子公司高管协同配置与上市公司技术创新行为[①]

一、问题的提出

2019 年 5 月，中央全面深化改革委员会第八次会议强调"以开放促进

---

① 本节部分内容发表于 *Plos One* 2022 年第 10 期。

发展、以改革推动创新、以合作实现共赢，全面融入全球创新网络，推动创新型国家建设"，进一步指明创新作为引领发展的第一动力，是建设现代化经济体系的战略支撑，正处于我国发展全局的核心位置。企业作为市场经济的重要参与者，是创新工作的主力军，将创新置于企业战略地位能够充分发挥企业对技术、资金、人才整合的作用，孵化优质创新创造产品，推动经济高质量发展。同时，创新能够帮助企业应对知识经济的挑战和全球化的竞争，不断延长生命周期。总之，随着外部技术、行业环境、国内外经济形势等多层面的变化，企业正逐渐将创新理念贯穿于日常运作的各个环节，以提高核心竞争力。

企业集团作为介于市场与企业之间的中间型组织，在我国经济发展中处于主导地位，理应在国家创新驱动战略大背景下承担更多责任。集团框架内上市公司既是被动执行者也是自主决策者，母公司可以通过设立规章制度、治理结构设计和组织文化约束等方式实现对上市公司的影响和监督［德克勒东等（Decreton, et al.），2017］[1]。因此，有效平衡多重互动关系，构建完善的母子公司治理体系，发挥集团内部协同效应对上市公司技术创新行为至关重要。目前，学术界基于企业集团组织形式的特殊性对上市公司技术创新进行了一系列研究，比如徐鹏等（2019）[2] 分析了集团框架内上市公司开放式创新的影响因素及作用效果，发现集团内部网络对内向型开放式创新的促进作用更强。高尔基等（Golgeci, et al., 2019）[3] 指出母子公司间的知识转移机制有利于上市公司开展技术创新，而上市公司知识搜索广度和深度会影响二者之间的关系。陈志军等（2018）[4] 从母公司控制方式出发，提出

---

[1]　Decreton, B., et al., "Beyond Simple Configurations: The Dual Involvement of Divisional and Corporate Headquarters in Subsidiary Innovation Activities in Multibusiness Firms", *Management International Review*, Vol. 57, No. 6 (2017), pp. 1–24.

[2]　徐鹏等：《集团框架内子公司开放式创新研究》，《科研管理》2019 年第 4 期。

[3]　Golgeci, I., et al., "European MNE Subsidiaries' Embeddedness and Innovation Performance: Moderating Role of External Search Depth and Breadth", *Journal of Business Research*, Vol. 102, No. 9 (2019), pp. 97–108.

[4]　陈志军等：《"凝心"能"协力"吗？——母公司文化控制、研发协同与子公司创新绩效关系研究》，《中国软科学》2018 年第 4 期。

母公司文化控制促进了母子公司间的研发协同，进而提高了上市公司的技术创新绩效。徐鹏等（Xu，et al.，2019）① 研究表明母公司持股对上市公司回应式创新有负面影响，而经理层持股较多的上市公司则选择相对积极的回应式创新。

相关研究已充分表明集团框架内上市公司技术创新决策的复杂性。以此为基础，本书引入母子公司高管协同这一企业集团特有的治理要素，分析其对上市公司技术创新行为的影响机理。母子公司高管协同是指包括董事会与经理层在内的高管人员同时在母公司和上市公司中任职的状态，是集团为了实现协同效应对集团内高管统一协调、集中配置的治理机制（徐鹏等，2020）②。与以往研究相比，本书可能的贡献在于：首先，母子公司高管协同反映了母公司为参与上市公司治理而作出的结构性安排，本书考察其对上市公司技术创新行为的影响，并从资源依赖视角对影响路径中的中介机制和调节机制展开分析，进一步丰富了技术创新决策动因的理论研究；其次，本书的相关结论也进一步验证了高管协同对缓解母子公司信息不对称、促进知识转移的积极价值，为母子公司高管协同治理机制完善和治理效率提升提供了经验思考。

二、理论分析与研究假设

（一）母子公司高管协同与上市公司技术创新行为的关联性

相较于单体公司，上市公司的技术创新行为除了利用自身资源，还可以向企业集团寻求帮助（郑丽等，2020）③。集团价值创造的路径之一在于合理配置有限资源，引导注意力并帮助上市公司应对环境变化、开创新业务

① Xu, P., et al., "Research on the Differentiated Impact Mechanism of Parent Company Shareholding and Managerial Ownership on Subsidiary Responsive Innovation: Empirical Analysis Based on 'Principal-Agent' Framework", *Sustainability*, Vol.11, No.12 (2019), Article 5252.
② 徐鹏等：《母子公司高管协同配置：表现形式、理论逻辑与整合研究框架》，《经济与管理评论》2020 年第 5 期。
③ 郑丽等：《子公司绩效反馈、变革能力与自主决策权》，《外国经济与管理》2020 年第 1 期。

[安博斯和曼克（Ambos and Mahnke），2010]①。但是，在母子公司治理体系下，信息不对称会影响集团内部资源配置，限制母公司对上市公司技术创新的支持。一方面，母子公司间的跨组织情境和内外差异性阻碍了母公司洞悉上市公司的战略意图（王世权等，2016)②，母公司难以掌握上市公司技术创新和技术演进的全部信息，且存在对专业知识的认知约束，不能准确预测创新项目的发展前景，故对任务复杂度高、投资风险大的技术创新活动具有天然的谨慎心态（朱冰等，2018)③。另一方面，高管团队作为上市公司的发言人会影响集团公司的决策，较少的游说和表现都难以促使集团扶持上市公司的技术创新［博纳等（Boone，et al.），2019]④。因而，对上市公司来讲，突破技术创新困境的关键在于获得母公司的支持与信任，以及激发上市公司高管团队的主动性和积极性（杨建君等，2015)⑤。

母子公司高管协同以高管为纽带建立了母子公司间更直接的联系，使母子公司之间形成了产权关系之外的关联网络，能够降低母子公司间的信息不对称程度，更多地获取母公司的帮助以推动上市公司技术创新（徐鹏等，2020)⑥。具体来说，兼任高管带有母公司意志，可以帮助母公司了解更多关于上市公司创新活动及技术发展的动态，提高上市公司技术创新行为的可视性，有利于增强母公司对上市公司技术创新决策的理解和信任，缓解信息不对称下上市公司行为与母公司目标和风险偏好不一致带来的不利影响

①　Ambos, B., Mahnke, V., "How Do MNC Headquarters Add Value?", *Management International Review*, Vol. 50, No. 4 (2010), pp. 403–412.

②　王世权等：《集团内子公司网络关系强度影响其主导行为的内在机理——基于宝钢集团的案例研究》，《南开管理评论》2016 年第 6 期。

③　朱冰等：《多个大股东与企业创新》，《管理世界》2018 年第 7 期。

④　Boone, C., et al., "Top Management Team Nationality Diversity, Corporate Entrepreneurship, and Innovation in Multinational Firms", *Strategic Management Journal*, Vol. 40, No. 2 (2019), pp. 277–302.

⑤　杨建君等：《股权集中度与企业自主创新行为：基于行为动机视角》，《管理科学》2015 年第 2 期。

⑥　徐鹏等：《母子公司高管协同配置：表现形式、理论逻辑与整合研究框架》，《经济与管理评论》2020 年第 5 期。

[佐娜等（Zona, et al.），2018]①。其次，双重身份的高管在履行岗位职责过程中会接触到集团公司的其他高管、股东、机构投资者，形成个人在集团内的关系网络，并能利用该种网络为上市公司争取与母公司合作的机会。在母子公司共同浏览商业环境、协调管理事宜的过程中，上市公司频繁出现在母公司的注意区间，容易通过与母公司较强的关系跨越组织边界获取创新所需的资源。同时，母子公司高管协同为母子公司之间的知识转移提供了更多可能性。集团框架内成员企业拥有相似的制度环境和文化氛围（陈仕华和卢昌崇，2013）②，母子公司高管协同可以有效增加母子公司间的沟通频率和情感互动，逐渐强化的承诺感为知识转移创造了有利条件，能更好地传递详细、隐性和整合的信息（娄祝坤等，2019）③，极大程度上增强母公司知识共享的意愿，为上市公司技术创新提供更多知识支持，对上市公司技术创新行为产生积极影响［科万和埃代（Cowan and Eder），2020]④。

基于以上分析，提出如下假设：

H4-25：母子公司高管协同对上市公司技术创新行为具有正向影响。

（二）资源依赖视角下母子公司高管协同对上市公司技术创新行为的作用路径分析

组织冗余是在组织生产过程中超出最低必须投入所产生的资源存积［诺赫里亚和古拉蒂（Nohria and Gulati），1996]⑤，包括知识、资金、产品和人员等，能够被组织利用并经转化可以帮助组织实现目标，缓冲组织内外部压

---

① Zona, F., et al., "Board Interlocks and Firm Performance: Toward a Combined Agency-Resource Dependence Perspective", *Journal of Management*, Vol. 44, No. 2 (2018), pp. 589 – 618.

② 陈仕华、卢昌崇：《企业间高管联结与并购溢价决策——基于组织间模仿理论的实证研究》，《管理世界》2013 年第 5 期。

③ 娄祝坤等：《集团现金分布、治理机制与创新绩效》，《科研管理》2019 年第 12 期。

④ Cowan, E. J., Eder, L. B., "The Transformation of AT&T's Enterprise Network Systems Group to Avaya: Enabling the Virtual Corporation Through Reengineering and Enterprise Resource Planning", *Journal of Information Systems Education*, Vol. 14, No. 3 (2020), pp. 15.

⑤ Nohria, N., Gulati, R., "Is Slack Good or Bad for Innovation", *Academy of Management Journal*, Vol. 39, No. 5 (1996), pp. 1245–1264.

力与环境变化（张振刚等，2016）①。根据资源依赖理论，组织不仅需要适应
环境，从外界补充资源，还会努力改变被动的依赖地位，在积极面对环境中以
自己的优势控制资源［劳恩迪和巴耶尔（Roundy and Bayer），2019］②。因而，
上市公司虽希望获得母公司资源支持以推动技术创新，但更渴望积累资源，
提高自身资源能力以发挥创新的主动性。高管协同增强了母子公司间适应性
和操作性交互作用（杨帅和程郁晓，2020）③，使上市公司在接触到更多、更
新的资源和信息的基础上，进一步提高组织学习的可能性和潜力，通过有效
学习拓展自身知识广度和深度，增加企业的知识存量。同时，高管协同能够促
使上市公司管理层对资源作出理性反应。在母公司信任与关注下，上市公司管
理层不仅会因受到重视和监督而积极表现，比如合理利用资源、减少私利追求、
避免过度扩张和过度多元化，逐渐积累冗余资源以应对未来发展的不确定性
［杜等（Du，et al.），2015］④；他们还往往拥有更加丰富的管理经验和较高水平
的管理能力，可以帮助上市公司取得技术协同和规模效应，进而积累金融资本、
社会资本、信息技术优势，增加冗余资源存量（苏昕和刘昊龙，2018）⑤。

　　由此形成的组织冗余资源又成为上市公司实施技术创新活动的关键支
撑。因为技术创新面临许多未知的困难和挑战，需要用充足的资金、完善的
设备和丰富的技术知识做保障，不断试错和坚持试错才能达成目标［本特
利和基欧（Bentley and Kehoe），2020］⑥。组织冗余能够减轻风险对组织造

---

① 张振刚等：《企业慈善捐赠、科技资源获取与创新绩效关系研究——基于企业与政府的资源交换视角》，《南开管理评论》2016 年第 3 期。

② Roundy，P. T.，Bayer，M. A.，"To Bridge or Buffer? A Resource Dependence Theory of Nascent Entrepreneurial Ecosystems"，*Journal of Entrepreneurship in Emerging Economies*，Vol. 11，No. 4（2019），pp. 550−575.

③ 杨帅、程郁晓：《组织如何从经验中学习：基于并购的视角》，《管理现代化》2020 年第 5 期。

④ Du，Y.，et al.，"The Roles of Subsidiary Boards in Multinational Enterprises"，*Journal of International Management*，Vol. 21，No. 3（2015），pp. 169−181.

⑤ 苏昕、刘昊龙：《多元化经营对研发投入的影响机制研究——基于组织冗余的中介作用》，《科研管理》2018 年第 1 期。

⑥ Bentley，F. S.，Kehoe，R. R.，"Give Them Some Slack—They're Trying to Change! The Benefits of Excess Cash，Excess Employees，and Increased Human Capital in the Strategic Change Context"，*Academy of Management Journal*，Vol. 63，No. 1（2020），pp. 181−204.

成的冲击，在企业内部形成相对宽松的创新环境（高孟立，2017）①。上市公司既可以运用丰富资源降低时间和经济成本，提高企业创新的资源整合能力，保证创新时效；也可以利用冗余资源为员工提供较高的福利待遇及优质的工作环境，补充与创新相关的绩效奖励，从而调动员工参与技术创新的积极性，多方面强化创新动力（徐向艺等，2020）②。此外，由于组织冗余为企业提供了额外的资源，企业能够在外部竞争中占据优势，且容易利用该部分资源对外吸引相关组织进行合作，在资源互补的条件下形成研发联盟，在沟通学习的环境中提升创新水平（孙垠等，2020）③。对管理层来说，丰富的冗余资源能够赋予管理者更多、更灵活的资源支配权，有效缓解管理者创新决策中的资源压力，使其在面对创新难题时更有自信和决心提高企业的创新成功率（唐朝永等，2019）④。

通过以上论述可知，母子公司高管协同能够降低母子公司间的信息不对称程度，增强母子公司间的信任感，促使母公司向上市公司输入有形资源和无形资源，形成上市公司的组织冗余，为上市公司技术创新行为提供重要保障，有助于其更加从容地应对技术创新中的风险和挑战，增加创新活力和创新动力。

由此，提出如下假设：

H4-26：母子公司高管协同对上市公司组织冗余具有正向影响。

H4-27：组织冗余对上市公司技术创新行为具有正向影响。

H4-28：组织冗余在母子公司高管协同与上市公司技术创新行为关系中具有中介作用，即母子公司高管协同对上市公司技术创新行为的积极影响是

---

① 高孟立：《双元学习与服务创新绩效关系的实证研究——组织冗余与战略柔性的调节作用》，《科技管理研究》2017 年第 14 期。

② 徐向艺等：《民营上市公司组织冗余与创新投入的关系研究》，《山东大学学报（哲学社会科学版）》2020 年第 3 期。

③ 孙垠等：《技术动荡环境下的企业创新：基于组织冗余与学习的双重视角》，《系统管理学报》2020 年第 1 期。

④ 唐朝永等：《组织衰落如何影响组织创新：集权结构、冗余资源与环境丰腴性的作用》，《科技进步与对策》2019 年第 9 期。

通过提升上市公司组织冗余实现的。

（三）母子公司高管协同对上市公司技术创新行为影响路径中的调节作用

1. 产权性质的调节作用

在我国特殊经济体制下，国有企业具有双重属性，既是市场经济活动主体，又是政府参与和调控经济的重要工具（赵纯祥等，2019）[1]，与民营企业的治理逻辑、决策机制、战略目标存有较大差异。政府作为国有企业的大股东，赋予国有企业更多的社会责任，高管面临的决策也势必会受到政府政策的指引，甚至要服从政府的治理目标，承担非经济目标，如慈善捐赠、民生服务（闫伟宸等，2020）[2]。从委托代理的视角来看，由于国企的所有者是全体人民，不是一个人格化的利益主体，因而形成层层委托、层层代理的较长关系链，导致"终极控制权缺位"和"内部人控制"（谢军和王娃宜，2010[3]），使管理层拥有实际的控制权，较大程度上增加了管理者因个人私利而挥霍资源的可能。

因此，母子公司高管协同对组织冗余的影响可能会因为产权性质的特殊性而发生变化，具体表现在：首先，不同产权性质情境下高管在资源积累和储存上的作用存在差异。一般情况下，母子公司高管协同增强了兼任高管对上市公司治理和战略决策的干涉力度，便于其支配更多资源。然而在政府对政策性目标的要求下，兼任高管可能更倾向于带动上市公司管理层将资源用于社会形象管理，并非积累冗余资源［格什曼等（Gershman, et al.），2019][4]。其次，母公司的监督存在一定制约和可变性。相比于民营企业，国有企业复杂的代理问题制约了母公司对上市公司的监督和控制，当兼任高

① 赵纯祥等：《政策性负担、八项规定与国企高管隐性腐败治理》，《中南财经政法大学学报》2019 年第 1 期。

② 闫伟宸等：《国企性质、高管特征和投资效率》，《科研管理》2020 年第 8 期。

③ 谢军、王娃宜：《国有企业集团内部资本市场运行效率：基于双重代理关系的分析》，《经济评论》2010 年第 1 期。

④ Gershman, M., et al., "Open Innovation in Russian State-owned Enterprises", *Industry and Innovation*, Vol. 26, No. 2 (2019), pp. 199-217.

管在协同网络中获取较多关系时更容易滋生政治动机，考虑自己在任职过程中如何得到政治晋升，甚至可能会将组织未被使用的资源用于建立个人关系网络（陈承等，2019）①。为满足自身对相互关系这一高层次需求，并在更广泛的关系中取得支持以促进自身发展［哈恩和阿尔特曼（Han and Altman），2009］②，高管会倾向于减少组织冗余的积累。

基于以上分析，提出如下假设：

H4-29：产权性质在母子公司高管协同与上市公司组织冗余的关系中存在调节作用，具体表现为：与民营企业集团相比，国有企业集团中母子公司高管协同对上市公司组织冗余的正向影响更弱。

2. 高管任期的调节作用

高层梯队理论认为管理者所具有的价值观和背景特征（年龄、专业、任职期限、性别、经历）在很大程度上影响其决策倾向［弗拉译和格林（Fraser and Greene），2006］③。高管通常会基于自身对所处战略情境的理解进行决策，而这种理解是在任期中日积月累形成的，反映了高管的管理经验、心理状态和行为方式（宋铁波等，2020）④。处于不同任职阶段的高管对组织内外部环境存在认知差异，可能会采用不同的管理方式和方法解决经营问题［蒂瓦里和艾哈迈德（Tiwari and Ahamed），2018］⑤，进而影响组织冗余与技术创新行为的相关关系。

具体来说，在任期较短的阶段，管理者因希望快速融入企业，获得各方支持和信任，而表现出积极主动的管理态度，在不断尝试和努力中打开局

---

① 陈承等：《国企高管薪酬与企业社会责任——组织冗余与市场化进程的调节作用》，《中国软科学》2019 年第 6 期。

② Han, Y., Altman, Y., "Supervisor and Subordinate Guanxi: A Grounded Investigation in the People's Republic of China", *Journal of Business Ethics*, Vol. 88, No. 1（2009），pp. 91-104.

③ Fraser, S., Greene, F. J., "The Effects of Experience on Entrepreneurial Optimism and Uncertainty", *Economica*, Vol. 73, No. 290（2006），pp. 169-192.

④ 宋铁波等：《高管团队特征视角下的 CEO 任期与企业研发投入——基于中小板上市公司的实证分析》，《科技管理研究》2020 年第 2 期。

⑤ Tiwari, A. K., Ahamed, N., "Executive Tenure and Firm Performance: An Empirical Examination of The Indian Corporate Landscape", *Advances in Decision Sciences*, Vol. 22, No. 1（2018），pp. 321-350.

面。短期内高管对公司内部错综复杂的关系也并不了解，更有动力作出战略规划和决策。在这种情境中，高管可能会通过改善生产、改良产品以展示自己的才能，或在组织结构和员工管理方面作出改进，帮助企业更快识别机会，选择较好的发展道路（张兆国等，2020）[①]，为组织冗余发挥对企业技术创新行为的积极影响提供良好的管理环境。相反，随着任期逐渐延长，管理者长时期经营同一个企业会降低工作兴趣和热情，倾向于抵制改变、消极管理（孟祥展等，2018）[②]。与此同时，考虑到长期以来企业与利益相关者建立了良好联系，管理团队更希望维持稳定，以保守的态度经营，不愿意耗费时间和精力选择新的合作伙伴。这就降低了企业对外部信息的敏感度，减少了合作渠道，会削弱组织冗余对技术创新行为的正向影响。

基于以上分析，提出如下假设：

H4-30：高管任期在组织冗余与上市公司技术创新行为的关系中存在调节作用，具体表现为：高管任期越长，组织冗余对上市公司技术创新行为的正向影响越弱。

三、实证设计

（一）样本选择与数据来源

本书的研究对象为隶属于企业集团的制造业上市公司，实证分析中使用的数据均为二手数据，主要取自国泰安数据库。样本和数据的收集步骤如下：首先，本研究参考卡尼等（Carney，et al.，2009）[③]、徐鹏和白贵玉（2019）[④] 对集团隶属企业的划分依据，对我国沪深股票市场所有 A 股制造业上市公司进行样本的初步选取；其次，样本观测区间界定为 2014—2018

[①]　张兆国等：《高管任期、企业技术创新与环境绩效实证研究——以新环保法施行为事件窗口》，《科技进步与对策》2020 年第 12 期。

[②]　孟祥展等：《外聘 CEO 职业经历、任期与公司经营战略变革的关系》，《管理评论》2018 年第 8 期。

[③]　Carney，M.，et al.，"Business Group Performance in China：Ownership and Temporal Considerations"，*Management and Organization Review*，Vol. 5，No. 2（2009），pp. 167-193.

[④]　徐鹏、白贵玉：《动态竞争视角下制度环境与企业技术创新——来自企业集团框架内上市公司的经验证据》，《财经科学》2019 年第 10 期。

年，剔除观测期内被标记 ST、*ST 或被停止上市的公司。最终获得 773 家上市公司连续五年组成的 3642 组有效样本。

（二）变量定义与测量

母子公司高管协同（ES）。参考徐鹏等（2020）[①] 的测量方法，将上市公司高管在母公司兼任高管的人数与上市公司高管总人数的比值来衡量母子公司之间的高管协同程度。需要说明的是，本书中"高管"的范围基于广义的概念进行界定，包括公司的董事会成员、总经理、副总经理、财务负责人、董事会秘书和公司章程规定的其他管理人员。

上市公司技术创新行为（RD）。参考冯戈坚和王建琼（2019）[②] 的测量方法，用研发投入占营业收入之比测量企业技术创新行为。研发投入衡量了企业对技术创新行为的支持力度，RD 指标越高，说明企业技术创新行为越多。

上市公司组织冗余（OS）。参考蒋春燕和赵曙明（2004）[③] 以及段海艳（2012）[④] 的测量方法，选择将流动比率、资产负债率与费用收入比的平均值作为组织冗余的测量指标。其中，流动比率 = 流动资产/流动负债，用于衡量企业流动资产在短期债务到期之前可以变为现金以偿还负债的能力，该指标越大说明企业待利用资源越充足；资产负债率 = 负债总额/资产总额，用于衡量企业利用债权人提供资金进行经营活动的能力，该指标越大说明企业可提供给技术创新的资金越多；费用收入比 = （销售费用+管理费用+财务费用）/营业收入，该指标反映了被融入企业体系的冗余资源。

产权性质（PN）。将其设置为虚拟变量，国有企业集团取值为"1"，非国有企业集团取值为"0"。

---

① 徐鹏等：《母子公司高管协同配置：表现形式、理论逻辑与整合研究框架》，《经济与管理评论》2020 年第 5 期。

② 冯戈坚、王建琼：《企业创新活动的社会网络同群效应》，《管理学报》2019 年第 12 期。

③ 蒋春燕、赵曙明：《组织冗余与绩效的关系：中国上市公司的时间序列实证研究》，《管理世界》2004 年第 5 期。

④ 段海艳：《连锁董事、组织冗余与企业创新绩效关系研究》，《科学学研究》2012 年第 4 期。

高管任期（LD）。参考殷治平和张兆国（2016）[1] 的测量方法，将高管团队成员任职平均期限也即既有期限作为高管任期的测量指标。与之不同的是，考虑到高管可能身兼多职且存在职位调换的情况，本书将"成员作为高管在企业工作的最早日期"与"其最后离任高管的日期"相减，得出高管任职天数。这样能较好反映高管在企业内的时间长短以判断其认知与行为方式受到企业影响的程度。之后，将计算好的数据取对数处理，一定程度上消除异方差。

结合已有研究，本书还选择了一些可能影响上市公司技术创新行为的变量作为控制变量，包括公司规模（Size）、企业盈利能力（ROE）、CEO 变更（AL）、董事会规模（BS）、风险承担倾向（Risk）、前期创新绩效（PT）、高管薪酬（LP）和高管年龄（LA）。由于目前较多研究表明创新与企业绩效之间的关系属于非线性（李显君等，2018）[2]，企业盈利能力（ROE）的平方引入模型作为控制变量，以提高模型整体的准确性。各变量名称及测量方式见表 4-42。

表 4-42 变量定义与衡量

变量名称	代码	测量方式
母子公司高管协同	ES	上市公司高管在母公司兼任高管的人数与上市公司高管总人数的比值
上市公司技术创新行为	RD	研发投入占营业收入之比
上市公司组织冗余	OS	流动比率、资产负债率与费用收入比的平均数
产权性质	PN	虚拟变量，国有企业集团记为"1"，民营企业集团记为"0"
公司规模	Size	公司年末总资产的自然对数
CEO 变更	AL	虚拟变量，存在 CEO 变更记为"1"，不存在记为"0"

---

① 殷治平、张兆国：《管理者任期、内部控制与战略差异》，《中国软科学》2016 年第 12 期。

② 李显君等：《中国上市汽车公司所有权属性、创新投入与企业绩效的关联研究》，《管理评论》2018 年第 2 期。

续表

变量名称	代码	测量方式
盈利能力	ROE	公司年末净资产收益率＝企业当年净利润/股东权益平均余额
董事会规模	BS	董事会人数
风险承担倾向	Risk	长期负债各项目之和
前期创新绩效	PT	前一年的专利申请数量
高管薪酬	LP	高管薪酬平均值的自然对数
高管年龄	LA	高管年龄平均值的自然对数
高管任期	LD	高管任期平均值的自然对数

（三）模型设计

模型（4-28）：$RD = c + \sum b_j Control + a_1 ES + \varepsilon$

模型（4-29）：$OS = c + \sum b_j Control + a_1 ES + \varepsilon$

模型（4-30）：$RD = c + \sum b_j Control + a_1 OS + \varepsilon$

模型（4-31）：$RD = c + \sum b_j Control + a_1 OS + a_2 ES + \varepsilon$

模型（4-32）：$OS = c + \sum b_j Control + a_1 ES + a_2 PN + a_3 PN \times ES + \varepsilon$

模型（4-33）：$RD = c + \sum b_j Control + a_1 OS + a_2 LD + a_3 LD \times OS + \varepsilon$

其中，c 为截距项，b_j 代表了回归模型中各控制变量的系数，j 为横截面个体，$Control$ 为控制变量组，ε 代表随机扰动项。通过以上模型可以对本书所提出的假设进行检验。模型（4-28）为母子公司高管协同对上市公司技术创新行为的回归模型，可以检验假设 H4-25；模型（4-29）为母子公司高管协同对上市公司组织冗余的回归模型，可以检验假设 H4-26；模型（4-30）为组织冗余对上市公司技术创新行为的回归模型，可以检验假设 H4-27；模型（4-31）在模型（4-28）的基础上加入了上市公司组织冗余，可以检验假设 H4-31，即上市公司组织冗余的中介作用；模型（4-32）在模型（4-29）的基础上加入了产权性质与母子公司高管协同的乘积项，用于检验假设 H4-29，即产权性质的调节作用；模型（4-33）在模型（4-30）的基础上加入了高管任期与上市公司组织冗余的乘积项，用于检验假设 H4-30，即高管任期的调节作用。

四、数据分析与结果

（一）描述性统计分析

首先对主要变量进行分年度的描述性统计，得到变量的均值、标准差、极小值、极大值，结果见表4-43。从观测期间标准差的变化趋势以及极值可以看出，母子公司高管协同在企业集团间的应用程度不同，且差异化程度有扩大趋势。上市公司技术创新行为的均值、标准差、极大值与极小值之差都处于总体上升状态。从组织冗余方面的统计结果可以看出，五年间极小值为0.289，说明组织冗余在所有样本企业中普遍存在。产权性质的均值在0.48—0.5之间，说明国有企业集团与非国有企业集团的样本数量相差不大。高管任期的数据中，均值逐渐降低，可见样本企业中高管任职期限有缩减趋势。

表 4-43 描述性统计结果

年份	变量	均值	标准差	极小值	极大值
2014	母子公司高管协同（ES）	0.174	0.110	0.000	0.583
	上市公司技术创新行为（RD）	3.446	2.839	0.003	23.99
	上市公司组织冗余（OS）	0.987	1.424	0.306	24.652
	产权性质（PN）	0.490	0.500	0.000	1.000
	高管任期（LD）	8.013	0.195	7.303	8.536
2015	母子公司高管协同（ES）	0.176	0.117	0.000	0.583
	上市公司技术创新行为（RD）	3.653	3.155	0.000	29.080
	上市公司组织冗余（OS）	0.899	0.779	0.308	12.046
	产权性质（PN）	0.488	0.500	0.000	1.000
	高管任期（LD）	7.926	0.209	7.171	8.564

年份	变量	均值	标准差	极小值	极大值
2016	母子公司高管协同（ES）	0.174	0.122	0.000	0.583
	上市公司技术创新行为（RD）	3.763	3.652	0.000	46.72
	上市公司组织冗余（OS）	0.907	0.705	0.328	9.792
	产权性质（PN）	0.486	0.500	0.000	1.000
	高管任期（LD）	7.824	0.232	7.064	8.457
2017	母子公司高管协同（ES）	0.173	0.120	0.000	0.583
	上市公司技术创新行为（RD）	3.584	2.963	0.003	33.13
	上市公司组织冗余（OS）	0.910	0.889	0.312	15.024
	产权性质（PN）	0.484	0.500	0.000	1.000
	高管任期（LD）	7.704	0.254	6.894	8.448
2018	母子公司高管协同（ES）	0.170	0.119	0.000	0.632
	上市公司技术创新行为（RD）	3.927	3.938	0.000	58.820
	上市公司组织冗余（OS）	0.902	1.136	0.289	20.403
	产权性质（PN）	0.494	0.500	0.000	1.000
	高管任期（LD）	7.572	0.302	6.233	8.354

资料来源：作者整理。

（二）面板数据回归分析

按照上文所设计的模型，运用 Stata 进行面板数据回归分析。相比于截面数据与时间序列数据，运用面板数据回归分析有利于克服变量之间的多重共线性，既能解决由遗漏变量带来的内生性问题，也能显著减少误差项序列相关性与异方差性等问题，提高模型的准确性和计量经济估计的有效性（徐宁和徐向艺，2012）①。回归分析具体结果如表 4-44 和表 4-45 所示。

---

① 徐宁、徐向艺：《控制权激励双重性与技术创新动态能力——基于高科技上市公司面板数据的实证分析》，《中国工业经济》2012 年第 10 期。

表 4-44 回归分析结果——中介效应

变量	RD 模型（4-28）	OS 模型（4-29）	RD 模型（4-30）	RD 模型（4-31）
常数项	-0.698 (-0.16)	4.094*** (4.38)	-1.976 (-0.45)	-2.022 (-0.46)
BS	0.017 (0.51)	-0.004 (-0.64)	0.018 (0.55)	0.018 (0.55)
AL	0.040 (0.70)	-0.011 (-0.89)	0.035 (0.61)	0.044 (0.76)
Size	-0.146* (-1.66)	-0.125*** (-6.83)	-0.100 (-1.13)	-0.107 (-1.21)
PT	0.351* (1.81)	-0.013 (-0.31)	0.365* (1.89)	0.356* (1.84)
ROE	-2.141*** (-7.55)	0.081 (1.35)	-2.137*** (-7.56)	-2.163*** (-7.65)
ROE^2	-1.082*** (-2.78)	0.116 (1.43)	-1.092*** (-2.81)	-1.121*** (-2.89)
Risk	-0.117 (-1.46)	0.031* (1.90)	-0.124 (-1.54)	-0.127 (-1.59)
LP	0.394*** (4.25)	0.035* (1.77)	0.371*** (4.02)	0.381*** (4.12)
LA	1.480 (1.41)	-0.184 (-0.83)	1.527 (1.46)	1.557 (1.49)
LD	-0.546*** (-4.42)	-0.029 (-1.09)	-0.515*** (-4.21)	-0.539*** (-4.37)
ES	0.709* (1.77)	0.192** (2.27)		0.645 (1.61)
OS			0.335*** (3.57)	0.329*** (3.50)
R^2	0.052	0.026	0.056	0.057
F/Wald 检验	11.869***	6.039***	12.793***	11.951***
Hausman 检验	采用固定效应 (Chi^2 = 48.934 p = 0.000)	采用固定效应 (Chi^2 = 58.419 p = 0.000)	采用固定效应 (Chi^2 = 58.699 p = 0.000)	采用固定效应 (Chi^2 = 60.143 p = 0.000)

资料来源：作者整理。

表 4-45　回归分析结果——调节效应

变量	OS 模型（4-32）	RD 模型（4-33）
常数项	3.876*** (4.15)	-9.202** (-2.00)
BS	0.001 (0.08)	0.018 (0.56)
AL	-0.006 (-0.46)	0.035 (0.60)
Size	-0.126*** (-6.83)	-0.097 (-1.11)
PT	-0.009 (-0.22)	0.384** (2.00)
ROE	0.085 (1.41)	-2.107*** (-7.50)
ROE^2	0.050 (0.60)	-1.152*** (-2.98)
Risk	0.031* (1.89)	-0.119 (-1.49)
LP	0.034* (1.73)	0.391*** (4.25)
LA	-0.142 (-0.64)	1.426 (1.37)
LD	-0.026 (-0.97)	
ES	0.395*** (2.99)	
OS		9.281*** (5.29)
PN	0.005 (0.07)	
LD		0.407* (1.87)
PN×ES	-0.331** (-1.97)	

续表

变量	OS 模型（4-32）	RD 模型（4-33）
LD×OS		-1.135^{***} (-5.11)
R^2	0.028	0.066
F/Wald 检验	5.422^{***}	14.022^{***}
Hausman 检验	采用固定效应 $(\mathrm{Chi}^2 = 59.815\quad p = 0.000)$	采用固定效应 $(\mathrm{Chi}^2 = 62.785\quad p = 0.000)$

注：*** 表示 $p<0.01$，** 表示 $p<0.05$，* 表示 $p<0.1$；括号内为 t 值；Hausman 检验准则：p 大于 0.05 则接受原假设，意味着模型为随机效应模型，否则拒绝原假设，采用固定效应模型；Hausman 设定检验无法判别的模型，采用随机效应模型。

资料来源：作者整理。

模型（4-28）中的 Hausman 检验 $p<0.05$，说明应采用固定效应模型。固定效应模型 F=11.869，且通过显著性检验，$R^2=0.052$。解释变量母子公司高管协同的回归系数为 0.709，且 $p<0.1$，说明母子公司高管协同对上市公司技术创新行为有显著的正向影响，假设 H4-25 得证。

模型（4-29）中的 Hausman 检验 p 值为 0.000，小于 0.05，说明应采用固定效应模型。固定效应模型 F=6.039，且通过显著性检验，$R^2=0.026$。解释变量母子公司高管协同的回归系数为 0.192，且 $p<0.05$，说明母子公司高管协同对上市公司组织冗余有显著的正向影响，假设 H4-26 得证。

模型（4-30）中的 Hausman 检验 p 值为 0.000，小于 0.05，说明应采用固定效应模型。固定效应模型 F=12.793，且通过显著性检验，$R^2=0.056$。解释变量组织冗余的回归系数为 0.335，且 $p<0.01$，说明组织冗余对上市公司技术创新行为有显著的正向影响，假设 H4-27 得证。

模型（4-31）中的 Hausman 检验结果仍显示采用固定效应模型。固定效应模型 F=11.951，且通过显著性检验，$R^2=0.057$。中介变量上市公司组织冗余回归系数为 0.329，且 $p<0.01$，解释变量母子公司高管协同的回归系数为 0.645。与模型（4-28）的回归结果比较发现，当模型中加入中介变量上市公司组织冗余后，母子公司高管协同的回归系数没有通过显著性检验，

说明上市公司组织冗余在母子公司高管协同与上市公司技术创新行为的关系中起到了完全中介作用，假设 H4-28 得证。

观察模型（4-32）的回归数据发现，当调节变量产权性质与解释变量母子公司高管协同的乘积项引入模型后，Hausman 检验结果仍显示应采用固定效应模型 F=5.422，且通过显著性检验，$R^2=0.028$，说明模型有效。乘积项的回归系数为 -0.331，$p<0.05$，通过显著性检验。按照调节作用的检验标准，若乘积项显著，则说明调节变量在主效应之中存在显著调节作用。所以，此模型的回归数据验证了产权性质在母子公司高管协同与上市公司组织冗余的关系中具有调节作用。结合解释变量与乘积项回归系数的符号进行判定可知：相比于民营企业集团，国有企业集团中母子公司高管协同对上市公司组织冗余的正向影响较弱。假设 H4-29 得证。

同样，当调节变量高管任期与上市公司组织冗余的乘积项引入模型后，模型（4-33）中的 Hausman 检验结果仍显示应采用固定效应模型 F=14.022，且通过显著性检验，$R^2=0.066$，模型有效。乘积项回归系数为 -1.135，$p<0.01$，说明调节作用显著。结合解释变量与乘积项回归系数的符号进行判定可知：高管任期越长，组织冗余对上市公司技术创新行为的正向影响越弱。假设 H4-30 得证。

五、研究结论与管理启示

（一）研究结论

本书以我国制造业上市公司为研究对象，分析了集团框架内母子公司高管协同对上市公司技术创新行为的影响机理，以及影响路径中的中介机制和调节机制，主要结论如下：第一，母子公司高管协同对上市公司技术创新行为具有正向影响；第二，母子公司高管协同能够增加上市公司冗余资源；第三，母子公司高管协同通过增加组织冗余来促进上市公司技术创新；第四，相对于民营企业集团，国有企业集团中母子公司高管协同对上市公司组织冗余的正向影响更弱；第五，高管任期在组织冗余与上市公司技术创新行为的关系中存在调节效应，即高管任期越长，组织冗余对上市公司技术创新行为的正向影响越弱。

（二）管理启示

首先，实践中进行母子公司治理机制设计时应重视高管协同的积极治理作用，利用双重身份的高管实现集团内部协同，改变"集而不团"的现象。高管协同为母子公司交互提供了更直接的渠道，出于信任母公司会给予上市公司一定资源开展技术创新，母子公司间的良好关系能够增强集团整体的凝聚力以及规模效应。因此，（1）对上市公司来说，应主动利用高管协同加强与母公司沟通交流，建立无形的近距离优势，在相互关注和理解的基础上提高企业创造力。（2）兼任高管的桥梁作用是整个治理机制的关键，集团总部应加强对高管的管理和监督，设置特定的绩效考核指标和激励方案，避免产生因个人私利而损害集团利益的现象，尤其是通过关联网络积累个人资源。（3）不同产权性质的企业集团应实施差别化的母子公司高管协同，充分考虑中国特殊经济体制下国有企业集团的特殊性。

其次，技术创新是企业追求效率、不断适应经济发展的结果，面临风险和不确定性，上市公司需要获得母公司的资源支持，因而集团总部应全面认识技术创新的价值和重要性。（1）资源是企业技术创新的生命之水，能够给予创新活力，救助企业于生死关头、危难之际。为保证上市公司技术创新的顺利进行，母公司应科学合理地配置资源，为上市公司创造优越的资源条件，包括资金、人员、知识等。（2）高管任期是影响战略决策的重要因素，消极心态会损耗企业资源，降低创新效率。所以，企业应做好高管调配和内部控制工作，制定合理的高管任期，优化团队构成以提高管理绩效。

本章小结

本章主要从母公司隧道行为、上市公司现金股利政策、上市公司董事高管责任保险、上市公司内部控制质量、上市公司治理稳定性、上市公司产业AI 转型和上市公司技术创新行为七个方面对母子公司高管协同配置的直接治理效应进行了探究，研究发现，母子公司高管协同配置会弱化公司治理过程中的隧道行为，母子公司高管协同配置对上市公司现金股利政策有正向影响，母子公司董事高管协同配置对上市公司购买董责险具有负向影响，母子公司高管协同配置能够提高上市公司内部控制质量，母子公司高管协同配置对 CEO 职位稳定性和股东利益稳定性的作用效果存在门限效应，只有在高管协同配置程度高于一定门限阈值时，母子公司高管协同配置的存在才能够提升 CEO 职位稳定性和保障股东利益稳定性，母子公司高管协同配置有助于提升上市公司的价值成长稳定性，母子公司高管协同配置能够促进上市公司 AI 转型，母子公司高管协同通过增加组织冗余来促进上市公司技术创新。

　　同时，相关研究还考察了以上关系在外部环境、产权性质及其他内部治理机制不同时的权变性。总体表明，母子公司高管协同配置在母子公司治理体系中发挥着重要治理作用，并且在不同情境下治理作用发挥的程度存在一定差异。据此，本章提出了完善母子公司治理机制的多项政策建议，以期推动上市公司乃至企业集团持续健康发展。

第 五 章

母子公司高管协同配置的情境作用研究

母子公司高管协同配置作为企业集团框架内母子公司治理机制的特殊要素，不仅会对上市公司的战略决策和经营行为产生直接作用，还会作为特殊治理情境与其他要素一起对公司行为产生交互影响。为此，本书进一步分析母子公司高管协同配置对"上市公司绩效困境与母公司减持行为关系的影响"、"上市公司业绩压力与环境信息披露关系的影响"、"上市公司业绩表现与数字化转型关系的影响"和"学者型 CEO 与上市公司 AI 转型关系的影响"四方面关系逻辑的调节作用，该研究有利于集团公司在实施母子公司高管协同配置过程中依据内部特征和外部环境权变选择协同形式与相机设计治理机制，做到有的放矢。

第一节　母子公司高管协同配置对上市公司绩效
困境与母公司减持行为关系的影响①

一、问题的提出

绩效困境是指企业因实际经营绩效未达到甚至远低于期望水平而导致的令人失望的状态（李溪等，2018）②，现有研究从不同理论视角出发，探讨

①　本节部分内容发表于《经济与管理评论》2022 年第 2 期。
②　李溪等：《制造企业的业绩困境会促进创新吗——基于期望落差维度拓展的分析》，《中国工业经济》2018 年第 8 期。

了管理者在面对绩效困境时管理动机的变化以及经营决策选择的规律性。基于冒险探索动机的研究认为，如果决策者感知到负面绩效反馈，会选择通过战略变革尝试"破局"[鲁迪和约翰逊（Rudy and Johnson），2016①；德赛（Desai），2016②；陈志军等，2018③]，如实施技术创新[特沃斯基和卡内曼（Tversky and Kahneman），1979④、对产品重新定位以应对不断变化的市场环境等[格林耶和麦基尔南（Grinyer and McKiernan），1990⑤；卢卡斯等（Lucas，et al.），2018⑥；连燕玲等，2014⑦]。而基于风险规避动机的研究则认为决策者面对绩效困境会更倾向于采取保守审慎态度，放弃实施变革行为，加强资源保护与控制从而规避更大程度的风险[森格尔和奥布洛尔（Sengul and Obloj），2017⑧；贺小刚等，2017⑨]。

现有研究从代理人视角对绩效困境时管理者的决策行为进行了诸多有益探索，延展了绩效困境的内涵与应对策略，深化并丰富了该领域理论框架。但是，从委托人视角探求控股股东面对上市公司绩效困境时决策倾向的研究尚显不足，考虑到控股股东为自然人、公司或政府与事业单位等不同类型

① Rudy, B.C., Johnson, A.F., "Performance, Aspirations, and Market Versus Nonmarket Investment", *Journal of Management*, Vol. 42, No. 4 (2016), pp. 936-959.

② Desai, V.M., "The Behavioral Theory of the (Governed) Firm: Corporate Board Influences on Organizations' Responses to Performance Shortfalls", *Academy of Management Journal*, Vol. 59, No. 3 (2016), pp. 860-879.

③ 陈志军等：《绩效下滑会驱动子公司创新吗》，《南开管理评论》2018 年第 5 期。

④ Tversky, A., Kahneman, D., "Prospect Theory: An Analysis of Decision Under Risk", *Econometrica*, Vol. 47, No. 2 (1979), pp. 263-291.

⑤ Grinyer, P., McKiernan, P., "Generating Major Change in Stagnating Companies", *Strategic Management Journal*, Vol. 11, No. 5 (1990), pp. 131-146.

⑥ Lucas, G.J.M., et al., "Contradictory Yet Coherent? Inconsistency in Performance Feedback and R&D Investment Change", *Journal of Management*, Vol. 44, No. 2 (2018), pp. 658-681.

⑦ 连燕玲等：《业绩期望差距与企业战略调整——基于中国上市公司的实证研究》，《管理世界》2014 年第 11 期。

⑧ Sengul, M., Obloj, T., "Better Safe Than Sorry: Subsidiary Performance Feedback and Internal Governance in Multiunit Firms", *Journal of Management*, Vol. 43, No. 8 (2017), pp. 2526-2554.

⑨ 贺小刚等：《经营困境下的企业变革："穷则思变"假说检验》，《中国工业经济》2017 年第 1 期。

时，治理倾向和治理规律存在很大差异，尤其是当控股股东为公司制企业时，母子公司制组织结构的层级性会使委托人的治理动机和治理方式存在更大的模糊性。母公司面对绩效困境中的上市公司，会保持一种"挽狂澜、扶大厦"的态度，与上市公司携手共渡难关，还是会"悬崖勒马"，通过减持股份避免投资损失进一步扩大？基于以上思考，本书以我国隶属于企业集团的上市公司为研究对象，对绩效困境时母公司风险偏好决策的理论逻辑与表现形式进行研究。

与已有文献相比，本书可能的贡献在于：一是跳出以往研究对代理人行为规律的分析，考察上市公司处于绩效困境时，母公司作为委托人的决策逻辑，进一步拓展了委托代理理论在我国企业集团情境下的分析范式与研究视域。二是聚焦于母子公司治理情境，验证并明晰了集团框架内母子公司高管协同配置这一治理要素的作用机理，可以为实践中母子公司治理机制的完善和优化提供一定的借鉴与启示。

二、理论分析与研究假设

（一）上市公司绩效困境与母公司减持行为

一般情况下，上市公司因为具有较强的盈利能力和经营实力，往往在企业集团中占据重要战略地位（韩鹏飞等，2018）[1]。信号传递理论认为，成长性良好的上市公司可以向外界传递企业集团经营实力较强的积极信号，更容易从外界获取相关资源，拓宽融资渠道。而如果内部经营不善，甚至陷入绩效困境，也会传递出上市公司经营状况不佳、资金紧张的消极信号，股价将面临较大下滑风险（陈志军等，2018）[2]。母公司作为上市公司的控股股东，投资收益在一定程度上取决于上市公司的业绩表现。鉴于上市公司在企业集团中的特殊地位，上市公司处于绩效困境的信号经过资本市场的传递，不仅会对母公司造成直接的投资收益损失，还会对企业集团的整体收益和良

---

① 韩鹏飞等：《企业集团运行机制研究：掏空、救助还是风险共担?》，《管理世界》2018 年第 5 期。

② 陈志军等：《绩效下滑会驱动子公司创新吗》，《南开管理评论》2018 年第 5 期。

性发展带来冲击。因此，当上市公司处于绩效困境时，母公司可能会通过调整持股比例应对潜在风险，具体逻辑如下：

首先，不同于单体公司，母子公司处在多层级控制链条的代理关系中，信息不对称使得母公司对上市公司的监督力度有限，难以获知上市公司战略决策的全部信息，这种利益"隔阂"与信息"迷雾"的存在，使得母公司难以对上市公司绩效困境的原因及状态进行正确评估，不仅难以作出相应的"脱困"决策，反而增强了母公司对未知风险的敏感性和厌恶程度，由此母公司倾向于作出风险规避决策，即减持上市公司股份。

其次，母子公司治理的权利责任非对称性划定了母公司的责任边界，母公司可以凭借控制权的非平衡性使自身获得控制权共享收益（徐宁等，2019）①，而且受限于我国企业集团特殊的制度演进背景，金字塔结构下母公司往往具备与收益权不对等的控制权，第二类代理问题较为严重，母公司攫取私有收益的动机也更为明显（冯根福，2004）②。当上市公司陷入绩效困境时，意味着母公司所享有的控制权共享收益下降，甚至还可能面临较高程度的损失，此时受掏空动机的驱使，母公司自身风险敏感度上升，更倾向于通过减持现有股票以规避自身风险。

基于以上分析，提出如下假设：

H5-1：上市公司绩效困境对母公司减持行为具有正向影响，即上市公司绩效困境越严重，母公司越倾向于作出减持决策。

（二）母子公司高管协同配置在上市公司绩效困境与母公司减持行为关系中的调节作用

作为集团框架内母子公司治理结构的组合要素，母子公司高管协同配置主要是指董事会和经理层在内的高管人员同时在母公司和上市公司中任职的一种状态，是企业集团获取竞争优势、提高集团化运营效率的重要途径和安

---

① 徐宁等：《"能者居之"能够保护子公司中小股东利益吗——母子公司"双向治理"的视角》，《中国工业经济》2019年第11期。
② 冯根福：《双重委托代理理论：上市公司治理的另一种分析框架——兼论进一步完善中国上市公司治理的新思路》，《经济研究》2004年第12期。

排（徐鹏等，2020）①，也会影响上市公司绩效困境与母公司减持行为的关系，具体逻辑如下：

首先，当上市公司陷入绩效困境时，高管协同配置形成的兼职高管可以作为母子公司信息获取与传递的重要渠道（晏国菀和谢光华，2017）②，能够有效提高母子公司间尤其是母公司对上市公司经营状况的了解程度，这类高管利用兼职身份可以帮助母公司获得更多上市公司发展战略、财务状况和技术资源等相关的私有信息（韩洁等，2014）③，并且更能确保信息的真实性与可靠性。因此，母子公司高管协同配置不仅可以帮助母公司获取有关上市公司经营行为的"显性信息"，同时还能获得有关上市公司较多的异质性的"隐性信息"（陈仕华等，2013）④，通过发挥信息渠道作用拨开上市公司"信息迷雾"，缓解母子公司间的信息不对称问题，从而降低母公司对上市公司的风险敏感度和持股策略的审慎程度。

其次，一般情况下，兼职高管具备更强的管理能力和相对丰富的管理经验，能够通过提高上市公司财务报告质量准确进行盈余预测［鲍伊克等（Baik, et al.），2011］⑤ 以及实施合理税收规划等途径提升上市公司的合规性和价值创造水平［凯斯特等（Koester, et al.），2017⑥；蔡卫星等，2019⑦；希尔曼和达尔齐尔（Hillman and Dalziel），2003⑧］。母子公司高管协同配置

---

① 徐鹏等：《母子公司高管协同配置：表现形式、理论逻辑与整合研究框架》，《经济与管理评论》2020 年第 5 期。

② 晏国菀、谢光华：《董事联结、董事会职能与并购绩效》，《科研管理》2017 年第 9 期。

③ 韩洁：《连锁董事与并购目标选择：基于信息传递视角》，《管理科学》2014 年第 2 期。

④ 陈仕华等：《董事联结、目标公司选择与并购绩效——基于并购双方之间信息不对称的研究视角》，《管理世界》2013 年第 12 期。

⑤ Baik, B. O. K., et al., "CEO Ability and Management Earnings Forecasts", *Contemporary Accounting Research*, Vol. 28, No. 5 (2011), pp. 1645–1668.

⑥ Koester, A., et al., "The Role of Managerial Ability in Corporate Tax Avoidance", *Management Science*, Vol. 63, No. 10 (2017), pp. 3285–3310.

⑦ 蔡卫星等：《企业集团对创新产出的影响：来自制造业上市公司的经验证据》，《中国工业经济》2019 年第 1 期。

⑧ Hillman, A. J., Dalziel, T., "Boards of Directors and Firm Performance: Integrating Agency and Resource Dependence Perspectives", *Academy of Management Review*, Vol. 28, No. 3 (2003), pp. 383–396.

程度越高，上市公司在企业集团中的地位与价值越高，对母公司掏空行为的制衡与博弈能力越强，会进一步增加母公司的私利攫取成本。在此背景下，母公司会更加关注如何通过上市公司的持续成长获取共享收益，对上市公司绩效困境的容忍程度得以提升，减持倾向受到一定程度的抑制。

基于以上分析，提出如下假设：

H5-2：母子公司高管协同配置对上市公司绩效困境与母公司减持行为的关系具有负向调节作用，即母子公司高管协同配置程度越高，母公司对陷入绩效困境上市公司的减持行为倾向越弱。

（三）上市公司规模对母子公司高管协同配置调节作用的权变影响

公司规模不仅反映了劳动力、资金等在上市公司内部的集中程度与配置水平，还体现了上市公司的资金实力、运营成熟程度，以及组织结构的规范性，将通过以下途径影响母子公司高管协同配置对上市公司绩效困境与母公司减持行为关系的调节作用：

首先，规模较大的上市公司在运营状况等方面具有更高的信息透明度，内部经营情况也更容易被母公司所知晓［拉詹和津加莱斯（Rajan and Zingales)，1998]①，因此，母子公司高管协同配置更容易发挥信息渠道的作用，对"显性"与"隐性"信息的传递也更为迅速，进一步缓解母公司与上市公司之间存在信息"迷雾"问题，降低信息不对称程度和母公司风险敏感度，弱化母公司风险规避动机。其次，规模较大的上市公司意味着更高的资源丰裕度、更充沛的人力资源保障以及更便利的融资渠道（邹国平等，2015)②，协同配置高管可以凭借双重身份与管理才能使得上市公司在企业集团中占据更高地位，获得母公司更多的信任与支持（于长宏和原毅军，2017)③，弱化母公司的风险敏感性。因此，在规模较大的上市公司中，母

---

① Rajan, R., Zingales, L., "Financial Dependence and Growth", *Social Science Electronic Publishing*, Vol. 88, No. 3 (1998), pp. 559–586.

② 邹国平等：《我国国有企业规模与研发强度相关性研究》，《管理评论》2015 年第 12 期。

③ 于长宏、原毅军：《企业规模、技术获取模式与 RD 结构》，《科学学研究》2017 年第 10 期。

公司由于上市公司的绩效困境所产生的风险规避动机和减持决策会进一步削弱。

基于以上分析，提出如下假设：

H5-3：上市公司规模越大，母子公司高管协同配置对上市公司绩效困境与母公司减持行为关系的负向调节作用越强。

三、实证设计

（一）样本选择与数据来源

首先，本书将 2014 年作为样本观测起始年份，这是因为：2014 年，上海证券交易所制定并发布了《上市公司股东减持股份预披露事项（征求意见稿）》，文件作出"上市公司相关股东预计未来六个月内通过本所证券交易系统以集中竞价交易或大宗交易方式单独或者合并减持的股份，可能达到或超过上市公司已发行股份的 5%的，应当在首次减持前三个交易日通知上市公司并预先披露其减持计划。相关股东未披露减持计划的，任意连续六个月内减持股份不得达到或超过上市公司已发行股份的 5%"等规定。这些规定有利于增强股东减持行为的透明度，对股东减持决策也有一定影响。所以，基于数据可获得性和样本数量的考虑，将样本观测期间确定为 2014—2020 年。

其次，参考徐鹏和白贵玉（2019）[①] 的研究，在中国 A 股制造业上市公司中选取隶属于企业集团的上市公司作为初始样本，并在此基础上对样本观测期间发生过控股股东重大变更及重组行为的公司、ST 或 *ST 类公司、数据不全与严重缺失的公司进行剔除，最终获得了 4686 组数据。其中主要变量和控制变量数据来自国泰安数据库，为了消除极端值的影响，数据分析时对变量进行 1%的缩尾处理。

---

① 徐鹏、白贵玉：《动态竞争视角下制度环境与企业技术创新——来自企业集团框架内上市公司的经验证据》，《财经科学》2019 年第 10 期。

（二）变量定义与测量

母公司减持行为（RPC）。借鉴徐鹏等（2014）[①]的研究，以母公司持有上市公司股份比例的变化衡量母公司减持行为，具体计算方式为当年末母公司持有的上市公司股份比例与去年末持股比例的差值。

上市公司绩效困境（PD）。绩效困境反映了上市公司由于业绩表现不佳或者未达到预期所产生的一种困境状态，而资产回报率作为评估上市公司资产盈利能力的主要指标，可以直观地衡量企业的经营业绩状况。因此，参考相关研究［怀斯曼和戈每-梅日亚（Wiseman and Gomez-Mejia），1998］[②]以及闵亦杰等（2016）[③]的方法，采用逆向指标并使用以下方法计算：

$$PD = P_i - \alpha HA_i - (1 - \alpha)SA_i$$

其中，P_i 为 i 上市公司本年的总资产回报率，HA_i 为 i 上市公司历史绩效，SA_i 则为本年 i 上市公司所在行业平均绩效，α 则为权重，按照王菁（2014）[④]的做法，将其赋值为 0.5，该值越小，表明企业绩效困境越严重。

母子公司高管协同（ES）。母子公司高管协同配置体现了企业集团为了达到协同目标而采用的一种对高管进行协调与配置的治理结构。借鉴徐鹏等（2020）[⑤]的研究，首先对上市公司高管是否在母公司兼任的情况进行识别，随后手动计算整理上市公司在母公司兼任高管的数量与上市公司高管总人数的比值，得出的比值越大，说明母子公司高管协同配置程度越高，反之则越低。

公司规模（Size）。借鉴坎贝尔等（Campbell, et al., 2019）[⑥]的研究，

① 徐鹏等：《母公司持股、子公司管理层权力与创新行为关系研究——来自我国高科技上市公司的经验数据》，《经济管理》2014 年第 4 期。

② Wiseman, R. M., Gomez-Mejia, L. R., "A Behavioral Agency Model of Managerial Risk Taking", *Academy of Management Review*, Vol. 23, No. 1 (1998), pp. 133–153.

③ 闵亦杰等：《家族涉入与企业技术创新》，《外国经济与管理》2016 年第 3 期。

④ 王菁等：《期望绩效反馈效果对企业研发和慈善捐赠行为的影响》，《管理世界》2014 年第 8 期。

⑤ 徐鹏等：《母子公司高管协同配置：表现形式、理论逻辑与整合研究框架》，《经济与管理评论》2020 年第 5 期。

⑥ Campbell, R. J., et al., "Born to Take Risk? The Effect of CEO Birth Order on Strategic Risk Taking", *Academy of Management Journal*, Vol. 62, No. 4 (2019), pp. 1278–1306.

采用公司年末总资产的自然对数进行测量，然后按照中位数进行分组，大规模上市公司记为 1，小规模上市公司记为 0。

参考以往研究，本书选取了以下控制变量：股权集中度（EC）、股权制衡度（EB）、资本结构（CS）、董事会规模（BS）、盈利能力（ROE）、账面市值比（MB）、董事会独立性（Ind）、董事会领导权结构（Duality）、企业年龄（Age）和观测年份（Year）。具体指标的测量方式如表 5-1 所示。

表 5-1 变量定义与衡量

变量名称	代码	测量方式
母公司减持行为	RPC	年末母公司持有的上市公司股份比例与去年末持股比例的差值
上市公司绩效困境	PD	上市公司当年绩效减去经过赋值后的行业平均绩效和历史绩效
母子公司高管协同	ES	上市公司在母公司兼任高管数量与上市公司高管总人数的比值
公司规模	Size	上市公司年末总资产的自然对数，并按照中位数进行分组，大规模上市公司记为 1，小规模上市公司记为 0
股权集中度	EC	上市公司的母公司持股比例
股权制衡度	EB	上市公司第二大股东到第十大股东持股比例之和
资本结构	CS	上市公司年末资产负债率：负债总额/资产总额
董事会规模	BS	上市公司董事会人数
盈利能力	ROE	上市公司年末净资产收益率：净利润/股东权益平均余额
账面市值比	MB	上市公司总资产与公司市值的比值
董事会独立性	Ind	上市公司独立董事占总董事会人数的比例
董事会领导权结构	Duality	哑变量，上市公司董事长与总经理两职兼任取"1"，否则取"0"
企业年龄	Age	上市公司上市的年数
年份	Year	虚拟变量，观测样本年度属于该年度记为"1"，否则为"0"

（三）模型设计

为了验证本书的假设，设计以下多元回归模型：

模型（5-1）：$RPC = c + \sum_{j=1}^{10} b_j Control + \alpha_1 PD + \varepsilon$

模型（5-2）：$RPC = c + \sum_{j=1}^{10} b_j Control + \alpha_1 PD + \alpha_2 ES + \alpha_3 PD \times ES + \varepsilon$

模型（5-3）：$RPC = c + \sum_{j=1}^{10} b_j Control + \alpha_1 PD + \alpha_2 ES + \alpha_3 PD \times ES + \varepsilon$

（Size = 0）

模型（5-4）：$RPC = c + \sum_{j=1}^{10} b_j Control + \alpha_1 PD + \alpha_2 ES + \alpha_3 PD \times ES + \varepsilon$

（Size = 1）

其中，$Control$ 为控制变量组，c 为截距项，ε 代表随机扰动项，j 为各控制变量编号，b_j 代表了各控制变量的回归系数。模型（5-1）为上市公司绩效困境与母公司减持行为的回归模型，可以验证假设 H5-1；模型（5-2）在模型（5-1）的基础上加入了母子公司高管协同与上市公司绩效困境的乘积项，用来分析母子公司高管协同配置在上市公司绩效困境对母公司减持行为影响过程中的调节作用，可以验证假设 H5-2；模型（5-3）和模型（5-4）基于上市公司规模进行分组回归，通过对比两个模型中乘积项的回归系数和显著性，判断上市公司规模不同时，母子公司高管协同配置调节作用的差异化，可以验证假设 H5-3。

四、数据分析和结果讨论

（一）描述性统计

表 5-2 汇报了各变量的描述性统计结果，母公司减持行为的极小值为 -0.165，均值为 -0.007，说明个别样本公司的母公司减持比例较高，且样本公司整体减持比例略高于增持比例；上市公司绩效表现的极小值为 -0.166，极大值为 0.123，说明个别样本公司的绩效表现存在较大差距；母子公司高管协同的均值为 0.173，中位数为 0.157，说明多数样本公司实施了母子公司高管协同配置机制，但是极大值与极小值也进一步说明不同样本

公司的高管协同程度存在较大差别。

表 5-2　描述性统计结果

项目	观测值	均值	标准差	中位数	极小值	极大值
RPC	4686	−0.007	0.034	0.000	−0.165	0.126
PD	4686	−0.003	0.040	−0.005	−0.166	0.123
ES	4686	0.173	0.118	0.157	0.000	0.500
Size	4686	0.500	0.500	1.000	0.000	1.000
EC	4686	0.361	0.135	0.345	0.115	0.742
EB	4686	0.566	0.139	0.564	0.254	0.883
CS	4686	0.438	0.196	0.432	0.008	0.998
BS	4686	8.766	1.643	9.000	4.000	18.000
ROE	4686	0.013	0.026	0.011	−0.087	0.096
MB	4686	0.584	0.246	0.565	0.051	1.521
Ind	4686	0.370	0.051	0.333	0.333	0.571
Duality	4686	0.189	0.392	0.000	0.000	1.000
Age	4686	18.527	6.134	20.000	8.000	31.000

资料来源：作者整理。

（二）相关性分析

相关性分析的结果见表 5-3，从相关系数结果可以看出，在未对其他变量进行控制的情况下，上市公司绩效困境与母公司减持行为呈现正相关关系，具体作用须进一步通过回归分析验证。此外，除股权集中度与股权制衡度外，其他变量相关系数的绝对值均小于 0.5，说明不存在严重共线性问题。

表5-3 相关性分析结果

Variables	RPC	PD	ES	Size	EC	EB	CS	BS	ROE	MB	Ind	Duality	Age
RPC	1.000												
PD	0.012	1.000											
ES	-0.011	0.009	1.000										
Size	-0.007	0.027**	-0.064***	1.000									
EC	-0.137***	0.078***	0.203***	-0.122***	1.000								
EB	-0.066***	0.121***	0.019	-0.178***	0.619***	1.000							
CS	-0.014	-0.168***	0.087***	-0.412***	0.009	-0.049***	1.000						
BS	0.015	0.031**	0.108***	-0.191***	-0.004	0.043***	0.126***	1.000					
ROE	-0.007	0.450***	0.033**	-0.161***	0.122***	0.197***	-0.173***	0.057***	1.000				
MB	0.034**	-0.203***	0.094***	-0.497***	0.045***	0.043***	0.424***	0.131***	-0.123***	1.000			
Ind	-0.013	-0.050***	-0.099***	-0.014	0.039***	0.039***	0.017	-0.496***	-0.051***	0.004	1.000		
Duality	-0.044***	0.035**	-0.081***	0.096**	-0.025	0.021	-0.069***	-0.156***	0.061***	-0.074***	0.086***	1.000	
Age	0.152***	-0.039***	0.083***	-0.201***	-0.109***	-0.218***	0.242***	0.100***	-0.025*	0.169***	-0.010	-0.138***	1.000

注:采用 Spearman 相关性分析;*** 表示 $p<0.01$,** 表示 $p<0.05$,* 表示 $p<0.1$。
资料来源:作者整理。

（三）多元回归分析

按照上文设计的模型，运用 Stata 15.0 对数据进行回归分析，具体的运算结果见表 5-4，模型（5-1）列示了上市公司绩效困境与母公司减持行为关系的回归分析结果，在控制了可能影响母公司持股水平的各项因素之后，分析结果表明，解释变量的回归系数为 0.003，在 1% 的基础水平上显著为正，说明上市公司绩效困境对母公司减持行为具有正向影响，假设 H5-1 得证。

由模型（5-2）分析结果可知，上市公司绩效困境与母子公司高管协同乘积项的回归系数为 -0.001，且通过显著性检验，结合主效应回归系数以及调节效应的检验标准，可以判定母子公司高管协同配置弱化了上市公司绩效困境与母公司减持行为的关系，假设 H5-2 得证。

由模型（5-3）和模型（5-4）可知，在对上市公司规模进行区分之后，规模大的上市公司中，绩效困境与母子公司高管协同的乘积项回归系数为 -0.001，且通过显著性检验，规模小的上市公司中乘积项的回归系数为 0.002，但不显著，说明上市公司规模越大，母子公司高管协同配置对上市公司绩效困境与母公司减持行为关系的调节作用越强，假设 H5-3 得证。

表 5-4　回归分析结果

变量	RPC			
	模型（5-1）	模型（5-2）	模型（5-3）	模型（5-4）
常数项	-0.014* (-1.76)	-0.014* (-1.74)	-0.004 (-0.32)	-0.037*** (-3.14)
PD	0.003*** (4.76)	0.003*** (4.95)	0.005*** (2.86)	0.003** (2.22)
ES		0.001 (0.94)	0.001 (0.47)	0.001 (1.02)
PD×ES		-0.001* (-1.79)	0.002 (1.35)	-0.001* (-1.78)
EC	-0.074*** (-12.30)	-0.076*** (-12.18)	-0.090*** (-5.23)	-0.061*** (-5.19)

变量	RPC			
	模型（5-1）	模型（5-2）	模型（5-3）	模型（5-4）
EB	0.052*** （8.57）	0.053*** （8.62）	0.068*** （3.80）	0.036*** （3.01）
CS	-0.001 （-0.37）	-0.001 （-0.34）	0.002 （0.39）	-0.004 （-0.78）
BS	-0.001 （-1.42）	-0.001 （-1.48）	-0.001* （-1.71）	0.001 （1.47）
ROE	0.001 （0.06）	0.001 （0.05）	-0.016 （-0.75）	0.001 （0.80）
MB	-0.003 （-0.83）	-0.003 （-0.92）	-0.003 （-0.59）	0.001 （0.12）
Ind	-0.010 （-0.80）	-0.009 （-0.70）	-0.013 （-0.59）	0.013 （0.76）
Duality	-0.003 （-1.63）	-0.003 （-1.60）	-0.005* （-1.77）	-0.001 （-0.19）
Age	0.001*** （8.68）	0.001*** （8.62）	0.001*** （3.71）	0.001*** （7.55）
Year	控制	控制	控制	控制
N	4686	4686	2343	2343
R^2_a	0.050	0.051	0.050	0.059
F	17.228	15.505	4.008	7.410

注：*** 表示 $p<0.01$，** 表示 $p<0.05$，* 表示 $p<0.1$；括号内为 t 值。
资料来源：作者整理。

（四）稳健性检验

考虑到不同样本数量可能会对结果的稳健性产生影响，因此本书参考李等（Li, et al., 2009）[1] 的研究，随机选取70%的子样本进行检验，检验结果如表5-5所示，模型（5-1）中，上市公司绩效困境与母公司减持行为回归系数显著为正（$\beta=0.003$）；模型（5-2）中，上市公司绩效困境与母子

---

[1] Li, J., et al., "Control, Collaboration, and Productivity in International Joint Ventures: Theory and Evidence", *Strategic Management Journal*, Vol.30, No.8 (2009), pp.865-884.

公司高管协同的乘积项系数显著为负（$\beta=-0.001$）；由模型（5-3）和模型（5-4）可知，大规模上市公司中，上市公司绩效困境与母子公司高管协同乘积项系数显著为负（$\beta=-0.001$），而小规模上市公司中，乘积项系数未通过显著性检验。综上分析可知，选取70%样本之后检验的结果依然稳健。

表 5-5　稳健性检验（随机样本检验）

变量	RPC			
	模型（5-1）	模型（5-2）	模型（5-3）	模型（5-4）
常数项	-0.023** (-2.49)	-0.023** (-2.50)	-0.018 (-1.26)	-0.045*** (-2.76)
PD	0.003*** (3.81)	0.003*** (4.01)	0.006** (2.43)	0.003*** (3.07)
ES		0.001 (0.95)	0.001 (0.48)	0.001 (0.79)
PD×ES		-0.001* (-1.71)	0.002 (1.22)	-0.001* (-1.92)
EC	-0.076*** (-10.52)	-0.078*** (-10.44)	-0.087*** (-4.89)	-0.070*** (-6.81)
EB	0.058*** (7.93)	0.059*** (7.99)	0.072*** (3.57)	0.043*** (4.27)
CS	-0.001 (-0.02)	0.001 (0.02)	0.005 (0.61)	-0.002 (-0.27)
BS	-0.001 (-1.50)	-0.001 (-1.55)	-0.001 (-1.62)	0.001 (0.93)
ROE	0.008 (0.68)	0.007 (0.64)	-0.021 (-0.38)	0.010 (0.90)
MB	-0.002 (-0.43)	-0.002 (-0.51)	-0.006 (-0.87)	0.005 (0.93)
Ind	0.001 (0.05)	0.003 (0.16)	0.001 (0.06)	0.023 (0.97)
Duality	-0.002 (-0.77)	-0.001 (-0.74)	-0.004 (-1.38)	0.001 (0.58)

续表

变量	RPC			
	模型（5-1）	模型（5-2）	模型（5-3）	模型（5-4）
Age	0.001*** （8.10）	0.001*** （8.03）	0.001*** （4.14）	0.001*** （6.38）
Year	控制	控制	控制	控制
N	3280	3280	1640	1640
R^2_a	0.053	0.054	0.053	0.057
F	12.986	11.711	2.909	6.632

注：*** 表示 $p<0.01$，** 表示 $p<0.05$，* 表示 $p<0.1$；括号内为 t 值。
资料来源：作者整理。

此外，上市公司的股权特征可能会对当前母公司的持股动机产生影响，上市公司母公司作为控股股东，可能会由于公司内部多个大股东的制衡作用以及控制权争夺使其改变持股意图（罗宏和黄婉，2020）[1]，母公司可能出于风险规避动机以应对环境不确定的冲击而实施的股权质押行为也会使得母公司持股动机产生波动（谢德仁等，2016）[2]，最终影响到当前母公司持股决策。因此，为检验本书假设的稳健性，回归分析中进一步控制了多个大股东并存（Multi）与控股股东股权质押（EP）变量，两者均以0—1哑变量表示。检验结果如表5-6所示，模型（5-1）中，上市公司绩效困境与母公司减持行为回归系数显著为正（$\beta=0.003$）；模型（5-2）中，上市公司绩效困境与母子公司高管协同乘积项系数显著为负（$\beta=-0.001$）；由模型（5-3）和模型（5-4）可知，大规模上市公司中，上市公司绩效困境与母子公司高管协同乘积项系数显著为负（$\beta=-0.001$），而小规模上市公司中，乘积项系数未通过显著性检验。综上分析可知，进一步控制股权层面的因素

---

① 罗宏、黄婉：《多个大股东并存对高管机会主义减持的影响研究》，《管理世界》2020年第8期。

② 谢德仁等：《控股股东股权质押是潜在的"地雷"吗？——基于股价崩盘风险视角的研究》，《管理世界》2016年第6期。

后，检验结果依然符合预期。

表 5-6　稳健性检验（增加控制变量）

变量	RPC			
	模型（5-1）	模型（5-2）	模型（5-3）	模型（5-4）
常数项	-0.022*** (-2.73)	-0.022*** (-2.72)	-0.020 (-1.51)	-0.038*** (-2.95)
PD	0.003*** (4.22)	0.003*** (4.48)	0.005*** (2.70)	0.003** (2.10)
ES		0.001 (0.64)	0.001 (0.86)	0.001 (0.08)
PD×ES		-0.001* (-1.83)	0.002 (1.31)	-0.001* (-1.95)
EC	-0.144*** (-19.04)	-0.145*** (-18.91)	-0.176*** (-5.61)	-0.116*** (-6.34)
EB	0.128*** (15.85)	0.128*** (15.88)	0.156*** (4.65)	0.101*** (5.25)
CS	0.002 (0.56)	0.002 (0.60)	0.009 (1.32)	-0.003 (-0.56)
BS	-0.001 (-1.14)	-0.001 (-1.19)	-0.001 (-1.28)	0.001 (0.75)
ROE	-0.001 (-0.03)	-0.001 (-0.04)	-0.015 (-0.73)	0.001 (0.50)
MB	-0.005 (-1.49)	-0.005 (-1.56)	-0.002 (-0.39)	-0.004 (-0.80)
Ind	0.003 (0.21)	0.004 (0.28)	0.012 (0.56)	0.012 (0.63)
Duality	-0.002 (-1.13)	-0.002 (-1.12)	-0.003 (-1.15)	-0.001 (-0.32)
Age	0.001*** (6.93)	0.001*** (6.90)	0.001** (2.52)	0.001*** (6.95)
Multi	-0.028*** (-15.57)	-0.028*** (-15.54)	-0.035*** (-5.42)	-0.021*** (-6.02)
EP	-0.008*** (-5.40)	-0.008*** (-5.37)	-0.009*** (-4.08)	-0.005*** (-2.88)
Year	控制	控制	控制	控制

变量	RPC			
	模型（5-1）	模型（5-2）	模型（5-3）	模型（5-4）
N	4686	4686	2343	2343
R^2_a	0.099	0.099	0.111	0.092
F	30.413	27.413	4.702	7.313

注：*** 表示 $p<0.01$，** 表示 $p<0.05$，* 表示 $p<0.1$；括号内为 t 值。
资料来源：作者整理。

五、研究结论与管理启示

（一）研究结论

有别于以往文献分析代理人与公司"脱困"变革行为的关系，本书聚焦于委托人视角，探究了上市公司陷入绩效困境时母公司减持行为决策及其权变性，得出以下结论：第一，上市公司绩效困境对母公司减持行为具有正向影响，即面对陷入绩效困境的上市公司，母公司更倾向于"悬崖勒马"，即通过股份减持避免扩大损失；第二，母子公司高管协同配置会弱化上市公司绩效困境对母公司减持行为的正向影响，即母子公司高管协同配置程度越高，母公司对陷入绩效困境上市公司的减持行为倾向越弱；第三，上市公司规模越大，母子公司高管协同配置对上市公司绩效困境与母公司减持行为关系的调节作用越强。

（二）管理启示

以上结论进一步丰富和拓展了中国情境下母子公司治理领域的理论研究，也为实践中母子公司治理机制的完善与优化提供了有益参考。基于以上结论，提出政策建议如下：

首先，母公司应站在集团整体利益角度，正视上市公司发展过程中的阻碍与困境。上市公司在陷入绩效困境的同时也提升了整个企业集团的经营风险，此时母公司作出减持决策不仅会极大程度上挫伤外部投资者信心，为上市公司的日后发展带来更多阻力，还不利于企业集团整体的长远发展。因此，面对上市公司绩效不佳情形，母公司应从整体利益出发，基于长远视角作出更多斟酌与权衡，积极采取相关对策减轻与上市公司的信息不对称程度，必要时可以"解囊相助"提升上市公司未来发展的"脱困"信心。

其次，应当正视母子公司高管协同配置这一特殊机制的治理作用。作为集团内部统一协调与集中配置的治理结构，高管协同配置有助于加强母子公司之间的信息交流，缓解信息不对称程度，提升上市公司对母公司的制衡能力，推动母公司立足长远参与上市公司治理。研究结论肯定了母子公司高管协同配置这一特殊治理机制的正面作用，同时也进一步说明实践中应当充分发挥兼职高管的管理经验与才能，积极实施母子公司高管协同配置治理机制。

第二节　母子公司高管协同配置对上市公司业绩压力与环境信息披露关系的影响①

一、问题的提出

生态环境问题一直是中国经济发展过程中重点关注的热点之一，从党的十八大提出建设美丽中国，到党的十九大提出将生态文明作为中华民族永续发展的千年大计，社会公众对环保观念的理解日益深入，对企业的环境治理期望也不断提高（史贝贝等，2017）②。大量研究表明，环境信息披露作为一种非生产性方式，可以向外界传达企业勇于承担社会责任的信息，增加投资者好感度，塑造企业良好形象，提升企业价值［朱炜等，2019③；杨等（Yang，et al.），2020④］。在此背景下，环境信息的充分披露成为上市公司

---

① 本节部分内容发表于 *Polish Journal of Environmental Studies* 2021 年第 5 期。

② 史贝贝等：《环境规制红利的边际递增效应》，《中国工业经济》2017 年第 12 期。

③ 朱炜等：《实质性披露还是选择性披露：企业环境表现对环境信息披露质量的影响》，《会计研究》2019 年第 3 期。

④ Yang, Y., et al., "The Impact of Environmental Information Disclosure on the Firm Value of Listed Manufacturing Firms: Evidence from China", *International Journal of Environmental Research and Public Health*, Vol. 17, No. 3（2020），p. 916.

环境治理的先决条件和重要途径。

近年来，学术界对企业环境信息披露的理论研究不断增多，也取得了丰硕的成果。关于环境信息披露影响因素的分析主要集中在公司价值 [巴尔迪尼等（Baldini, et al.），2018]①、环境绩效 [艾哈迈迪和布里（Ahmadi and Bouri），2017]②、盈利能力 [安德里科普洛斯和克里克拉尼（Andrikopoulos and Kriklani），2013③；邱等（Qiu, et al.），2016④] 等几方面。比如，克拉克森等（Clarkson, et al., 2013)⑤ 认为环境信息披露质量与公司总体价值之间存在正向相关关系；孟等（Meng, et al., 2014)⑥ 认为环境绩效较好和环境绩效较差的公司都倾向于披露更多的环境信息，不同的是环境绩效好公司披露的实质性信息更多；诺尔等（Nor, et al., 2016)⑦ 认为企业盈利能力与环境信息披露呈正相关关系，企业盈利能力越强，环境信息披露水平越高。

总之，现有文献主要从合法性理论、利益相关者理论和自愿信息披露理论等视角，多维度拓展和加深了不同因素与环境信息披露关系的探索，丰富

---

① Baldini, M., et al., "Role of Country-and Firm-level Determinants in Environmental, Social, and Governance Disclosure", *Journal of Business Ethics*, Vol. 150, No. 1 （2018), pp. 79−98.

② Ahmadi, A., Bouri, A., "The Relationship between Financial Attributes, Environmental Performance and Environmental Disclosure: Empirical Investigation on French Firms Listed on CAC 40", *Management of Environmental Quality: An International Journal*, Vol. 28, No. 4 （2017), pp. 490−506.

③ Andrikopoulos, A., Kriklani, N., "Environmental Disclosure and Financial Characteristics of the Firm: The Case of Denmark", *Corporate Social Responsibility and Environmental Management*, Vol. 20, No. 1 （2013), pp. 55−64.

④ Qiu, Y., et al., "Environmental and Social Disclosures: Link with Corporate Financial Performance", *The British Accounting Review*, Vol. 48, No. 1 （2016), pp. 102−116.

⑤ Clarkson, P. M., et al., "The Relevance of Environmental Disclosures: Are Such Disclosures Incrementally Informative?", *Journal of Accounting and Public Policy*, Vol. 32, No. 5 （2013), pp. 410−431.

⑥ Meng, X. H., et al., "The Relationship between Corporate Environmental Performance and Environmental Disclosure: An Empirical Study in China", *Journal of Environmental Management*, Vol. 145, 2014, pp. 357−367.

⑦ Nor, N. M., et al., "The Effects of Environmental Disclosure on Financial Performance in Malaysia", *Procedia Economics and Finance*, Vol. 35, No. 35 （2016), pp. 117−126.

了环境信息披露前因变量的研究体系。本书在已有文献的基础上，对集团框架内上市公司业绩压力与环境信息披露的关系展开分析，并考察母公司持股的调节作用，以及该调节作用在母子公司高管协同程度高与低情境中的差异化，其意义在于：首先，近些年，我国企业实行集团化经营的趋势日益明显，逐渐成为国民经济发展的中坚力量（徐鹏和白贵玉，2019）[1]，本书考察了集团框架内上市公司经营业绩不佳时环境信息披露的规律性，可以进一步明晰母子公司治理体系下上市公司的治理决策倾向和行为逻辑，为实践中母子公司治理结构优化和制度设计提供参考。其次，本书进一步丰富了上市公司环境信息披露前因变量的研究，尝试从上市公司高管团队如何缓解绩效压力的角度来探讨环境信息披露的动机和合理性，并对高管团队面对绩效压力时的应对手段有更深层次的了解，可以为相关理论提供借鉴与支持。

二、理论分析与研究假设

（一）上市公司业绩压力对环境信息披露的影响机理

业绩压力反映了上市公司实现业绩目标的难易程度［张和希梅诺（Zhang and Gimeno），2010］[2]。委托代理理论认为作为代理人的上市公司高管会基于自身的信息优势作出有利于自身利益的决策。所以，当上市公司经营状态与高管个人的经济收益和职位稳定性高度相关时，业绩压力将会影响高管的思想和行为，即上市公司高管会先感知和评价业绩目标能否实现，会在权衡利弊之后采取更有效的且对自己更有利的一系列行动（温日光和汪剑锋，2018）[3]。

如果上市公司业绩压力较小，即预期目标的实现对高管而言较为简单，

---

[1]　徐鹏、白贵玉：《动态竞争视角下制度环境与企业技术创新——来自企业集团框架内上市公司的经验证据》，《财经科学》2019 年第 10 期。

[2]　Zhang，Y.，Gimeno，J.，"Earnings Pressure and Competitive Behavior：Evidence From the U. S. Electricity Industry"，*The Academy of Management Journal*，Vol. 53，No. 4（2010），pp. 743-768.

[3]　温日光、汪剑锋：《上市公司会因行业竞争压力上调公司盈余吗》，《南开管理评论》2018 年第 1 期。

甚至感知到业绩压力不足以影响企业日常运营，高管无须付出太多努力就可以实现期望目标，上市公司高管会倾向于在各方期望下通过完善内部治理机制、减少短期支出等行为提升经营效益，达到高管预期目标。但是，如果上市公司高管感知到预期目标的实现非常困难，期望目标与当前预期目标相差甚远，无法在短期内通过对经营业务的日常管理来提高业绩进而达到目标缓解压力时，会降低对日常经营管理行为的重视程度，即不会为之付出太多的努力，而会更倾向于选择非生产性活动，以转移业绩不佳时带来的考核评价压力（徐晨和孙元欣，2018）①。

鉴于环境保护与治理在当前企业发展中的重要性，加上高管对环境信息披露具有较大的自由裁量权和决策权，对环境信息披露的数量、细节和力度都能有所把控，因此环境信息披露则为上市公司高管缓解业绩压力提供了契机，上市公司高管可能会将环境信息披露当作缓解公司经营业绩的出口，在顶着较大业绩压力的情况下，为了防止公司价值的下降和声誉的损失进行环境信息披露。根据以上论述，提出假设如下：

H5-4：上市公司业绩压力对环境信息披露水平有正向影响。

（二）母公司持股对上市公司业绩压力与环境信息披露关系的调节作用

在集团框架中，作为上市公司的控股股东，母公司有手段也更有动机对上市公司的经营活动进行监督［高尔等（Gaur, et al.），2015②；源等（Nguyen, et al.），2015③］。母公司持股比例较高时，与上市公司的利益趋同效应更为显著［雅尔玛（Yermack），2010］④，对上市公司的监督意识和

---

① 徐晨、孙元欣：《着眼长远还是急功近利：竞争压力下腐败对企业创新和寻租的影响研究》，《外国经济与管理》2018 年第 11 期。

② Gaur, S.S., et al., "Ownership Concentration, Board Characteristics and Firm Performance", *Management Decision*, Vol. 53, No. 5 (2015), pp. 911-931.

③ Nguyen, T., et al., "Ownership Concentration and Corporate Performance from a Dynamic Perspective: Does National Governance Quality Matter?", *International Review of Financial Analysis*, Vol. 41, 2015, pp. 148-161.

④ Yermack, D., "Shareholder Voting and Corporate Governance", *Annual Review of Financial Economics*, Vol. 2, No. 1 (2010), pp. 103-125.

动机也更为强烈，而且相对于其他中小股东"用脚投票"和"搭便车"的心理，母公司对上市公司的经营状况有更深的了解，也更看重上市公司的长远利益（杨慧军和杨建君，2015①；衣凤鹏等，2018②），对上市公司高管的战略决策也有更强的识别与管控能力，母子公司之间信息不对称程度减弱，上市公司的经营决策与实施目的都更容易被母公司识别和知晓。此时，上市公司高管采取非生产性方式来转移压力的效果会降低，效果较难达到预期则会导致高管转移压力的动机被弱化，反而更多地将精力放在如何采用生产性活动方式来缓解业绩压力。根据以上论述，提出以下假设：

H5-5：母公司持股在上市公司业绩压力与环境信息披露的关系中存在调节作用，具体表现是：母公司持股比例越高，上市公司业绩压力对环境信息披露的正向影响越弱。

（三）母子公司高管协同对母公司持股调节作用的影响

母子公司高管协同是母公司通过高管兼任手段对上市公司高管统一协调、集中配置的治理机制，也是母公司对上市公司经营决策实现控制和干涉的有效途径（徐鹏等，2020③）。高管协同程度较低意味着上市公司中来自母公司的兼任高管较少，由于双重职务的限制，难以及时且有效地对上市公司的经营状况进行识别和监督，更难以对上市公司高管转移压力的动机进行准确识别，母子公司之间信息不对称程度较高（高芳，2016④）。此时，如果母公司的持股比例较高，鉴于对所有权收益的关注，母公司会提高对上市公司的监督意识和动机，尤其是当母公司知晓其在上市公司兼任高管数量较少的前提下，出于对稳定自身控制权和提高上市公司业绩获取盈余价值的考量，也会提高对上市公司高管决策的识别能力。相应地，上市公司高管受到

---

① 杨慧军、杨建君：《股权集中度、经理人激励与技术创新选择》，《科研管理》2015年第4期。

② 衣凤鹏等：《股权集中度与领导结构对连锁董事与企业社会责任关系的调节作用研究》，《管理学报》2018年第9期。

③ 徐鹏等：《母子公司高管协同配置：表现形式、理论逻辑与整合研究框架》，《经济与管理评论》2020年第5期。

④ 高芳：《公司治理、管理者代理问题与财务重述研究》，《南开管理评论》2016年第3期。

母公司的监视力度加大，通过环境信息披露这一非生产性活动转移业绩压力的效果不佳，反而会提高决策行为的规范程度，更倾向于通过正式的生产性行为缓解业绩压力。根据以上论述，提出以下假设：

H5-6：母子公司高管协同会影响母公司持股的调节作用，具体表现为：在母子公司高管协同程度较低的情境下，母公司持股对上市公司业绩压力与环境信息披露正相关关系的弱化作用越强。

整体假设模型见图 5-1。

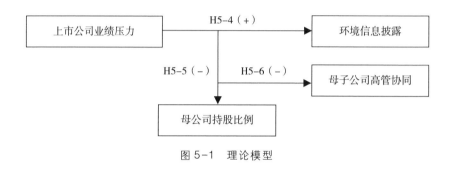

图 5-1 理论模型

三、实证设计

（一）样本选择与数据收集

本书以中国沪深两市制造业上市公司为初始样本，并通过如下步骤进一步筛选：一是隶属于企业集团；二是样本观测期间"2014—2017 年"四年内未发生过控股股东变更等重大重组现象；三是剔除 ST、*ST 和数据严重缺失的样本企业。最终得到 3104 组样本，本书实证分析中所使用到的其他相关数据主要来自国泰安数据库。

（二）变量定义与测量

环境信息披露（EID）。本书借鉴怀斯曼（Wiseman，1982）[1] 和林润辉

---

[1] Wiseman, J., "An Evaluation of Environmental Disclosures Made in Corporate Annual Reports", *Accounting Organizations & Society*, Vol. 7, No. 1 (1982), pp. 53-63.

等（2015）① 的研究，对环境信息披露指标进行赋值，赋值按照"是否参照了 GRI《可持续发展报告指南》披露环境信息"、"是否披露环境和可持续发展信息"和"是否披露社会责任制度建设及改善措施"三方面进行评价，符合一种条件记为"1"，否则记为"0"。

业绩压力（PP）。本书参考闵亦杰等（2016）② 的方法，采用逆向指标并使用以下方法计算：

$$PP = P_i - \alpha HA_i - (1 - \alpha)SA_i$$

其中，P_i 为 i 企业本年的总资产回报率（ROA），HA_i 为 i 企业历史业绩，SA_i 则为本年 i 企业所在行业平均业绩，α 则为权重，按照王菁等（2014）③ 的做法，将其赋值为 0.5，该值越小，表明企业面临越严重的业绩压力。

母公司持股比例（EC）。母公司持股比例参考郭泽光等（2015）④ 的研究，采用第一大股东持股比例来测量。

母子公司高管协同（ES）。母子公司高管协同配置体现的是企业集团化经营采用的对集团内高管实现统一协调、集中配置的治理机制。本书参考徐鹏（2020）⑤ 的研究，采用上市公司的高管在母公司兼任高管的人数与上市公司高管总人数的比值进行测量，并且基于计算得出的比值按中位数分为两组，中位数以上的组记为高协同程度，中位数以下的组记为低协同程度。

结合已有文献，本书还选择了如下反映上市公司特征的要素作为控制变量，分别是：公司规模、董事会领导权结构、所在省环保投入、董事会独立性、审计费用、董事会持股比例、董监高薪酬水平，具体测量如表 5-7 所示。

---

① 林润辉等：《政治关联、政府补助与环境信息披露——资源依赖理论视角》，《公共管理学报》2015 年第 2 期。

② 闵亦杰等：《家族涉入与企业技术创新》，《外国经济与管理》2016 年第 3 期。

③ 王菁等：《期望绩效反馈效果对企业研发和慈善捐赠行为的影响》，《管理世界》2014 年第 8 期。

④ 郭泽光等：《内部治理、内部控制与债务契约治理——基于 A 股上市公司的经验证据》，《南开管理评论》2015 年第 1 期。

⑤ 徐鹏等：《母子公司高管协同配置：表现形式、理论逻辑与整合研究框架》，《经济与管理评论》2020 年第 5 期。

表 5-7　变量定义与衡量

变量名称	代码	测量方式
环境信息披露	EID	环境信息披露分按照"是否参照 GRI《可持续发展报告指南》披露环境信息"、"是否披露环境和可持续发展信息"和"是否披露社会责任制度建设及改善措施"三方面进行评价，符合一种条件记为"1"，否则记为"0"
业绩压力	PP	上市公司本年度业绩分别减去经过赋值后的行业平均业绩和历史业绩
母公司持股比例	EC	母公司持股数占上市公司总股本比例
母子公司高管协同	ES	上市公司高管在母公司兼任高管的人数与上市公司高管总人数的比值，并按照中位数分为高协同程度和低协同程度两组
公司规模	Size	上市公司年末总资产的自然对数
董事会领导权结构	BLS	设置为虚拟变量，董事会高管兼任取"1"，否则取"0"
所在省环保投入	Province	根据各省对环境保护支出数额测量
董事会独立性	IND	上市公司董事会中独立董事人数占总人数的比例
审计费用	Audit	审计费用除以期末总资产
董事会持股比例	BS	董事会的持股数量占上市公司总股本的比例
董监高薪酬水平	Payment	董事会、监事会及高管的薪酬总额除以上市公司当年的营业成本
年度（2015）	Year（2015）	虚拟变量，观测样本年度属于该年度记为"1"，否则为"0"
年度（2016）	Year（2016）	虚拟变量，观测样本年度属于该年度记为"1"，否则为"0"
年度（2017）	Year（2017）	虚拟变量，观测样本年度属于该年度记为"1"，否则为"0"

（三）模型设计

为了验证本研究的假设，设计以下多元回归模型：

模型（5-5）：$EID = c + \sum_{j=1}^{10} b_j Control + PP + \varepsilon$

$$模型（5-6）：EID = c + \sum_{j=1}^{10} b_j Control + PP + EC + PP \times EC + \varepsilon$$

$$模型（5-7）：EID = c + \sum_{j=1}^{10} b_j Control + PP + EC + PP \times EC + \varepsilon （ES>Median）$$

$$模型（5-8）：EID = c + \sum_{j=1}^{10} b_j Control + PP + EC + PP \times EC + \varepsilon （ES<Median）$$

其中，$Control$ 为控制变量组，c 为截距项，ε 代表随机扰动项，j 为各控制变量编号，b_j 代表了各控制变量的回归系数。模型（5-5）为上市公司业绩压力对环境信息披露的回归模型，可以检验假设 H5-4；模型（5-6）在模型（5-5）的基础上加上了业绩压力和母公司持股比例的交互项，用来分析母公司持股在上市公司业绩压力对环境信息披露影响过程中的调节作用，可以验证假设 H5-5；模型（5-7）和模型（5-8）分别检验在母子公司高管协同程度高和低的情境下母公司持股对主效应的调节作用，对比两个模型中母公司持股比例与业绩压力交互项的回归系数和显著性，即可判定母子公司高管协同对母公司持股调节作用的影响，即验证假设 H5-6。

四、数据分析与结果讨论

（一）描述性统计分析

表 5-8 汇报了主要变量的均值、中值、标准差、极小值和极大值。环境信息披露的均值低于 0.5，中位数为 0，且标准差较大，说明由于上市公司环境信息披露缺乏一定的规范性和强制性，样本间信息披露水平参差不齐，部分上市公司环境信息披露水平较低；业绩压力指标的最小值与最大值差距明显，说明同一行业内不同企业之间业绩压力相差较大；母公司持股比例的均值和中位数都在 0.3 左右，标准差也较小，说明母公司持股比例差距相对较小；董事长与总经理兼任的虚拟变量的均值较小，标准差较大，说明样本公司中两职合一的情况相对较少；各省环保投入标准差较大，说明各省对当地环境保护支出水平有明显差距。

表 5-8　描述性统计结果

变量	EID	PP	EC	Size	BLS	Audit	Province	BS	Payment
观测值	3104	3092	3104	3104	3104	3104	3104	3104	3104
平均值	0.402	0.001	0.363	22.49	0.196	0.001	4.780	0.027	0.002
标准差	0.681	0.062	0.138	1.207	0.397	0.000	3.179	0.077	0.005
中位数	0	-0.004	0.348	22.35	0	0	4	0.001	0.008
极小值	0	-0.679	0.050	19.23	0	0	1	0	0
极大值	3	1.850	0.900	27.31	1	0.003	21	0.744	0.183

资料来源：作者整理。

（二）多元回归分析

按照上文设计的模型，运用 Stata 14.0 软件进行回归分析，具体运算结果如表 5-9 所示。由模型（5-5）回归分析结果可知控制了可能会影响环境信息披露的各项影响因素之后，上市公司业绩压力的回归系数为负（$\beta=-0.094$），在 10% 的水平上显著，由于业绩压力采用逆向指标，说明上市公司业绩压力对环境信息披露水平有正向影响，即上市公司业绩压力越大，越有可能进行较高水平的环境信息披露，假设 H5-4 得证；由模型（5-6）分析结果显示，母公司持股比例与上市公司业绩压力交互项的回归系数为正（$\beta=0.137$），且在 5% 的基础水平上显著，说明母公司持股在上市公司业绩压力与环境信息披露的关系中存在显著调节作用，结合主效应和交互项系数符合可以判定：母公司持股比例越高，上市公司业绩压力对环境信息披露的正向影响越弱，假设 H5-6 得证。由模型（5-7）和模型（5-8）分析结果可知，在母子公司高管协同程度较低的情况下，母公司持股比例与上市公司业绩压力交互项的回归系数为正（$\beta=0.343$），且在 1% 的水平上显著，说明在母子公司高管协同配置程度较低的情境下，母公司持股比例对主效应的弱化作用越强，假设 H5-7 得到验证；在母子公司高管协同配置程度较高的情况下，虽然母公司持股比例与上市公司业绩压力的交互项的回归系数为正（$\beta=0.001$），但是未通过显著性检验，分析原因可能是：此时兼任高管对上市公司高管的决策和监督作用力度较强，并能作为信息沟通的角色及时将上市公司的经营状况反馈给母公司，母公司便无须再为之付出较多精力来处理上市公司事务。

表 5-9　回归分析结果

变量	EID			
	模型（5-5）	模型（5-6）	模型（5-7）	模型（5-8）
Size	1.258*** (8.83)	1.261*** (8.78)	1.290*** (7.34)	1.505*** (6.84)
BLS	-0.173 (-0.61)	-0.176 (-0.62)	0.118 (0.26)	-0.405 (-1.12)
Province	-0.079 (-0.64)	-0.082 (-0.66)	-0.022 (-0.13)	-0.049 (-0.30)
IND	-0.077 (-0.73)	-0.081 (-0.77)	0.011 (0.08)	-0.247* (-1.74)
Audit	-0.083 (-0.74)	-0.084 (-0.75)	-0.071 (-0.48)	-0.088 (-0.57)
BS	-0.301* (-1.90)	-0.300* (-1.91)	-0.150 (-0.64)	-0.503** (-2.05)
Payment	-0.878*** (-3.52)	-0.892*** (-3.58)	-0.315 (-0.72)	-0.751** (-2.08)
Year（2015）	控制	控制	控制	控制
Year（2016）	控制	控制	控制	控制
Year（2017）	控制	控制	控制	控制
PP	-0.094* (-1.85)	-0.101** (-1.96)	-0.059 (-0.86)	-0.153* (-1.65)
EC	0.502*** (3.85)	0.522*** (3.94)	0.408** (2.34)	0.379** (2.11)
EC×PP		0.137** (2.19)	0.001 (0.01)	0.343*** (3.46)
N	3092	3092	1538	1554

注：由于被解释变量环境信息披露为离散数据变量，故采用 Logit 回归分析方法；*** 表示 $p<0.01$，** 表示 $p<0.05$，* 表示 $p<0.1$；括号内为 z 值。

资料来源：作者整理。

五、研究结论与管理启示

(一) 研究结论

本书立足于当前中国社会对生态环境保护日益重视的背景,多维度探索企业集团框架内上市公司高管面对绩效压力时对环境信息披露的态度,实证结果显示:

第一,上市公司业绩压力对环境信息披露有正向影响。即上市公司业绩压力越大,为了防止业绩下降对个人收益和职位稳定产生威胁,并且迎合当前社会公众对环境保护与治理的诉求,高管进行环境信息披露的动机越强。

第二,母公司持股在上市公司业绩压力与环境信息披露的关系中存在调节作用,具体表现是:母公司持股比例越高,上市公司业绩压力对环境信息披露的正向影响越弱,即母公司持股比例越高,对上市公司的监督意识和动机也更为强烈,利益趋同效应更加明显,从而强化了对上市公司高管的监督动机和能力,促使上市公司直面业绩压力,减弱从事非生产性活动的倾向。

第三,将母子公司高管协同按照程度高低分组检验母公司持股调节作用的差异化,结果显示:母子公司高管协同会影响母公司持股的调节作用,具体表现为:在母子公司高管协同程度较低的情境下,母公司持股对上市公司业绩压力与环境信息披露正相关关系的弱化作用越强。

(二) 理论贡献

首先,本书与大多数文献在业绩压力的定义与测量方式上相类似(闵亦杰等,2016[1];王菁等,2014[2]),但与现有文献关注的绩效困境对研发倾向、投资程度、职场欺骗与组织非伦理行为等要素(吕迪伟等,2019[3];李

---

① 闵亦杰等:《家族涉入与企业技术创新》,《外国经济与管理》2016 年第 3 期。
② 王菁等:《期望绩效反馈效果对企业研发和慈善捐赠行为的影响》,《管理世界》2014 年第 8 期。
③ 吕迪伟等:《异源绩效压力对企业外部研发倾向的异质性影响——区域制度环境的调节作用》,《研究与发展管理》2019 年第 2 期。

锡元和沈约，2019①）有所不同，本书将上市公司处于绩效困境的回应方式通过压力视角来解释，分析上市公司高管基于转移压力这一需求的决策倾向，对压力理论和行为代理理论有一定补充。

其次，本书对上市公司进行环境信息披露的动机有了更加深入的分析和了解，研究证明了上市公司在面临业绩压力时会将环境信息披露作为缓解压力的手段，也从侧面证明了环境信息披露作为一种非生产性方式，从上市公司高管而言，强化环境信息披露也契合了当前社会公众和其他核心利益相关者对上市公司实行环境治理的关注和诉求。

最后，本书立足于企业集团这一介于市场与企业之间的中间型组织，进一步探讨了母公司持股对上市公司高管转移压力动机所起到的识别与监督作用，并且引入母子公司高管协同这一特殊治理要素，在厘清上市公司高管在业绩压力与环境信息披露的内在逻辑的同时，也丰富了企业集团治理领域的相关文献。

（三）管理启示

首先，研究明晰了上市公司高管在面对业绩压力时会产生从事非生产性行动的动机，高管可能会以此来缓解业绩压力。也就是说，如果上市公司在短期内无法实现预期业绩目标，且经营业绩会影响其个人收益和职位稳定时，迫于压力会选择通过环境信息披露的方式来转移考核压力，这种带有逃避倾向的决策必然不利于企业的长远发展。事实上，无论压力来自企业自身还是外界不可控因素，上市公司高管都应不断提升自身管理经营能力与素质，在面对业绩压力时，从多种方式找到出路进行缓解，例如管理者可以对企业进行变革以改善现有状况，以非生产活动转移考核目标、缓解压力的行为不符合可持续发展的要求。同时，母公司与外部投资者应当适度放缓对短期利益的追求，对上市公司及高管的考核应当向长远和非经济目标转移，鼓励上市公司高管将企业发展视角放长远的同时，还能减少因面临业绩压力带

---

① 李锡元、沈约：《绩效压力与职场欺骗行为：仁慈领导负面影响的研究》，《经济经纬》2019 年第 1 期。

来的顾虑，更有信心与魄力为企业长期发展出谋划策。

其次，从结论中可以得出，企业集团框架内母公司持股与母子公司高管协同能够对上市公司决策起到监督作用，能使上市公司高管对转移业绩压力的效果进行权衡，从而影响实施环境信息披露的倾向。尤其是母子公司高管协同作为企业集团的一种特殊治理机制，可以对上市公司高管起到一定的监督作用，兼任高管可以向母公司汇报上市公司实际经营状况，这种信息渠道的存在会对上市公司高管实施非生产行为的动机起到限制作用，促使上市公司高管正视企业经营现状，用自身管理能力采用生产性手段来缓解困境，这也进一步说明高管协同配置这一企业集团的特殊安排对提升企业集团的治理效率和促进集团良性发展具有一定的推动作用，对企业集团而言有必要适度提倡这一治理机制。

第三节　母子公司高管协同配置对上市公司业绩表现与数字化转型关系的影响[①]

一、问题的提出

当前，新一轮科技革命与产业变革逐渐加速，数字经济的迅猛发展使产业格局发生剧变，以大数据、云计算、人工智能等信息技术为驱动力的数字化转型逐渐成为传统制造业企业在数字经济浪潮下持续成长的必然选择。数字化转型是指企业通过引入数字技术并将其同各生产要素深层次融合，实现生产流程、组织架构与商业模式的重塑，从而突破资源约束边界、优化生产经营模式并提升企业运营绩效的高阶变革行为［比亚尔（Vial），2019[②]；张新等，2022[③]］。对于制造业企业而言，数字化转型既是价值创造逻辑更

　　[①]　本节部分内容发表于《经济与管理评论》2023年第5期。

　　[②]　Vial, G., "Understanding Digital Transformation: A Review and a Research Agenda", *The Journal of Strategic Information Systems*, Vol. 28, No. 2 (2019), pp. 118-144.

　　[③]　张新等：《中小企业数字化转型影响因素的组态效应研究》，《经济与管理评论》2022年第1期。

迭的颠覆式创新，又是伴随着无数创新试验与迭代改进的高难度组织进化
（李琦等，2021）①。

目前，关于企业数字化转型的既有文献中，从政策支持与制度环境等宏
观层面考察企业数字化转型驱动因素的研究相对丰富，基于企业资源视角对
数字化转型过程中企业内部决策机理的探讨方兴未艾。传统企业的数字化转
型是一个循序渐进的探索过程，难有现成的标杆与样板，企业需根据自身经
营状况与盈利能力逐步推动数字化的应用落地［王和杜（Wang and Du），
2022］②。由众多上市公司组成的企业集团是促进产业结构转型升级的重要
力量，与单体企业相比，企业集团具有更强的资源整合与协调配置能力，具
有一定组织优势。但是，企业集团形成的母子公司治理体系具有较强的特殊
性，实践中往往面临更加复杂多变的内外部治理环境，使得上市公司的战略
行动呈现出更为复杂的决策机制［郑等（Zheng, et al.），2022］③。在深化
数字经济发展战略的政策背景下，企业集团框架内的上市公司业绩水平会对
数字化转型决策产生怎样的影响，好业绩是会推动上市公司"乘势而上"
积极实施数字化转型，还是会让上市公司"墨守成规"从而拒绝推动转型
和变革？以及决策过程中会受到哪些因素的影响有待进一步深入探索。

鉴于此，本书以隶属于企业集团的沪深 A 股制造业上市公司为样本，
实证检验上市公司业绩水平对数字化转型的影响及其权变性。相较于以往研
究，本书可能的贡献在于：首先，聚焦于母子公司治理情境，揭示上市公司
业绩水平对数字化转型决策的影响逻辑，拓展了数字化转型前因的研究框
架，并对绩效水平后果的探究形成有益补充。其次，进一步探索不同情境下
上市公司业绩水平对数字化转型影响的权变性，由微观到宏观分析了母子公

---

① 李琦等：《数字化转型、供应链集成与企业绩效——企业家精神的调节效应》，《经济管理》2021 年第 10 期。

② Wang, Q., Du, Z. Y., "Changing the Impact of Banking Concentration on Corporate Innovation: The Moderating Effect of Digital Transformation", *Technology in Society*, Vol. 71, 2022, Article 102124.

③ Zheng, L., et al., "Internal Embeddedness of Business Group Affiliates and Innovation Performance: Evidence From China", *Technovation*, Vol. 116, 2022, Article 102494.

司高管协同配置、企业集团产权性质、经济政策不确定性的调节作用，为企业集团管理实践中实施数字化转型提供了新的思路与更全面的分析视角。

二、理论分析与研究假设

在网络化的企业集团中，上市公司的业绩表现不仅影响自身变革行为，还会影响集团内部资本市场的资源配置［森格尔和奥布洛尔（Sengul and Obloj），2017］①。我们认为好业绩会让上市公司更有动机与能力进行数字化转型，具体逻辑如下：

从决策倾向层面来看，好业绩会强化上市公司实施数字化转型的动机。首先，与单体企业不同，企业集团中的上市公司顺利制定数字化转型方案离不开母公司的积极关注与支持，上市公司良好的业绩表现向母公司传递了自身经营实力较强的信号（徐鹏等，2022）②，这既有助于上市公司高管获得母公司的认可与信任，也有利于上市公司高管在制定重大经营战略时得到其他股东的支持，进而强化了上市公司高管对转型变革的决策偏好。其次，好业绩巩固了上市公司在企业集团内的竞争地位，提振了高管对上市公司市场地位与增长路径的信心［谢等（Xie, et al.），2019］③，上市公司高管出于成就需要动机会更专注于维持上市公司的长期竞争力以提升自身在未来劳动力市场的声望（张丹妮等，2022）④，继而会更有抱负、更有信心实施有利于上市公司长期发展的数字化转型战略，以期维持并追求更好业绩。最后，在上市公司业绩水平较高、投资前景良好的情境下，利益相关者会对上市公司提出更高要求，以至于上市公司高管时刻处于一种"好了还想更好"的

---

① Sengul, M., Obloj, T., "Better Safe than Sorry: Subsidiary Performance Feedback and Internal Governance in Multiunit Firms", *Journal of Management*, Vol. 43, No. 8 (2017), pp. 2526-2554.

② 徐鹏等：《上市公司绩效困境与母公司减持行为关系研究》，《经济与管理评论》2022年第2期。

③ Xie, E., et al., "Performance Feedback and Outward Foreign Direct Investment by Emerging Economy Firms", *Journal of World Business*, Vol. 54, No. 6 (2019), Article 101014.

④ 张丹妮等：《期望绩效反馈与企业风险决策关系研究——企业行为理论与代理理论的整合视角》，《研究与发展管理》2022年第1期。

压力下（贺小刚等，2015）①，为了满足利益相关者的高水平期望和兑现不断上升的高业绩承诺，上市公司高管会更倾向于探索新的生存空间与利润增长点，从而选择主动求变，积极实施数字化转型战略以进一步提升企业竞争能力与竞争优势。

从决策实施层面来看，好业绩会提高上市公司实施数字化转型的能力。首先，企业数字化转型具有周期长、风险高与不确定性的特征，整个过程需要持续不断的资金投入，好业绩意味着上市公司拥有更丰厚的资源存量、更良好的财务状况与更强的风险缓冲能力（李璨等，2019）②，更有能力承担数字化转型的高额成本。其次，好业绩也向集团公司传递了上市公司未来盈利增长的信号（张子健，2019）③，出于占据市场先机、构建集团新利润点的考量，母公司会更倾向于发挥宏观配置和中央管控职能，将更多资源分配给有发展潜力的绩优上市公司［卡巴赫·德·卡斯特罗等（Kabbach-De-Castro，et al.），2022］④，为上市公司的数字化转型提供强有力的资源支撑。

不过，基于"富则思安"的思维逻辑，好业绩也可能使上市公司高管对组织发展态势作出良好的预测判断，肯定既有战略的合理性，而数字化转型不仅会颠覆上市公司的既定战略决策，往往还会扰乱上市公司的组织功能，导致短期内经营业绩恶化［钟和任（Zhong and Ren），2023］⑤。在此背景下，风险规避动机可能会导致上市公司高管放弃实施变革行为，从而沿袭已有的管理模式和资源配置标准，对上市公司数字化转型产生消极影响

---

①　贺小刚等：《绩优企业的投机经营行为分析——来自中国上市公司的数据检验》，《中国工业经济》2015 年第 5 期。

②　李璨等：《绩效反馈与组织响应：文献综述与展望》，《外国经济与管理》2019 年第 10 期。

③　张子健：《管理层语调对"高送转"股利政策的影响》，《投资研究》2019 年第 4 期。

④　Kabbach-De-Castro, L. R., et al., "Do Internal Capital Markets in Business Groups Mitigate Firms' Financial Constraints?", *Journal of Banking & Finance*, Vol. 143, 2022, Article 106573.

⑤　Zhong, X., Ren, G., "Independent and Joint Effects of CSR and CSI on the Effectiveness of Digital Transformation for Transition Economy Firms", *Journal of Business Research*, Vol. 156, 2023, Article 113478.

[程等（Cheng，et al.），2022]①。但是，本书认为，在新一代数字技术与实体经济深度融合的背景下，上市公司只有构建适配自身禀赋特征的转型战略，才能实现长久生存与持续发展。数字化新赛道的开辟使得上市公司既有战略不一定适应外部环境与市场竞争的变化，因而前期经营成功并不能保证后续持续盈利，上市公司高管仍需要根据外部环境变化动态调整企业的战略资源配置。业绩水平体现了上市公司在行业竞争中的市场份额与竞争地位，业绩较好的上市公司更有动机与能力进行资源的重新整合与配置，作为引领行业发展重要的微观主体，其高管也会更有意愿通过数字化转型来推动整个行业的变革与高质量发展。综上所述，我们认为，面对数字化转型这一循序渐进的系统性工程，上市公司高管更倾向于乘胜追击而非安于现状。基于此，提出如下假设。

H5-7：好业绩会提升上市公司实施数字化转型的积极性，即上市公司业绩水平越高，越倾向于数字化转型。

三、实证设计

（一）数据来源与样本选择

参考上市公司控制链条图和年报，本书选取 2014—2020 年隶属于企业集团的沪深 A 股制造业上市公司作为研究样本。聚焦于制造业上市公司的原因在于：制造业作为我国工业经济的命脉，占据国家支柱性产业地位，是助推数字技术与实体经济融合发展的主攻方向与关键突破口，也是我国深入推进数字化转型战略的主战场，研究制造业上市公司的数字化转型问题具有较强的代表性和必要性。同时，借鉴已有研究的做法，通过以下步骤对样本作进一步筛选：（1）剔除经营异常的 ST、*ST 上市公司；（2）剔除主要变量缺失的上市公司。为消除极端值对研究结论的影响，对所有连续变量在 1%和 99%水平上进行了缩尾处理（Winsorize），最终得到 4405 组观测样本。

---

① Cheng，L.，et al.，"Feedback and Firms' Relative Strategic Emphasis：The Moderating Effects of Board Independence and Media Coverage"，*Journal of Business Research*，Vol. 139，2022，pp. 218-231.

（二）变量设定与说明

数字化转型（DCG）。借鉴吴非等（2021）[①] 的研究，从"底层技术"和"数字技术运用"两个维度，根据关键词进行搜索、匹配和词频计数形成最终加总词频，对数化处理后得到刻画数字化转型程度的最终指标。

上市公司业绩水平（SPRO）。上市公司业绩水平体现在上市公司归属于母公司的利润上，利润越高，表明上市公司归属于母公司的权益规模越大或者利润贡献率越高。基于此，借鉴马新啸等（2022）[②] 研究中以公司息税前净利润取对数衡量公司业绩的测量方法，本书以上市公司归属于母公司所有者的净利润取对数作为上市公司业绩水平的衡量指标。

借鉴以往研究，选择如下变量作为控制变量：股权集中度（TOP1）、资本结构（LEV）、董事会规模（BOD）、董事会独立性（INDE）、资产收益率（ROA）、托宾 Q 值（TOBINQ）、企业金融化（FIN）、董事会领导权结构（DUALITY）。此外，回归分析过程中还控制了年份固定效应。变量定义与测量方式见表 5-10。

表 5-10　变量定义与衡量

变量符号	变量名称	变量定义
DCG	数字化转型	具体度量方式见上文定义
SPRO	上市公司业绩水平	具体度量方式见上文定义
TOP1	股权集中度	上市公司的母公司持股比例
LEV	资本结构	上市公司年末资产负债率
BOD	董事会规模	上市公司的董事会人数
INDE	董事会独立性	上市公司独立董事占总董事会人数的比例

[①]　吴非等：《企业数字化转型与资本市场表现——来自股票流动性的经验证据》，《管理世界》2021 年第 7 期。

[②]　马新啸等：《非国有股东治理与国有企业雇员激励——基于混合所有制改革的视角》，《管理科学学报》2022 年第 12 期。

变量符号	变量名称	变量定义
ROA	资产收益率	上市公司总资产净利润率
TOBINQ	托宾Q值	上市公司市场价值与年末总资产的比例
FIN	企业金融化	上市公司金融资产占总资产的比例
DUALITY	董事会领导权结构	哑变量，上市公司董事长与总经理两职兼任取1，否则取0

（三）模型设计

为检验上市公司业绩水平（SPRO）对数字化转型（DCG）的影响，构建以下回归模型：

$$模型（5-9）：DCG = c + aSPRO + \sum_{j=1}^{n} b_j Control + \varepsilon$$

其中，$Control$ 为前文所述控制变量；c 为截距项；ε 代表误差扰动项，j 为各控制变量编号，b_j 代表了各控制变量的回归系数，a 代表解释变量的回归系数。

四、数据分析与结果讨论

（一）描述性统计

表5-11汇报了各变量的描述性统计结果。由表5-11可知，数字化转型（DCG）的均值为1.250，中值为1.099，最大值为4.263，反映出企业间数字化转型水平差距较大且数字化转型领先企业占比较低，与刘锡禄等（2023）[①] 的研究结果相近。上市公司业绩水平（SPRO）的标准差为1.609，最小值为15.390，最大值为23.151，说明不同企业间的业绩水平存在一定程度差异。此外，各控制变量的描述性统计结果与既有研究基本保持一致，不再赘述。

[①] 刘锡禄等：《信息技术背景CEO与企业数字化转型》，《中国软科学》2023年第1期。

表 5-11　描述性统计结果

变量	样本数	最小值	中值	最大值	均值	标准差
DCG	4405	0.000	1.099	4.263	1.250	1.184
SPRO	4405	15.390	19.120	23.151	19.109	1.609
TOP1	4405	0.114	0.345	0.729	0.360	0.134
LEV	4405	0.076	0.427	0.842	0.430	0.179
BOD	4405	5.000	9.000	15.000	8.772	1.573
INDE	4405	0.333	0.333	0.571	0.371	0.053
ROA	4405	0.000	0.036	0.207	0.047	0.043
TOBINQ	4405	0.834	1.661	7.901	2.076	1.261
FIN	4405	0.000	0.008	0.327	0.030	0.056
DUALITY	4405	0.000	0.000	1.000	0.190	0.393

资料来源：作者整理。

（二）相关性分析

表 5-12 汇报了研究变量的相关性分析结果。由表 5-12 可知，SPRO 与 DCG 之间的相关性系数为 0.174，且在 1% 水平上显著，表明上市公司业绩水平（SPRO）与数字化转型（DCG）存在较为显著的正向相关关系，初步验证了假设 H5-7，但仍须通过多元回归分析进一步验证。除 0.666 以外，其他变量之间的相关系数均在正负 0.5 之间，表明变量之间不存在严重的多重共线性问题。此外，本书对模型进行方差膨胀因子检验，结果显示，所有解释变量的方差膨胀系数最大值为 2.68，平均值为 1.51，均远小于 10，进一步验证了回归模型不存在严重的多重共线性问题，可以开展变量之间因果关系的回归分析。

表 5-12　相关性分析结果

变量	DCG	SPRO	TOP1	LEV	BOD	INDE	ROA	TOBINQ	FIN	DUALITY
DCG	1.000									
SPRO	0.174 ***	1.000								
TOP1	-0.014	0.183 ***	1.000							

变量	DCG	SPRO	TOP1	LEV	BOD	INDE	ROA	TOBINQ	FIN	DUALITY
LEV	0.059 ***	0.086 ***	0.020	1.000						
BOD	-0.016	0.161 ***	-0.027 *	0.122 ***	1.000					
INDE	0.030 **	0.019	0.058 ***	0.014	-0.481 ***	1.000				
ROA	0.065 ***	0.666 ***	0.121 ***	-0.370 ***	0.012	-0.047 ***	1.000			
TOBINQ	-0.038 **	-0.175 ***	0.004	-0.408 ***	-0.091 ***	-0.027 *	0.308 ***	1.000		
FIN	0.115 ***	0.081 ***	-0.014	-0.086 ***	-0.047 ***	0.028 *	0.080 ***	0.009	1.000	
DUALITY	0.022	-0.030 **	-0.033 **	-0.057 **	-0.159 ***	0.086 ***	0.038 **	0.086 ***	0.057 ***	1.000

注: *** 表示 $p<0.01$, ** 表示 $p<0.05$, * 表示 $p<0.1$。
资料来源：作者整理。

（三）多元回归分析

表 5-13 为上市公司业绩水平对数字化转型的具体回归分析结果。列（1）为未加入控制变量的回归分析结果，可以看出上市公司业绩水平（SPRO）的回归系数为 0.110，且在 1% 水平上显著。列（2）在加入控制变量后的结果显示，上市公司业绩水平（SPRO）的回归系数为 0.199，且在 1% 水平上显著。以上结果均表明，上市公司业绩水平对数字化转型有显著正向影响，即上市公司业绩水平越高，越倾向于数字化转型，前文研究假设 H5-7 得以验证。

表 5-13 回归分析结果

变量	DCG	
	（1）	（2）
SPRO	0.110 *** (10.15)	0.199 *** (11.98)
TOP1		-0.389 *** (-2.94)
LEV		0.272 ** (2.41)
BOD		-0.041 *** (-3.27)

变量	DCG	
	（1）	（2）
INDE		−0.324 （−0.90）
ROA		−4.142*** （−6.20）
TOBINQ		0.099*** （5.70）
FIN		1.488*** （4.80）
DUALITY		0.087** （1.97）
Year	控制	控制
常数项	−1.276*** （−6.12）	−2.488*** （−7.68）
R^2	0.062	0.083
F	42.818	27.421

注：*** 表示 $p<0.01$，** 表示 $p<0.05$，* 表示 $p<0.1$；括号内为 t 值。
资料来源：作者整理。

（四）稳健性检验

1. 倾向得分匹配法

为保证研究结果的稳健性，解决样本自选择问题，本书采用倾向得分匹配法（PSM）对数字化转型的公司样本进行 1∶1 邻近匹配，计算倾向性得分的模型变量包括 TOP1、LEV、BOD、INDE、ROA、TOBINQ、FIN、DUALITY，并对匹配后的样本数据进行回归分析。表 5-14 报告了回归结果，列（1）中上市公司业绩水平（SPRO）与数字化转型（DCG）的回归系数为 0.195，在 1% 的水平下显著，说明本书研究结论依然成立。

2. 工具变量法

为避免潜在的内生性问题，本书将上市公司业绩水平（SPRO）滞后 1 期作为工具变量，选用两阶段最小二乘法（2SLS）进行检验。检验结果如表 5-14 列（2）所示，基于工具变量估计得到的上市公司业绩水平

（SPRO）与数字化转型（DCG）在 1% 的水平上显著为正，说明在解决内生性问题之后本书研究结论依然成立。

3. 滞后变量

数字化转型的探索过程与成果实现较为漫长，上市公司高管进行数字化转型很可能是收获了前任高管的成果，为了保证研究结论的可靠性，本书将解释变量分别进行滞后 1 期、滞后 2 期处理。表 5-14 列（3）、列（4）报告了回归结果，检验结果仍然与本书结论一致。

4. 更换变量测量方式

前文解释变量体现了上市公司的绝对利润额，为反映上市公司与同行业竞争者的业绩比较，借鉴孙晓华和翟钰（2021）[①] 的测量方法，首先计算核心利润与总资产的比值，然后按照年份—行业均值计算出当年行业平均盈利水平，两者作差来衡量上市公司业绩水平（SPRO），其中，核心利润=营业收入-营业成本-营业税金及附加-销售费用-管理费用-财务费用。结果如表5-14 中列（5）所示，本书研究结论依然成立。

表 5-14　稳健性检验回归分析结果

变量	DCG				
	（1）	（2）	（3）	（4）	（5）
SPRO	0. 195 *** （11. 21）	0. 259 *** （10. 57）			0. 969 * （1. 65）
L. SPRO			0. 177 *** （10. 55）		
L2. SPRO				0. 174 *** （10. 39）	
TOP1	-0. 398 *** （-2. 94）	-0. 477 *** （-3. 02）	-0. 433 *** （-2. 75）	-0. 573 *** （-3. 33）	-0. 156 （-1. 18）
LEV	0. 266 ** （2. 29）	0. 231 （1. 63）	0. 529 *** （3. 96）	0. 593 *** （4. 13）	0. 658 *** （5. 98）

①　孙晓华、翟钰：《盈利能力影响企业研发决策吗？——来自中国制造业上市公司的经验证据》，《管理评论》2021 年第 7 期。

续表

变量	DCG				
	（1）	（2）	（3）	（4）	（5）
BOD	-0.038^{***} （-2.93）	-0.056^{***} （-3.85）	-0.048^{***} （-3.30）	-0.042^{***} （-2.66）	-0.009 （-0.72）
INDE	-0.416 （-1.12）	-0.865^{**} （-2.10）	-0.703^{*} （-1.71）	-0.577 （-1.30）	0.242 （0.66）
ROA	-4.086^{***} （-5.10）	-6.511^{***} （-7.36）	-3.065^{***} （-4.68）	-2.511^{***} （-3.69）	0.788 （1.09）
TOBINQ	0.101^{***} （5.06）	0.136^{***} （6.47）	0.101^{***} （5.10）	0.083^{***} （3.67）	0.021 （1.28）
FIN	1.626^{***} （5.09）	1.585^{***} （4.49）	1.546^{***} （4.37）	1.579^{***} （4.08）	1.544^{***} （4.84）
DUALITY	0.091^{**} （2.00）	0.069 （1.32）	0.067 （1.28）	0.076 （1.32）	0.084^{*} （1.87）
Year	控制	控制	控制	控制	控制
常数项	-2.429^{***} （-7.28）	-2.590^{***} （-5.78）	-1.817^{***} （-5.06）	-1.683^{***} （-4.57）	0.417^{*} （1.88）
R^2	0.084	0.059	0.061	0.061	0.053
F	27.087	——	16.462	15.211	17.475

注：*** 表示 $p<0.01$，** 表示 $p<0.05$，* 表示 $p<0.1$；括号内为 t 值。
资料来源：作者整理。

（五）进一步分析：上市公司业绩水平与数字化转型关系的权变性分析

前文研究表明，上市公司业绩水平对数字化转型具有正向影响。但是，宏观经济环境、政策变化对微观企业行为决策具有重要影响，上市公司业绩水平对数字化转型的作用可能还会随着母子公司内部治理机制和上市公司的异质性特征而呈现出差异。为此，本部分从微观和宏观两个层面出发，分别将母子公司高管协同配置、企业集团产权性质、经济政策不确定性引入上市公司业绩水平与数字化转型的研究框架，进一步考察上市公司业绩水平对数字化转型影响的权变性，为企业更顺利实施数字化转型提供参考借鉴。

1. 母子公司高管协同配置的权变影响

我国上市公司股权集中程度整体相对较高，母公司在企业集团中拥有较高的话语权，可以通过设计组织结构与管理体制的形式对上市公司的经营行为进行干涉（郑丽等，2021）①。作为集团框架内母子公司治理结构的特征要素，母子公司高管协同配置主要指董事会和经理层在内的高管人员同时在母公司和上市公司中任职的一种状态，是企业集团获取竞争优势、提高集团化运营效率的重要途径与安排（徐鹏等，2022）②。本书认为，母子公司高管协同配置能够通过协同机制强化上市公司业绩水平对数字化转型的正向影响，具体逻辑如下：首先，母子公司高管协同配置作为强化上市公司高管权力配置的重要体现，可有效实现对高管团队的激励，对激发绩优上市公司高管的管家心态与使命主义具有积极作用，推动上市公司高管更积极地捕捉政策变动的信号并洞察数字化转型的未来前景。其次，到母公司单位任职的上市公司高管作为企业集团中重要的跨边界人员，架起了母公司与上市公司间的信息沟通桥梁，使得母公司更加了解且信任上市公司，继而在进行内部资源分配时具有倾向性（张恒，2022）③，为上市公司数字化转型项目提供更充足、更高效的资源支持。为了检验母子公司高管协同配置对上市公司业绩水平与数字化转型关系的调节作用，本书设定以下回归模型：

$$模型（5-10）：DCG = c + aSPRO + \sum_{j=1}^{n} b_j Control + \varepsilon（ES = 1）$$

$$模型（5-11）：DCG = c + aSPRO + \sum_{j=1}^{n} b_j Control + \varepsilon（ES = 0）$$

母子公司高管协同配置（ES）的测量参考徐鹏等（2022）④的研究，以同时在集团公司和上市子公司任职的高管与上市子公司高管总人数的比值

① 郑丽等：《集团内部资本交易、市场依赖性与子公司创新》，《管理评论》2021 年第 8 期。

② 徐鹏等：《母子公司高管纵向联结对子公司治理稳定性的影响研究——来自企业集团框架内上市公司的经验证据》，《现代财经（天津财经大学学报）》2022 年第 11 期。

③ 张恒：《母子公司高管联结对子公司过度负债的影响研究》，《投资研究》2022 年第 3 期。

④ 徐鹏等：《母子公司高管纵向联结对子公司治理稳定性的影响研究——来自企业集团框架内上市公司的经验证据》，《现代财经（天津财经大学学报）》2022 年第 11 期。

进行测量，"高管"的范围基于广义概念进行界定，包括公司的董事会成员、总经理、副总经理、财务负责人、董事会秘书和公司章程规定的其他管理人员。然后，按照年度一行业均值将样本分为母子公司高管协同配置较高组与较低组，当母子公司高管协同配置（ES）大于均值时记为"1"，小于均值则记为"0"，母子公司高管协同配置调节作用的分析结果见表5-15中列（1）和列（2）。结果显示，母子公司高管协同配置较高组中解释变量的回归系数约为0.244，且在1%的水平上显著，较全样本系数变大；母子公司高管协同配置较低组中解释变量的回归系数约为0.167，且在1%的水平上显著，较全样本系数变小。以上结果说明母子公司高管协同配置会强化子公司业绩水平对数字化转型的正向影响。

表 5-15　进一步分析

变量	DCG				
	（1）	（2）	（3）	（4）	（5）
SPRO	0.244*** (9.64)	0.167*** (7.54)	0.174*** (8.33)	0.208*** (7.94)	0.240*** (8.64)
EPU					0.266*** (2.98)
SPRO×EPU					-0.009* (-1.84)
TOP1	-0.458** (-2.23)	-0.317* (-1.79)	-0.345* (-1.93)	-0.131 (-0.69)	-0.387*** (-2.92)
LEV	0.311* (1.86)	0.221 (1.43)	0.458*** (3.05)	0.465*** (2.75)	0.276** (2.44)
BOD	-0.079*** (-4.04)	-0.015 (-0.89)	-0.022 (-1.44)	-0.020 (-0.93)	-0.041*** (-3.28)
INDE	-0.755 (-1.38)	-0.037 (-0.08)	0.891** (2.00)	-1.044* (-1.72)	-0.323 (-0.89)
ROA	-5.819*** (-5.47)	-3.175*** (-3.69)	-1.767* (-1.94)	-6.496*** (-6.69)	-4.281*** (-6.37)
TOBINQ	0.155*** (5.56)	0.064*** (2.88)	0.148*** (6.09)	0.044* (1.79)	0.104*** (5.93)

续表

变量	DCG				
	（1）	（2）	（3）	（4）	（5）
FIN	1.672*** （3.57）	1.273*** （3.06）	2.757*** （5.42）	0.547 （1.41）	1.501*** （4.84）
DUALITY	0.053 （0.77）	0.111* （1.92）	−0.073 （−0.88）	0.016 （0.29）	0.088** （2.00）
Year	控制	控制	控制	控制	控制
常数项	−2.895*** （−5.91）	−2.175*** （−5.00）	−3.078*** （−7.91）	−2.328*** （−4.11）	−3.390*** （−6.38）
R^2	0.101	0.066	0.115	0.089	0.083
F	16.232	12.218	19.690	15.585	25.933

注：*** 表示 $p<0.01$，** 表示 $p<0.05$，* 表示 $p<0.1$；括号内为 t 值。
资料来源：作者整理。

2. 企业集团产权性质的权变影响

以往诸多文献证实，在我国制度环境下，产权性质决定了企业资源的分配形式、所有者与经营者间协作与控制等一系列企业结构治理问题，致使国有企业和民营企业的内部治理逻辑与决策机制存在较大差异。多数研究表明，国有企业中的高管会因为官员企业家身份和相对复杂的考核评价体系而在战略决策时具有"富则思安"的心态，战略决策时更倾向于选择风险系数低、投资收益稳定的项目，在子公司业绩较好的情况下也没有太强烈的转型意愿（唐松等，2022）[1]。相比之下，民营企业在经营中会更倾向于"富则思变"。民营企业集团框架下的子公司高管具有更敏锐的市场观察力（凌士显和白锐锋，2018）[2]，更能准确把握数字化变革方向。同时，受融资约束限制，内部资金是民营企业实施战略决策所需资金的主要来源（孙晓华

---

[1]　唐松等：《金融科技与企业数字化转型——基于企业生命周期视角》，《财经科学》2022 年第 2 期。

[2]　凌士显、白锐锋：《绩效变动与企业创新行为研究——基于绩效变动方向的分析》，《商业研究》2018 年第 6 期。

和翟钰，2021）[1]，业绩水平的高低对民营企业的数字化转型具有更为重要的影响。基于以上分析，本书认为民营企业集团中，子公司业绩水平对数字化转型的正向影响更强。为此，本书根据企业集团的产权性质，设计以下回归模型，以研究子公司业绩水平对数字化转型影响的差异化。

$$模型（5-12）：DCG = c + aSPRO + \sum_{j=1}^{n} b_j Control + \varepsilon（STATE = 1）$$

$$模型（5-13）：DCG = c + aSPRO + \sum_{j=1}^{n} b_j Control + \varepsilon（STATE = 0）$$

其中，产权性质（STATE）为虚拟变量，将隶属国有企业集团的上市公司赋值为"1"，隶属民营企业集团的上市公司赋值为"0"。模型（5-12）和模型（5-13）基于企业集团产权性质进行分组回归，结果如表 5-15 中列（3）、列（4）所示，可以发现在国有企业集团中，回归系数约为 0.174 且在 1%的水平上显著，较全样本系数变小；在民营企业集团中，回归系数约为 0.208 且在 1%的水平上显著，较全样本系数变大，这表明企业集团产权性质对上市公司业绩水平与数字化转型之间的关系具有调节作用，具体表现是：与国有企业集团相比，民营企业集团中上市公司业绩水平对数字化转型的正向影响更强，与前文逻辑相符。

3. 经济政策不确定性的权变影响

经济政策变动对企业具有外生性，微观主体难以精准知悉政策主体是否变动、何时变动以及如何变动现行经济政策，学术界将这种政策变动预期的不明朗状况称为经济政策不确定性。随着国内可持续发展战略的实施与市场化体制改革的不断推进，识别经济政策不确定性在制造企业策略选择中的影响，愈发具有深刻的理论意义与现实价值。宏观经济政策的不确定会使投资环境更为错综复杂，上市公司面临的潜在商业风险与利润压力随之加剧［崔等（Cui, et al.），2022］[2]，担负着识别经营风险、最大化股东权益责任

---

① 孙晓华、翟钰：《盈利能力影响企业研发决策吗？——来自中国制造业上市公司的经验证据》，《管理评论》2021 年第 7 期。

② Cui, X., et al., "Economic Policy Uncertainty and Green Innovation: Evidence from China", *Economic Modelling*, Vol. 118, 2022, Article 106104.

的上市公司高管难以判断转型项目未来的增长前景，即使在上市公司业绩较好的情况下也会更加谨慎和保守地进行决策，一定程度上抑制了上市公司业绩水平对数字化转型的积极作用。为验证经济政策不确定性对上市公司业绩水平与数字化转型关系的调节作用，本书设定以下回归模型：

模型（5-14）：$DCG = c + a_1 SPRO + a_2 EPU + a_3 SPRO \times EPU + \sum_{j=1}^{n} b_j Control + \varepsilon$

关于经济政策不确定性（EPU）的测量，采用贝克等（Baker, et al., 2016）[①] 设定的中国经济政策不确定性指数进行衡量，该指数根据中国香港《南华早报》的关键词搜索测算得到，为便于本书基于年度数据研究的需要，将月度经济政策不确定性的算术平均值除以 100，构建中国经济政策不确定性年度指数，该指数越大表明该年度的经济政策不确定性越高。经济政策不确定性的调节作用的分析结果见表 5-15 中列（5），由模型（5-14）的回归结果显示，交互项 SPRO×EPU 的回归系数在 10% 的水平上显著负相关，说明经济政策不确定性会抑制上市公司业绩水平对数字化转型的正向影响。

五、研究结论与管理启示

（一）研究结论

本书以隶属于企业集团的沪深两市制造业上市公司为研究样本，实证检验了上市公司业绩水平对数字化转型的影响，得到以下结论：第一，上市公司业绩水平对数字化转型具有正向影响，即业绩水平较高的上市公司更倾向于"乘势而上"，积极实施数字化转型战略。该研究结论符合资源基础观的理论逻辑，表明好业绩是企业通过战略变革实现转型升级的基础资源与重要保障。第二，母子公司高管协同配置会强化上市公司业绩水平对数字化转型的正向影响，即母子公司高管协同配置程度越高，业绩水平较高的上市公司对数字化转型的积极影响越强。该研究结论表明，母子公司高管协同配置作

---

① Baker, S. R., et al., "Measuring Economic Policy Uncertainty", *The Quarterly Journal of Economics*, Vol. 131, No. 4 (2016), pp. 1593-1636.

为母子公司治理体系特殊性的重要体现，不仅具有直接的治理作用［白等（Bai，et al.），2022］①，还会对上市公司的战略决策机理与过程产生权变影响。第三，与国有企业集团相比，民营企业集团中上市公司业绩水平对数字化转型的正向影响更强。该结论契合了现有文献在产权性质上会影响企业经营行为这一领域的研究共识（曹伟等，2023）②，进一步证实了国有企业与民营企业在内部治理和决策逻辑上存在显著的差异。第四，经济政策不确定性是影响上市公司业绩水平驱动数字化转型的重要因素，具体表现是经济政策不确定性会抑制上市公司业绩水平对数字化转型的正向影响。该研究结论从外生视角为集团框架内绩优上市公司数字化转型制约因素的研究提供了新的经验证据。

（二）管理启示

基于上述研究结论，得到如下管理启示：第一，本书明晰了集团框架内上市公司业绩水平影响数字化转型决策的内在逻辑，鉴于当前我国对数字技术的应用依旧处于转型的探索期，企业需要深化并提升自身战略认知，在资源较为充沛的情境下根据自身实际情况寻找清晰的转型战略和行之有效的转型模式，促进企业持续成长。第二，母子公司制是中国企业集团在实践中广泛使用的组织形式，本书的研究结论表明在治理实践中可以将母子公司高管协同配置作为一项特殊的治理机制，加强母公司与上市公司之间的决策信息交流与资源合理调配，推动上市公司实施数字化转型。第三，国有企业应加强内部资金的管理和运用，完善高管评价与考核体系，提高国有企业高管对公司长远利益和长期竞争优势的重视程度，从而更好地发挥国有经济的主导作用与战略支撑作用，加速实现数字经济与实体经济的深度融合，助力我国经济高质量发展。第四，经济政策变动应科学有效且相对稳定，政府在制定、发布经济政策时应充分考虑可能对企业投资行为造成的影响，通过采取

---

① Bai，G.，et al.，"How do Executives' Synergistic Allocation and Organizational Slack Drive Enterprise Technological Innovation?"，*Plos One*，Vol. 17，No. 10（2022），e0276022.

② 曹伟等：《企业金融资产的配置动机：基于产权性质与异质性股东参股的分析》，《中国工业经济》2023 年第 2 期。

多渠道披露手段，保证信息传递的公开、高效，引导企业形成理性的预期，营造良好的经济转型环境。

第四节 母子公司高管协同配置对学者型 CEO 与 上市公司 AI 转型关系的影响[①]

一、问题的提出

当前，世界经济发展重心回归实体经济，以新一代互联网信息技术为内生驱动力，发展和应用人工智能（AI）推进传统制造业转型升级，已成为多数发达国家抢占产业竞争制高点的新路径选择，各经济体都在谋划布局并积极施策，如美国的"工业互联网战略"、欧盟的"2020 增长战略"、德国"工业 4.0 战略"［奥斯特里德等（Osterrieder, et al.），2020］[②]。与发达国家相比，我国在推进人工智能与实体经济深度融合的过程中，面临着更为复杂的环境与更为艰巨的任务［李等（Li, et al.），2017］[③]。基于此，如何探索转型路径与突破点，已成为中国制造企业必须回答的时代问题。

AI 转型是指传统制造企业利用人工智能的典型产品、技术或解决方案，对研发、生产、营销、运维等运营管理流程进行升级，从而实现动态感知、交互和执行，进而实现对产品全生命周期的实时管理和优化［钟等（Zhong, et al.），2017］[④]。随着新一代信息技术的快速发展，AI 转型已成为我国企业塑造自身核心竞争力、实现制造业高质量发展的必然趋势，也是

---

① 本节部分内容发表于 *Industrial Management & Data Systems* 2023 年第 8 期。

② Osterrieder, P., et al., "The Smart Factory as a Key Construct of Industry 4.0: A Systematic Literature Review", *International Journal of Production Economics*, Vol. 221, 2020, Article 107476.

③ Li, B., et al., "Applications of Artificial Intelligence in Intelligent Manufacturing: A Review", *Frontiers of Information Technology & Electronic Engineering*, Vol. 18, No. 1 (2017), pp. 86-96.

④ Zhong, R. Y., et al., "Intelligent Manufacturing in the Context of Industry 4.0: A Review", *Engineering*, Vol. 3, No. 5 (2017), pp. 616-630.

实施制造强国战略、构建国内国际双循环体系的重要保障［李婉红和李娜，2022①；何和白（He and Bai），2021②］。因此，如何推动 AI 转型战略的制定并勾勒不同类型企业的转型战略路线，成为学术界与产业界需要长期关注的重大现实问题。

根据"高层梯队理论"（Upper Echelons Theory），高管的工作经历深刻影响着高管的认知结构和决策模式，并最终反映到企业行为决策上。其中，学术经历作为 CEO 特殊且重要的工作经历，具有严谨性、长期性等特点，对企业 CEO 的价值塑造与行为模式具有深远的影响（何瑛与韩梦婷，2021）③。近年来，越来越多的科研工作者进入企业领导层担任 CEO 等关键职务，学者型 CEO 的广泛存在已成为我国经济改革过程中一个独特的现象（姜付秀等，2019）④。在深化中国智能制造推广应用的政策背景下，制造业上市公司的 CEO 是否应由具有学术经历的人才来担任，CEO 的学术经历是否会对上市公司 AI 转型产生促进作用，目前相关研究尚付阙如，亟须打开学者型 CEO 与上市公司 AI 转型之间的"黑箱"。

本书关注以下问题：学者型 CEO 对上市公司 AI 转型的影响是什么？其影响机制是什么？进一步地，由子公司组成的企业集团对国民经济的发展有着重要作用，而上市子公司作为嵌入企业集团的子系统，能够实现企业集团内部的资源共享，相对于独立或单体企业，更有能力开展 AI 转型（蔡卫星等，2019）⑤。基于以上思考，本书以 2014—2020 年沪深两市隶属于企业集团的制造业上市公司为研究样本，从母子公司治理的特殊情境出发，实证检

---

①　李婉红、李娜：《基于复杂网络的制造企业智能化转型动态博弈及仿真——考虑政府与消费者的驱动效应》，《软科学》2022 年第 3 期。

②　He, B., Bai, K. J., "Digital Twin-based Sustainable Intelligent Manufacturing: A Review", *Advances in Manufacturing*, Vol. 9. No. 1（2021），pp. 1-21.

③　何瑛、韩梦婷：《学者型 CEO 与上市公司股价崩盘风险》，《上海财经大学学报》2021 年第 4 期。

④　姜付秀等：《学者型 CEO 更富有社会责任感吗——基于企业慈善捐赠的研究》，《经济理论与经济管理》2019 年第 4 期。

⑤　蔡卫星等：《企业集团对创新产出的影响：来自制造业上市公司的经验证据》，《中国工业经济》2019 年第 1 期。

验了学者型 CEO 对制造业上市公司 AI 转型的影响以及作用路径中的权变情境。可能的贡献在于：首先，在理论层面，本书从 CEO 学术经历的视角探索了上市公司 AI 转型的驱动逻辑，为理解上市公司 AI 转型的战略决策过程提供了新的理论基础，并对 CEO 学术经历经济后果的相关研究形成有益补充。其次，从实践角度出发，本书突出了 CEO 学术经验在上市公司 AI 转型过程中的价值效应，为企业在 AI 转型过程中健全高管招聘选拔与优化高管人事配置提供了良好思路。最后，不同于单一独立公司的研究，本书将研究聚焦到金字塔集团框架中母子公司的特殊治理情境内，进一步深化了企业集团协同效应的研究，为上市公司 AI 转型提供了更为全面的分析视角。

二、理论分析与研究假设

（一）学者型 CEO 与上市公司 AI 转型

根据"高层梯队理论"，企业决策是环境因素被高管的有限理性过滤与选择的结果，高管的认知基础与价值取向是决定企业决策的关键因素［汉布里克和梅森（Hambrick and Mason），1984］①。从心理学与行为科学视角来看，CEO 的管理技能并不是与生俱来的，其职业经历极大地决定了其价值观与行为模式。基于此，CEO 作为上市公司的掌舵人，肩负着上市公司的决策制定，其学术经历必然通过影响其人格特征进而影响到企业的行为决策。但现有文献鲜有关于 CEO 学术经历与制造业上市公司 AI 转型之间的关系研究，学者型 CEO 作为我国资本市场中具有代表性的群体，其对上市公司 AI 转型产生的影响非常值得深入探究。本书认为，学者型 CEO 有动机与能力促进制造业上市公司 AI 转型，具体逻辑如下：

一方面，从决策倾向来看，由学术研究经历塑造出的 CEO 性格特征契合上市公司 AI 转型的要求。首先，学术研究是需要不断试错而非一蹴而就的，这一过程培养了 CEO 锲而不舍的探索精神、敢于失败的气魄和担当

---

① Hambrick, D. C., Mason, P. A., "Upper Echelons: The Organization as a Reflection of Its Top Managers", *Academy of Management Review*, Vol. 9, No. 2 (1984), pp. 193-206.

[埃德雷尔和梅森（Ederer and Manso），2013①；汤莉与余银芳，2021②]，受过长期学术训练的 CEO 在决策时会依据其先进的知识技能更严谨地分析问题，从而更为积极主动、理性从容地作出倾向上市公司 AI 转型的决策。其次，具备发散思维、批判性思维的学者型 CEO 对信息的察觉和整合能力更强，更愿意接受新鲜事物，对科技前沿有着更高的敏感度 [赵珊珊等，2019③；沈等（Shen, et al.），2020④]，拥有不循常规、从多角度探寻答案的创造性思维模式与独立思考能力（张晓亮等，2019)⑤，因此在决策时能独立发表见解，促进企业高管团队建议多样化，提高高管团队决策质量，以作出合理有效的上市公司 AI 转型决策。最后，"学者"这一群体承载着我国知识分子"家国天下"的情怀，具备更高的道德水平与社会责任感 [卓等（Cho, et al.），2017⑥；赵等（Zhao, et al.），2021⑦]，这使得他们较少产生"职业忧虑"，由于急功近利或风险规避的动机导致短视行为的可能性较低。因此，面对不确定性较高的上市公司 AI 转型，学者型 CEO 更有意愿从整体利益出发，以长远的目光作出上市公司 AI 转型升级的前瞻性决策。

　　另一方面，从决策实施来看，依附于学术经历所带来的能力与资源能够促进上市公司 AI 转型。首先，上市公司 AI 转型周期长且具有不确定性，整个过程需要占用大量企业资源，若企业面临融资约束，则人工智能技术的升

---

①　Ederer, F., Manso, G., "Is Pay for Performance Detrimental to Innovation?", *Management Science*, Vol. 59, No. 7（2013），pp. 1496-1513.

②　汤莉、余银芳：《CEO 学术经历与企业双元创新》，《华东经济管理》2021 年第 10 期。

③　赵珊珊等：《高管学术经历、企业异质性与企业创新》，《现代财经（天津财经大学学报）》2019 年第 5 期。

④　Shen, H. Y., et al., "Does Top Management Team's Academic Experience Promote Corporate Innovation? Evidence from China", *Economic Modelling*, Vol. 89, No.c(2020), pp. 464-475.

⑤　张晓亮等：《CEO 学术经历与企业创新》，《科研管理》2019 年第 2 期。

⑥　Cho, C. H., et al., "Professors on the Board: Do They Contribute to Society Outside the Classroom?", *Journal of Business Ethics*, Vol. 141, No. 2（2017），pp. 393-409.

⑦　Zhao, S., et al., "Can Top Management Teams' Academic Experience Promote Green Innovation Output: Evidence from Chinese Enterprises", *Sustainability*, Vol. 13, No. 20（2021），Article 11453.

级换代项目会受到极大的风险与挑战 [杨等（Yang, et al.），2018]①。具有学术经历的 CEO 可以通过提高公司会计信息质量和公司治理水平，来降低公司的审计费用（沈华玉等，2018）②，通过降低企业的信息风险与债务的代理风险来降低企业债务融资成本（周楷唐等，2017）③。根据信息不对称与融资约束理论，企业面临的外部融资压力越小，其企业财务柔性越高，此时企业投资于人工智能项目获取的风险溢价越大，从而能够有效提升企业对人工智能项目的研发投入。其次，学者型 CEO 可以作为连接高校与企业的隐形关系桥梁，能够有效推动高校科技成果转化与上市公司 AI 转型进程。目前我国科研人员市场观念淡薄、缺少风险投资介入，使得科研成果转化率仍处于低水平（王江与陶磊，2017）④，大量成果仅停留在"象牙塔"。基于社会资本视角，学者型 CEO 拥有的高校、科研机构人脉与社会资源使企业在获取人才、技术设备和信息等转型资源方面具有先发优势（徐建波等，2021）⑤，从而能够大幅度缩减高校成果转化成本，为上市公司 AI 转型深度转型提供技术支撑和必要的硬件配置。基于此，本书提出以下假设：

H5-8：学者型 CEO 有助于推动上市公司的 AI 转型。

（二）母子公司高管协同配置的权变影响

作为集团框架内母子公司治理结构的组合要素，母子公司高管协同配置主要是指董事会和经理层在内的高管人员同时在母公司和子公司中任职的一种状态，是企业集团获取竞争优势、提高集团化运营效率的重要途径与安排（徐鹏等，2020）⑥。本书认为，母子公司高管协同配置能够强化学者型 CEO

---

① Yang, S., et al., "Engineering Management for High-end Equipment Intelligent Manufacturing", *Frontiers of Engineering Management*, Vol. 5, No. 4 (2018), pp. 420-450.

② 沈华玉等：《高管学术经历、外部治理水平与审计费用》，《审计研究》2018 年第 4 期。

③ 周楷唐等：《高管学术经历与公司债务融资成本》，《经济研究》2017 年第 7 期。

④ 王江、陶磊：《中国装备制造业技术创新效率及影响因素研究——基于研发与成果转化两个阶段的分析》，《商业研究》2017 年第 12 期。

⑤ 徐建波等：《学术高管对企业创新的"双刃剑"效应——基于中小企业上市公司的实证分析》，《科技进步与对策》2021 年第 6 期。

⑥ 徐鹏等：《母子公司高管协同配置：表现形式、理论逻辑与整合研究框架》，《经济与管理评论》2020 年第 5 期。

对上市公司 AI 转型的促进作用，具体逻辑如下：

首先，母子公司高管协同配置作为强化子公司高管权力配置的重要体现，可有效实现对高管团队的激励，对激发子公司 CEO 的使命主义与管家心态具有一定的正向作用 [徐等（Xu，et al.），2019][1]。此时通过纠正短视主义行为，学者型 CEO 可以更有效规避逆向选择和道德风险问题，更能充分发挥其创新思维模式与独立思考能力，有效地捕捉政策变动的信号并洞察人工智能应用的未来前景，其对上市公司 AI 转型的促进作用得以充分发挥，继而将更多的资金投入长期的上市公司 AI 转型项目中（胡楠等，2021）[2]。其次，当企业面临融资约束时，CEO 拥有的学术经历难以在资金限制下将 AI 转型付诸实践。针对遇到的"融资约束"难题，企业集团可以通过母子公司高管协同配置充分发挥内部资本市场功能（蔡卫星等，2019）[3]，母子公司高管协同配置机制下的学者型 CEO 对社会资源具有更高的掌控程度，为上市子公司的人工智能项目提供更充足更持久的资金支持，上市子公司的财务柔性提高，更有能力承担 AI 转型的高额成本，更有能力消化 AI 转型的失败，从而增加了学者型 CEO 作出转型升级的前瞻性决策的底气，进而加快转型进程。

因此，本书提出以下假设：

H5-9：母子公司高管协同配置程度越高，学者型 CEO 对上市公司 AI 转型的正向影响越强。

（三）企业内部控制质量的作用机制分析

企业内部控制是以"人"为主体的制度建设和实施。高管团队尤其是 CEO 承担着构建内部控制体系并保持其有效性的主要责任 [萨利希等

---

① Xu，P.，et al.，"Research on the Differentiated Impact Mechanism of Parent Company Shareholding and Managerial Ownership on Subsidiary Responsive Innovation：Empirical Analysis Based on 'Principal-Agent' Frame-work"，*Sustainability*，Vol. 11，No. 19（2019），pp. 1–17.

② 胡楠等：《管理者短视主义影响企业长期投资吗？——基于文本分析和机器学习》，《管理世界》2021 年第 5 期。

③ 蔡卫星等：《企业集团对创新产出的影响：来自制造业上市公司的经验证据》，《中国工业经济》2019 年第 1 期。

(Salehi, et al.), 2021]①, CEO 的个人特征对企业内部控制质量有重要影响 [沈等 (Shen, et al.), 2021]②。本书认为, 学者型 CEO 通过提高内控质量促进上市公司 AI 转型。具体逻辑如下。

首先, 学者型 CEO 有利于提高企业内部控制质量。学者型 CEO 对企业的社会责任感更强 [卓等 (Cho, et al.), 2017]③, 更倾向于关注内部控制制度的设计、选择和执行的有效性。此外, 从学术经历中获得的良好的学术思维和理论修养, 使 CEO 具有更开阔的前瞻性视野与更强的风险防范能力。因此, CEO 的学术经历更有利于企业内部控制体系的建设和完善。其次, 高质量的内部控制有助于促进上市公司 AI 转型。内部控制的建设可以遏制会计信息的故意操纵, 降低经营战略的内在风险, 增强了资金的靶向性, 保障资源能够长期、持续地进行投放, 使企业形成转型升级良性运作的循环链 (韩岚岚, 2018)④, 从而促进制造企业的上市公司 AI 转型。基于以上分析, 提出以下假设:

H5-10: 学者型 CEO 通过提升企业内部控制质量, 推动上市公司 AI 转型。

(四) 企业集团产权性质的权变影响

以往诸多研究证实, 在中国的制度环境下, 产权性质决定了企业资源的配置形式、所有者与经营者的合作与控制等一系列公司结构治理问题, 导致国有企业与民营企业在内部治理逻辑和决策机制上存在巨大差异。基于此, 本书进一步细分企业集团的产权性质, 研究学者型 CEO 对上市公司 AI 转型的影响。具体逻辑如下。

首先, 国有企业的所有制身份使其具有与生俱来的政治关系优势, 国有

---

① Salehi, M., et al., "The Relationship between CEOs' Narcissism and Internal Controls Weaknesses", *Accounting Research Journal*, Vol. 34, No. 5 (2021), pp. 429–446.

② Shen, H. Y., et al., "Chief Executive Officer (CEO)'s Rural Origin and Internal Control Quality", *Economic Modelling*, Vol. 95, 2021, pp. 441–452.

③ Cho, C. H., et al., "Professors on the Board: Do They Contribute to Society Outside the Classroom?", *Journal of Business Ethics*, Vol. 141, No. 2 (2017), pp. 393–409.

④ 韩岚岚:《创新投入、内部控制与成本粘性》,《经济与管理研究》2018 年第 10 期。

企业拥有更宽松的转型环境和对转型失败更高的容忍度。同时，天然的政治关联与多元目标使国有企业获得了更多的政策支持与资源倾斜（陈良银等，2021）[①]，保证了上市公司 AI 转型过程中资金的持续投入，使国企学者型 CEO 拥有更大的决策空间。综上所述，国企的预算软约束使学者型 CEO 更有能力也更有意愿进行 AI 转型。其次，民营企业面临着更强的外部融资约束与竞争压力，长期以来在公共资源配置与行政祖护等方面受制于"所有制歧视"（姜付秀等，2019）[②]，使得民营企业对转型失败的容忍度较低，其 CEO 对资金投入大且回报周期较长的项目更为谨慎和保守。因此，学者型 CEO 对上市公司 AI 转型的影响受到一定程度的抑制。基于以上分析，提出以下假设：

H5-11：与民营企业集团相比，国有企业集团中学者型 CEO 对上市公司 AI 转型的正向影响更强。

三、实证设计

（一）样本选择与数据来源

本书参考公司控制链条图和年报，对我国沪深股票市场 A 股制造业上市公司进行样本的初步选取，选取企业集团上市子公司作为初始样本，并将样本观测区间限定为 2014—2020 年，借鉴已有研究的做法，本书采用以下标准进行样本筛选：（1）剔除金融类上市公司；（2）剔除 ST、＊ST 及观测期间被退市的上市公司；（3）剔除主要变量缺失的上市公司。为消除极端值对研究结论的影响，本书对所有连续型变量在 1% 和 99% 水平上进行了 Winsorize 处理，最终得到 4722 个观测样本。本书采用的母子公司高管协同数据、上市公司 AI 转型数据均来源于手工收集以及公式测算，上市公司财务数据及公司治理数据均来源于 CSMAR 数据库。

[①] 陈良银等：《混合所有制改革提高了国有企业内部薪酬差距吗》，《南开管理评论》2021 年第 5 期。

[②] 姜付秀等：《学者型 CEO 更富有社会责任感吗——基于企业慈善捐赠的研究》，《经济理论与经济管理》2019 年第 4 期。

（二）变量定义与测量

AI 转型（INM）。参考谢萌萌等人（2020）[①] 对人工智能的测量方法，采用双重差分法（DID）构建测度指标 $AI_{it} \times Year_{it}$。先构建虚拟变量 AI_{it}，表示 i 公司是否进行了 AI 转型，AI 转型企业为 1，否则赋值为 0；再构建哑变量 $Year_{it}$，表示 i 公司进行 AI 转型的年份，实施年份为 1，否则为 0。具体步骤如下，首先，手工收集所有样本 2014—2020 年的上市公司年报，选取"智能""自动化""智慧""信息化"等反映 AI 转型的词语，筛选出包含关键词的所有语句。其次，基于 AI 转型的内涵，挑选出有关符合新一代信息技术与制造业的深度融合的企业，并将此企业确定为 AI 转型企业，赋值 AI_{it} 为 1。最后，本书以人工方式从以下两个方面确定 AI 转型开始的年份：（1）"公司业务概要"和"经营情况讨论与分析"的文字表述中涉及企业应用人工智能产品的年份，例如深圳中恒华发股份有限公司 2014 年更新了部分老旧注塑机设备，节能效果持续显现，加之推行自动化改进及工序优化进程，大大降低了人力投入及生产物料的浪费，生产效率显著提高；（2）"在建工程"会计科目明细项涉及"人工智能"应用的工程完工且达到预计可使用状态的年份。例如徐工集团工程机械股份有限公司 2014 年"装载机制造智能化升级项目"由在建工程转入固定资产，将初始年份确认为 2014 年。最终得到 AI 转型变量的测量指标 $AI_{it} \times Year_{it}$。

学者型 CEO（ACADE）。本书借鉴张晓亮等（2019）[②] 的测量方法，采用设计虚拟变量的方法，将有学术经历的 CEO 赋值为 1，没有学术经历的 CEO 赋值为 0。具体的判定标准如下：（1）曾在高校任教；（2）曾在科研机构任职；（3）曾在协会从事研究。符合上述至少一条标准的，则判定为学者型 CEO。该变量数据来源于国泰安中国上市公司人物特征研究数据库。

[①] 谢萌萌等：《人工智能、技术进步与低技能就业——基于中国制造业企业的实证研究》，《中国管理科学》2020 年第 12 期。

[②] 张晓亮等：《CEO 学术经历与企业创新》，《科研管理》2019 年第 2 期。

母子公司高管协同（ES）。本书参考徐鹏等（2022）[1] 的测量方法，手动识别控股股东为集团公司或者实际上充当集团公司职能的公司作为研究样本，选取同时在集团公司和上市子公司任职的高管与上市子公司的高管总人数的比值作为母子公司高管协同的代理变量，并按照年度—行业的平均值进行分组，大于均值的赋值为 1，小于均值的赋值为 0。其中，高管的范围基于广义概念进行界定，包括公司的董事会成员、总经理、副总经理、财务负责人、董事会秘书和公司章程规定的其他管理人员。

内部控制质量（IC）。本书选取迪博中国上市公司内部控制指数作为上市公司内部控制质量的代理指数，该指数除以 100 进行标准化，指数值越高代表内部控制质量越高。

企业集团产权性质（STATE）。企业集团产权性质为虚拟变量，将隶属国有企业集团的上市公司赋值为 "1"，隶属民营企业集团的上市公司赋值为 "0"。

借鉴以往研究，本书控制了如下变量：股权集中度（TOP1）、资本结构（LEV）、董事会规模（BOD）、董事会独立性（INDE）、公司规模（SIZE）、经营现金流（CASH）、托宾 Q 值（TOBIN）、CEO 性别（GENDER）、CEO 年龄（AGE）、董事会领导权结构（DUALITY）。此外，还控制了年份固定效应。各变量汇总见表 5-16。

表 5-16　变量定义与衡量

变量符号	变量名称	变量定义
INM	AI 转型	AI 转型企业为 "1"，否则赋值为 "0"
ACADE	学者型 CEO	CEO 具有学术经历赋值为 "1"；否则为 "0"
ES	母子公司高管协同	具体度量方式见上文定义
IC	内部控制质量	迪博中国上市公司内部控制指数/100

---

[1]　徐鹏等：《上市公司绩效困境与母公司减持行为关系研究》，《经济与管理评论》2022年第 2 期。

变量符号	变量名称	变量定义
STATE	企业集团产权性质	属于国有企业集团的上市公司划入"1",属于民营企业集团的划入"0"
TOP1	股权集中度	上市公司的母公司持股比例
LEV	资本结构	上市公司年末资产负债率
BOD	董事会规模	上市公司的董事会人数
INDE	董事会独立性	上市公司独立董事占总董事会人数的比例
SIZE	公司规模	上市公司年末总资产的自然对数
CASH	经营现金流	上市公司年度经营现金净流量与期末总资产的比例
TOBIN	托宾 Q 值	上市公司市场价值与年末总资产的比例
GENDER	CEO 性别	CEO 为男性,赋值为"1";否则为"0"
AGE	CEO 年龄	CEO 年龄的自然对数
DUALITY	董事会领导权结构	哑变量,上市公司董事长与总经理两职兼任取"1",否则取"0"

(三)模型设计

为了检验本书的假设,本书设计了以下回归模型:

模型(5-15): $INM = \alpha_0 + \alpha_1 ACADE + Controls + \sum Year + \varepsilon$

模型(5-16): $INM = \alpha_0 + \alpha_1 ACADE + \alpha_2 ES + \alpha_3 ACADE \times ES + Controls + \sum Year + \varepsilon$

模型(5-17): $IC = \alpha_0 + \alpha_1 ACADE + Controls + \sum Year + \varepsilon$

模型(5-18): $INM = \alpha_0 + \alpha_1 IC + \alpha_1 ACADE + Controls + \sum Year + \varepsilon$

模型(5-19): $INM = \alpha_0 + \alpha_1 ACADE + Controls + \sum Year + \varepsilon$ (STATE = 1)

模型(5-20): $INM = \alpha_0 + \alpha_1 ACADE + Controls + \sum Year + \varepsilon$ (STATE = 0)

其中，*Controls* 是前文所述的控制变量；α_0 是截距项；ε 代表随机扰动项，α_1 代表解释变量的回归系数。模型（5-15）用于检验学者型 CEO 对上市公司 AI 转型的影响；模型（5-16）在模型（5-15）的基础上加入了学者型 CEO 与母子公司高管协同的乘积项，用于检验母子公司高管协同配置在学者型 CEO 与上市公司 AI 转型之间的调节作用。模型（5-17）和模型（5-18）用于检验内部控制质量在学者型 CEO 和上市公司 AI 转型之间的中介作用。模型（5-19）和模型（5-20）是基于企业集团产权性质进行分组回归，通过对比两个模型中解释变量的回归系数和显著性，判断企业集团产权性质对学者型 CEO 与上市公司 AI 转型关系的影响。

四、数据分析与结果讨论

（一）描述性统计

所有变量的描述性统计见表 5-17。可以看出，上市公司 AI 转型（INM）的均值和标准差分别为 0.468 和 0.499，说明还有很多上市公司尚未开展上市公司 AI 转型。学者型 CEO（ACADE）的平均值为 0.140，表明研究样本中有学术背景的 CEO 约占 14%，这进一步说明了学者型 CEO 在管理层团队中的代表性，研究 CEO 学术经历对上市公司 AI 转型决策的影响具有较强的现实基础；公司规模（SIZE）标准差为 1.205，说明上市公司规模存在较大差异。此外，各控制变量的描述性统计结果与既有研究基本保持一致，不再赘述。

表 5-17　描述性统计结果

变量	样本数	最小值	中值	最大值	均值	标准差
INM	4722	0.000	0.000	1.000	0.468	0.499
ACADE	4722	0.000	0.000	1.000	0.140	0.347
ES	4722	0.000	0.000	1.000	0.454	0.498

续表

变量	样本数	最小值	中值	最大值	均值	标准差
IC	4722	0.000	6.608	8.208	6.343	1.348
STATE	4722	0.000	0.000	1.000	8.208	0.500
TOP1	4722	0.051	0.341	0.900	0.357	0.137
LEV	4722	0.076	0.436	0.908	0.442	0.187
BOD	4722	5.000	9.000	14.000	8.756	1.540
INDE	4722	0.333	0.333	0.571	0.370	0.052
SIZE	4722	20.237	22.540	26.026	22.652	1.205
CASH	4722	−0.123	0.044	0.219	0.048	0.060
TOBIN	4722	0.837	1.655	7.999	2.077	1.283
GENDER	4722	0.000	1.000	1.000	0.946	0.226
AGE	4722	3.434	3.892	4.159	3.862	0.135
DUALITY	4722	0.000	0.000	1.000	0.190	0.392

资料来源：作者整理。

（二）相关性分析

表 5-18 汇报了本书主要研究变量间的相关性分析结果。由表 5-18 可知，ACADE 和 INM 之间的相关性系数为 0.024，且在 10% 水平上显著，这表明学者型 CEO（ACADE）与上市公司 AI 转型（INM）存在较为显著的正向关系，初步验证了假设 H5-8。SIZE 与 INM 之间的相关系数为 0.194，且在 1% 水平上显著，表明上市公司的规模越大，越有可能开展上市公司 AI 转型。此外，由表 5-18 的相关性分析结果可知，除 −0.551 以外，其他变量之间的相关系数均在正负 0.5 之间，说明变量选取较为合理，回归模型中不存在严重的多重共线性，可以开展变量之间因果关系的回归分析。

表 5-18　相关性分析结果

变量	INM	ACADE	ES	IC	STATE	TOP1	LEV	BOD	INDE	SIZE	CASH	TOBIN	GENDER	AGE	DUALITY
INM	1.000														
ACADE	0.024*	1.000													
ES	0.002	0.003	1.000												
IC	0.074***	0.022	0.031**	1.000											
STATE	-0.022	-0.162***	0.097***	0.040***	1.000										
TOP1	-0.002	-0.016	0.205***	0.147***	0.063***	1.000									
LEV	0.072***	-0.033**	0.090***	-0.004	0.198***	0.014	1.000								
BOD	-0.003	-0.045***	0.092***	0.044***	0.204***	-0.014	0.117***	1.000							
INDE	0.046***	0.018	-0.077***	-0.004	-0.010	0.039***	0.013	-0.483***	1.000						
SIZE	0.194***	-0.046***	0.089***	0.226***	0.205***	0.142***	0.474***	0.219***	0.057***	1.000					
CASH	0.067***	0.026*	0.077***	0.146***	-0.034*	0.148***	-0.154***	0.036**	0.000	0.114***	1.000				
TOBIN	-0.164**	0.102***	-0.068***	0.018	-0.188***	0.006	-0.391***	-0.096***	-0.019	-0.551***	0.072***	1.000			
GENDER	-0.025*	0.001	0.076***	-0.010	0.075***	0.021	0.050***	0.107***	-0.105***	-0.002	-0.004	-0.017	1.000		
AGE	-0.018	0.102***	0.006	0.016	0.100***	0.041***	0.035**	0.027*	0.047***	0.061***	0.013	-0.002	0.006	1.000	
DUALITY	0.047**	0.161**	-0.078***	-0.008	-0.272***	-0.033*	-0.061**	-0.155***	0.083***	-0.102***	0.015	0.082**	-0.030**	0.157**	1.000

注：*** 表示 $p<0.01$，** 表示 $p<0.05$，* 表示 $p<0.1$。
资料来源：作者整理。

(三) 多元回归分析

表 5-19 列（1）显示了没有控制变量的回归分析结果。可以看出，学者型 CEO（ACADE）的回归系数为 0.284，在 1% 水平上显著；表 5-19 列（2）添加控制变量后的结果显示，学者型 CEO（ACADE）的回归系数为 0.263，在 1% 水平上显著。以上结果均表明，学者型 CEO 对上市公司 AI 转型有显著的正向关系。假设 H5-8 得以验证。

母子公司高管协同配置对学者型 CEO 与上市公司 AI 转型关系的调节作用分析结果见表 5-19 列（3）、列（4）。研究发现，当母子公司高管协同配置程度较低时，学者型 CEO 的回归系数没有通过显著性检验；当母子公司高管协同配置程度较高时，回归系数在 1% 水平上显著为正。回归结果表明，母子公司高管协同配置强化了学者型 CEO 对上市公司 AI 转型的正向影响。前文研究假设 H5-9 得以验证。

表 5-19 列（5）、列（6）报告了作为中间机制的内部控制质量的结果。根据模型（5-17）的回归结果，可以看出学者型 CEO（ACADE）与内部控制质量（IC）在 1% 水平上显著正相关，表明学者型 CEO 提高了上市子公司的内部控制质量。从模型（5-18）的回归结果可以看出，学者型 CEO（ACADE）的回归结果显著为正。此外，内部控制质量（IC）的回归结果在 1% 的水平上是显著的，这意味着内部控制质量对上市公司 AI 转型具有积极的影响。上述结果表明，内部控制质量在学者型 CEO 与上市公司 AI 转型之间起着显著的部分中介作用，符合本书的假设。

企业集团产权性质对 CEO 学术经历与上市公司 AI 转型关系的调节作用分析结果见表 5-19 列（7）、列（8）。可以发现，学者型 CEO 的回归系数在民营企业集团中没有通过显著性检验，在国有企业集团中在 1% 水平上显著为正。表明与民营企业集团相比，学者型 CEO 对上市公司 AI 转型的促进作用在国有企业集团中更强，与前文逻辑一致。

表 5-19　回归分析结果

变量	INM				IC	INM		
	（1）	（2）	（3）	（4）	（5）	（6）	（7）	（8）
ACADE	0.284 *** (3.20)	0.263 *** (2.87)	0.362 *** (2.64)	0.191 (1.53)	0.162 *** (2.92)	0.249 *** (2.72)	0.538 *** (3.19)	0.063 (0.57)
IC						0.094 *** (3.76)		
TOP1		-0.014 (-0.06)	-0.763 ** (-2.06)	0.501 (1.53)	0.666 *** (4.62)	-0.079 (-0.33)	-0.185 (-0.52)	0.113 (0.34)
LEV		-0.004 (-0.02)	-0.737 ** (-2.44)	0.543 ** (2.06)	-1.283 *** (-10.86)	0.109 (0.55)	0.597 ** (2.10)	-0.444 (-1.57)
BOD		0.019 (0.82)	-0.030 (-0.82)	0.060 * (1.88)	-0.011 (-0.73)	0.020 (0.86)	0.078 ** (2.43)	-0.034 (-0.87)
INDE		1.265 * (1.88)	1.794 * (1.72)	0.964 (1.08)	-0.904 ** (-2.22)	1.360 ** (2.02)	1.595 * (1.75)	0.934 (0.88)
SIZE		0.248 *** (7.15)	0.387 *** (7.25)	0.145 *** (3.10)	0.289 *** (13.91)	0.222 *** (6.28)	0.194 *** (4.04)	0.305 *** (5.74)
CASH		1.212 ** (2.19)	0.392 (0.47)	1.931 ** (2.57)	0.825 ** (2.46)	1.154 ** (2.08)	-0.467 (-0.57)	2.773 *** (3.58)
TOBIN		-0.057 * (-1.90)	-0.044 (-0.89)	-0.068 * (-1.76)	0.024 (1.33)	-0.061 ** (-2.00)	-0.055 (-1.19)	-0.088 ** (-2.12)
GENHDER		-0.133 (-0.95)	0.186 (0.73)	-0.294 * (-1.75)	-0.052 (-0.61)	-0.130 (-0.93)	-0.261 (-1.06)	-0.017 (-0.10)
AGE		-0.059 (-0.25)	0.046 (0.13)	-0.084 (-0.26)	-0.009 (-0.06)	-0.057 (-0.24)	1.165 *** (2.58)	-0.309 (-1.06)
DUALITY		0.374 *** (4.53)	0.269 ** (2.05)	0.448 *** (4.16)	0.113 ** (2.26)	0.364 *** (4.40)	0.308 * (1.83)	0.353 *** (3.54)
Year	YES	YES	YES	YES	YES	YES	YES	YES
Constant term	-1.295 *** (-13.78)	-7.140 *** (-6.21)	-10.074 *** (-5.81)	-5.303 *** (-3.38)	0.651 (0.94)	-7.236 *** (-6.29)	-11.650 *** (-6.09)	-6.628 *** (-3.91)
N	4722	4722	2144	2578	4722	4722	2302	2420
R²	0.072	0.094	0.107	0.092	0.074	0.096	0.122	0.085
F	469.46	614.91	316.87	326.49	23.21	629.45	387.46	284.38

注：*** 表示 $p<0.01$，** 表示 $p<0.05$，* 表示 $p<0.1$；括号内为 t 值。

资料来源：作者整理。

（四）稳健性检验

1. 工具变量法

为了避免遗漏变量所导致的内生性问题，本书使用工具变量进行两阶段最小二乘法（2SLS）回归进行分析。根据本书研究，合适的工具变量须满足以下两个条件：（1）与 CEO 的任命决策相关；（2）与上市公司 AI 转型无关。综合两方面考虑，本书借鉴文雯等（2019）① 研究高管学术经历的做法，采用当年度公司注册地所在省份普通高等院校数量的自然对数（IV_ ACADE）作为工具变量。选择这一工具变量的基本理由是：一方面，上市公司所在地区院校数量多说明当地学术文化氛围浓厚，更推崇、重视学者群体的能力与素养，更倾向于聘任有学术经历的 CEO 主持公司经营工作；另一方面，普通高等院校数量反映的是当地教育水平，与企业决策（包括上市公司 AI 转型决策）之间不存在直接关联。

两阶段回归（2SLS）的实证结果如表 5-20 列（1）、列（2）所示。从表 5-20 列（1）可知，在第一阶段回归中，IV_ ACADE 与 ACADE 在 5% 水平上显著正相关，表明学术氛围浓厚地区的上市公司更有意愿聘任学者型 CEO，符合前文假设；从列（2）可知，在第二阶段回归中，ACADE 在 10% 水平上显著为正，表明在控制潜在的遗漏变量等内生性问题之后，本书研究结论基本不变。

2. 倾向得分匹配法

考虑到样本的自选择问题，本书采用倾向得分匹配法（PSM）对上市公司 AI 转型的样本进行 1∶1 邻近匹配，计算倾向性得分的模型变量包括 TOP1、LEV、BOD、INDE、SIZE、CASH、DUALITY，运用 Logit 模型对匹配后的样本数据进行回归分析。表 5-20 列（3）报告了回归结果，学者型 CEO（ACADE）的回归系数为 0.307，且在 5% 水平上显著，前文结论依然成立。

---

① 文雯等：《学者型 CEO 能否抑制企业税收规避》，《山西财经大学学报》2019 年第 6 期。

3. 其他稳健性检验

为了保证研究结论的可靠性，我们还进行了如下稳健性检验：（1）上市公司 AI 转型的探索过程与成果实现较为漫长，学者型 CEO 进行 AI 转型很可能是收获了前任 CEO 的成果。为避免"前人栽树，后人乘凉"造成的内生性偏差，本书将因变量分别进行滞后 1 期、滞后 2 期处理，并运用 Logit 模型进行估计。表 5-20 列（4）、列（5）报告了回归结果，此结果仍然与本文假设一致。（2）改变学者型 CEO 对上市公司 AI 转型影响的检验模型，借助 Probit 模型重新进行检验，表 5-20 列（6）为具体的回归结果，该回归结果与上文结论继续保持一致。

表 5-20　稳健性检验回归分析结果

变量	ACADE			INM		
	（1）	（2）	（3）	（4）	（5）	（6）
ACADE		1.339* (1.72)	0.307** (2.22)			0.161*** (2.87)
IV_ACADE	0.027** (2.41)					
L.ACADE				0.279*** (2.84)		
L2.ACADE					0.284*** (2.71)	
TOP1	−0.026 (−0.68)	0.036 (0.48)	−0.171 (−0.39)	0.043 (0.16)	0.020 (0.07)	−0.013 (−0.09)
LEV	−0.022 (−0.70)	0.031 (0.50)	−0.122 (−0.30)	0.152 (0.70)	0.330 (1.37)	−0.003 (−0.03)
BOD	−0.004 (−1.04)	0.010 (1.26)	−0.041 (−0.98)	0.025 (0.94)	0.044 (1.51)	0.013 (0.88)
INDE	−0.060 (−0.56)	0.381* (1.82)	1.560 (1.27)	1.372* (1.87)	1.809** (2.25)	0.791* (1.93)
SIZE	−0.000 (−0.00)	0.054*** (5.25)	0.441*** (6.41)	0.233*** (6.15)	0.227*** (5.52)	0.152*** (7.22)
CASH	0.085 (0.97)	0.141 (0.78)	0.828 (0.76)	1.881*** (3.09)	2.507*** (3.66)	0.708** (2.10)

续表

变量	ACADE			INM		
	（1）	（2）	（3）	（4）	（5）	（6）
TOBIN	0.012** （2.49）	−0.026** （−2.08）		−0.075** （−2.29）	−0.117*** （−3.14）	−0.034* （−1.85）
GENDER	0.005 （0.24）	−0.037 （−0.88）		−0.039 （−0.25）	−0.053 （−0.32）	−0.083 （−0.98）
AGE	0.209*** （5.54）	−0.274 （−1.57）		−0.021 （−0.08）	0.160 （0.57）	−0.036 （−0.25）
DUALITY	0.125*** （9.61）	−0.080 （−0.79）	0.087 （0.49）	0.359*** （3.94）	0.241** （2.42）	0.230*** （4.60）
Year	YES	YES	YES	YES	YES	YES
Constant term	−0.750*** （−4.00）	−0.267 （−0.45）	−11.225*** （−7.74）	−6.813*** （−5.42）	−7.209*** （−5.29）	−4.377*** （−6.28）
N	4722	4722	1320	3779	3136	4722
R^2	0.042	—	0.098	0.072	0.059	0.094
F	12.21	354.16	178.69	379.06	255.11	614.69

注：*** 表示 $p<0.01$，** 表示 $p<0.05$，* 表示 $p<0.1$；括号内为 t 值。
资料米源：作者整理。

五、研究结论与管理启示

（一）研究结论

"文人下海"是我国经济发展中的一个独特现象，高管的学术经历可能会影响企业的经营管理决策。由于上市公司 AI 转型逐渐受到理论界与实务界的关注，而学者型 CEO 在其中扮演的角色更是社会热议的话题，因此，本书以 2014—2020 年隶属于企业集团的沪深两市制造业上市公司为研究样本，实证检验了学者型 CEO 对上市公司 AI 转型的影响及其作用机理，并得到以下结论：学者型 CEO 对制造业上市公司 AI 转型能起到显著的促进作用，这表明学术研究经历塑造出的 CEO 不仅性格特征契合 AI 转型的要求，而且其依附学术经历所带来的丰富资源，可以显著提升上市公司 AI 转型水平。母子公司高管协同配置能发挥出有效的协同效应，强化学者型 CEO 对上市公司 AI 转型的正向影响。此外，我们还发现，企业内部控制质量在学者型 CEO 与上市公司 AI 转型之间起部分中介作用；与民营企业集团相比，国有企业集团的学者型 CEO 对上市公司 AI 转型的正向促进作用更强。

（二）研究启示

在理论启示方面：第一，本书基于高层梯队理论拓展了上市公司 AI 转型影响因素的相关研究，从高管行为角度阐明了学者型 CEO 影响上市公司 AI 转型的影响机制。本书采用人工收集的方法整理上市公司 AI 转型数据，为重新审视和解决中国制造业上市公司 AI 转型过程中的问题提供微观层面的理论支持和新的解决思路。第二，以往的研究鲜有学者探讨学者型 CEO 与上市公司 AI 转型的关系。我们的研究进一步丰富了学者型 CEO 经济后果的研究框架，为高层梯队理论领域的研究文献提供了有益的补充。第三，本书以母子公司高管关系为切入点，不局限于单个企业，而是涉及企业集团内部资源配置的管理实践，进一步阐明了企业集团框架内上市公司 AI 转型决策的内在逻辑，为科学设计母子公司治理机制提供理论参考。

在政策启示方面：第一，学术性高管具备更高的数字化与智能化素养，是上市公司 AI 转型的积极推手，企业要优化 AI 转型战略实施体系下的高管选聘与晋升制度建设，在甄选人才时提升高管团队中学术型人力资本的比重，充分发挥学术性人才的独特优势，从而实现效能更好、质量更高的 AI 转型升级。母子公司制是中国企业集团在实践中使用最广泛的组织形式。对于子公司而言，应通过母子公司高管协同配置等方式充分发挥企业集团的协同优势，依靠内部资本市场提供替代，获取更多更持久的资金支持，从而为上市公司 AI 转型奠定扎实的资源基础。第二，政府部门应该制定政策鼓励研究人员进入进行 AI 转型的国有企业，以便更充分地调动和协调校企资源，大力推进人才发展体制改革。此外，政府应加快不同类型产业人工智能转型的政策制度设计建设，通过选聘学者型高管，打造一批真正意义上的国有企业职业经理人，为中国企业内部控制体系的建设和优化提供赋能效应，从而更好地迎接和拥抱产业人工智能转型。

本章小结

本章内容主要是考察母子公司高管协同配置在公司治理中的情境作用，具体包括四个子研究：一是验证了母子公司高管协同配置在上市公司绩效困境与母公司减持行为关系中的调节作用，具体表现是：母子公司高管协同配置会弱化上市公司绩效困境对母公司减持行为的正向影响，且上市公司规模越大，母子公司高管协同配置对上市公司绩效困境与母公司减持行为关系的调节作用越强。二是考察了母子公司高管协同配置对上市公司业绩压力与环境信息披露关系的影响，结果显示在母子公司高管协同程度较低的情境下，母公司持股对上市公司业绩压力与环境信息披露正相关关系的弱化作用越强。三是分析了母子公司高管协同配置对上市公司业绩表现与数字化转型关系的影响，结果表明母子公司高管协同配置程度越高，业绩水平较高的上市公司对数字化转型的积极影响越强。四是探讨了母子公司高管协同配置对学者型 CEO 与上市公司 AI 转型关系的影响，结果表明母子公司高管协同配置程度越高，学者型 CEO 对上市公司 AI 转型的正向影响越强。

以上研究进一步彰显出母子公司高管协同配置作为母子公司治理体系中的特殊要素，不仅具有直接的公司治理效用，还会对公司治理行为的决策机理产生交互影响，企业集团在实践中进行母子公司治理结构安排和制度设计时应当全面客观考虑母子公司高管协同配置的治理作用与适度性，以尽可能发挥其在母子公司治理中的积极作用。

结　语

时至今日，世界 500 强中国企业的数量已超越美国，作为我国企业集团中广泛采用的一种组织结构形式，母子公司高管协同配置彰显着有别于西方情境的"中国特色"，探明其治理机制与效应将为中国企业集团未来的可持续发展提供理论支持与实践指导，是今后公司治理领域的重大研究课题。本书以我国集团框架内上市公司为研究对象，根植于中国的制度背景探讨了母子公司高管协同配置的研究与实践现状、驱动机制、治理效应。

第一章通过回顾该领域已有文献，明确母子公司高管协同配置的概念与表现形式，梳理高管协同配置的理论逻辑以及在实证研究中的应用。首先，该章通过文献回顾为其他学者迅速了解该领域的研究进展提供帮助，对母子公司高管协同配置的学术研究起到抛砖引玉的作用；其次，该章总结了目前该领域理论研究存在的不足，并结合管理实践的需求提出未来研究框架，在进一步丰富理论研究体系的基础上，可以为实践中母子公司高管协同配置的实施提供更多建议和思考；最后，该章从公司治理视角出发，通过高管协同配置这一形式对母子公司治理的实现方式进行讨论，一定程度上可以弥补母子公司协同治理研究的理论缺口。

第二章通过描述性分析探索并揭示了中国情境下母子公司高管协同配置在不同地区、不同行业中的格局特征与演变趋势，发现母子公司高管协同配置程度整体呈现出逐年递减的趋势，同时，我国集团框架内上市公司的空间分布与母子公司高管协同配置程度在宏观尺度上呈现出明显的地域异质性与行业异质性。

第三章从公司治理理论出发，应用定性比较分析方法整合了涉及上市公司内外部治理制度的六个变量，探讨了影响上市公司高管协同配置的多重并发机制。首先，该章分析了公司内外部治理机制对高管协同配置影响的组态效应，使得高管协同配置的前因影响机制更加明晰，研究结果有利于加深学术界对高管协同配置现象的了解；其次，该章还从"因果不对称性"的角度探讨上市公司高管非纵向协同配置的驱动机制，可以为今后母子公司治理领域的理论研究提供方法论上的参考，有助于缓解当前理论研究的困境。

第四章从母公司隧道行为、上市公司现金股利政策、上市公司董事高管责任保险、上市公司内部控制质量、上市公司治理稳定性、上市公司 AI 转型与上市公司的技术创新行为七个维度为母子公司高管协同配置的治理效应提供了经验证据。该章主要得到以下结论：（1）母子公司高管协同配置可以有效弱化治理过程中的隧道行为；（2）母子公司高管协同配置有助于上市公司实施积极的现金股利政策；（3）母子公司高管协同配置对上市公司董事高管责任保险购买行为具有显著负向影响；（4）母子公司高管协同配置可以促进上市公司内部控制质量；（5）母子公司高管协同配置通过缓解资金占用行为促进上市公司 AI 转型；（6）母子公司高管协同通过影响上市公司组织冗余进而对技术创新行为产生积极影响；（7）母子公司高管协同配置有助于上市公司 CEO 职位稳定性、股东利益稳定性，以及价值成长稳定性。

第五章则进一步剖析了母子公司高管协同配置与业绩表现在不同决策情境中的交互效应，尽可能为读者还原这一企业集团治理机制在中国特殊情境下的全貌。

习近平总书记强调，要"努力构建一个全方位、全领域、全要素的哲学社会科学体系"①。百年未有之大变局下的中国正处在一个大有可为的历史机遇期，在增强"四个自信"与破"五唯"的形势下，推动公司治理与集团公司管理的研究是加快构建中国特色哲学社会科学的重要内容，关于母子公司高管协同配置治理机制与效应的研究必在构建之列。

———————————

① 习近平：《在哲学社会科学工作座谈会上的讲话》，人民出版社 2016 年版，第 22 页。

参考文献

［1］Agrawal, A., Cooper, T., "Corporate Governance Consequences of Accounting Scandals: Evidence from Top Management, CFO and Auditor Turnover", *The Quarterly Journal of Finance*, Vol. 7, No. 1 (2017), pp. 371-406.

［2］Acharya, V. V., et al., "The Internal Governance of Firms", *The Journal of Finance*, Vol. 66, No. 3 (2011), pp. 689-720.

［3］Ahmadi, A., Bouri, A., "The Relationship between Financial Attributes, Environmental Performance and Environmental Disclosure: Empirical Investigation on French Firms Listed on CAC 40", *Management of Environmental Quality: An International Journal*, Vol. 28, No. 4 (2017), pp. 490-506.

［4］Li, A., "Foreign Subsidiaries' Status: Distinctive Determinants and Implications for Subsidiary Performance", *Thunderbird International Business Review*, Vol. 60, No. 4 (2018), pp. 699-708.

［5］Ambos, B., Mahnke, V., "How do MNC Headquarters Add Value?", *Management International Review*, Vol. 50, No. 4 (2010), pp. 403-412.

［6］Andrikopoulos, A., Kriklani, N., "Environmental Disclosure and Financial Characteristics of the Firm: The Case of Denmark", *Corporate Social Responsibility and Environmental Management*, Vol. 20, No. 1 (2013), pp. 55-64.

［7］Backes-Gellner, U., Pull, K., "Tournament Compensation Systems, Employee Heterogeneity, and Firm Performance", *Human Resource Management*, Vol. 52, No. 3 (2013), pp. 375-398.

［8］Bai, G., et al., "How do Executives' Synergistic Allocation and Organizational Slack Drive Enterprise Technological Innovation?", *Plos One*, Vol. 17,

No. 10 （2022）, e0276022.

［9］Baik, B. O. K., et al., "CEO Ability and Management Earnings Fore-casts", *Contemporary Accounting Research*, Vol. 28, No. 5 （2011）, pp. 1645－1668.

［10］Baker, S. R., et al., "Measuring Economic Policy Uncertainty", *The Quarterly Journal of Economics*, Vol. 131, No. 4 （2016）, pp. 1593－1636.

［11］Baldini, M., et al., "Role of Country-and Firm-level Determinants in Environmental, Social, and Governance Disclosure", *Journal of Business Ethics*, Vol. 150, No. 1 （2018）, pp. 79－98.

［12］Belderbos, R. A., Heijltjes, M. G., "The Determinants of Expatriate Staffing by Japanese Multinationals in Asia: Control, Learning and Vertical Busi-ness Groups", *Journal of International Business Studies*, Vol. 36, No. 3 （2005）, pp. 341－354.

［13］Belenzon, S., et al., "The Architecture of Attention: Group Structure and Subsidiary Autonomy", *Strategic Management Journal*, Vol. 40, No. 10 （2019）, pp. 1610－1643.

［14］Bentley, F. S., Kehoe, R. R., "Give Them Some Slack—They're Trying to Change! The Benefits of Excess Cash, Excess Employees, and Increased Human Capital in the Strategic Change Context", *Academy of Manage-ment Journal*, Vol. 63, No. 1 （2020）, pp. 181－204.

［15］Berrtr, M., et al., "Ferreting out Tunneling: An Application to Indian Business Groups", *The Quarterly Journal of Economics*, Vol. 117, No. 30 （2002）, pp. 121－148.

［16］Björkman, I., et al., "Institutional Theory and MNC Subsidiary HRM Practices: Evidence from a Three-country Study", *Journal of International Business Studies*, Vol. 38, No. 3 （2007）, pp. 430－446.

［17］Lambrecht, B. M., Myers, S. C., "The Dynamics of Investment, Payout and Debt", *The Review of Financial Studies*, Vol. 30, No. 11 （2017）, pp. 3759－3800.

［18］Boateng, A., Huang, W., "Multiple Large Shareholders, Excess Le-verage and Tunneling: Evidence from an Emerging Market", *Corporate Govern-*

ance: *An International Review*, Vol. 25, No. 1 (2017), pp. 58-74.

[19] Boone, C., et al., "Top Management Team Nationality Diversity, Corporate Entrepreneurship, and Innovation in Multinational Firms", *Strategic Management Journal*, Vol. 40, No. 2 (2019), pp. 277-302.

[20] Borgatti, S. P., Foster, P. C., "The Network Paradigm in Organizational Research: A Review and Typology", *Journal of Management*, Vol. 29, No. 6 (2003), pp. 991-1013.

[21] Campbell, R. J., et al., "Born to Take Risk? The Effect of CEO Birth Order on Strategic Risk Taking", *Academy of Management Journal*, Vol. 62, No. 4 (2019), pp. 1278-1306.

[22] Carney, M., et al., "Business Group Performance in China: Ownership and Temporal Considerations", *Management and Organization Review*, Vol. 5, No. 2 (2009), pp. 167-193.

[23] Chen, C., et al., "Board Independence as a Panacea to Tunneling? An Empirical Study of Related-Party Transactions in Hong Kong and Singapore", *Journal of Empirical Legal Studies*, Vol. 15, No. 4 (2018), pp. 987-1020.

[24] Cheng, L., et al., "Feedback and Firms' Relative Strategic Emphasis: The Moderating Effects of Board Independence and Media Coverage", *Journal of Business Research*, Vol. 139, 2022, pp. 218-231.

[25] Cheng, Q., et al., "Internal Governance and Real Earnings Management", *The Accounting Review*, Vol. 91, No. 4 (2016), pp. 1051-1085.

[26] Cheng, S., "Board Size and the Variability of Corporate Performance", *Journal of Financial Economics*, Vol. 87, No. 1 (2008), pp. 157-176.

[27] Chen, T., et al., "Institutional Shareholders and Corporate Social Responsibility", *Journal of Financial Economics*, Vol. 135, No. 2 (2020), pp. 483-504.

[28] Chen, T. J., et al., "Resource Dependency and Parent-subsidiary Capability Transfers", *Journal of World Business*, Vol. 47, No. 2 (2012), pp. 259-266.

[29] Cho, C. H., et al., "Professors on the Board: Do They Contribute to

Society Outside the Classroom?", *Journal of Business Ethics*, Vol. 141, No. 2 (2017), pp. 393-409.

[30] Homnurg, C., et al., "How Important are Dividend Signals in Assessing Earnings Persistence?", *Contemporary Accounting Research*, Vol. 35, No. 4 (2018), pp. 2082-2105.

[31] Clarkson, P. M., "The Relevance of Environmental Disclosures: Are Such Disclosures Incrementally Informative?", *Journal of Accounting and Public Policy*, Vol. 32, No. 5 (2013), pp. 410-431.

[32] Coles, J. L., et al., "Boards: Does One Size Fit All?", *Journal of Financial Economics*, Vol. 87, No. 2 (2008), pp. 329-356.

[33] Cowan, E. J., Eder, L. B., "The Transformation of AT&T's Enterprise Network Systems Group to Avaya: Enabling the Virtual Corporation through Reengineering and Enterprise Resource Planning", *Journal of Information Systems Education*, Vol. 14, No. 3 (2020), p. 15.

[34] Crilly, D., "Predicting Stakeholder Orientation in the Multinational Enterprise: A Mid-range Theory", *Journal of International Business Studies*, Vol. 42, No. 5 (2011), pp. 694-717.

[35] Crilly, D., et al., "Faking it or Muddling Through? Understanding Decoupling in Response to Stakeholder Pressures", *Academy of Management Journal*, Vol. 55, No. 6 (2012), pp. 1429-1448.

[36] Cui, L., et al., "Where to Seek Strategic Assets for Competitive Catch-up? A Configurational Study of Emerging Multinational Enterprises Expanding into Foreign Strategic Factor Markets", *Organization Studies*, Vol. 38, No. 8 (2017), pp. 1059-1083.

[37] Dasgupta, A., Piacentino, G., "The Wall Street Walk When Blockholders Compete for Flows", *The Journal of Finance*, Vol. 70, No. 6 (2015), pp. 2853-2896.

[38] Decreton, B., et al., "Beyond Simple Configurations: The Dual Involvement of Divisional and Corporate Headquarters in Subsidiary Innovation Activities in Multibusiness Firms", *Management International Review*, Vol. 57, No. 6 (2017), pp. 1-24.

［39］Desai, V. M., "The Behavioral Theory of the (Governed) Firm: Corporate Board Influences on Organizations' Responses to Performance Shortfalls", *Academy of Management Journal*, Vol. 59, No. 3 (2016), pp. 860–879.

［40］Diestre, L., et al., "Constraints in Acquiring and Utilizing Directors' Experience: An Empirical Study of New-market Entry in the Pharmaceutical Industry", *Strategic Management Journal*, Vol. 36, No. 3 (2015), pp. 339–359.

［41］Dikolli, S. S., et al., "CEO Tenure and the Performance—Turnover Relation", *Review of Accounting Studies*, Vol. 19, No. 1 (2014), pp. 281–327.

［42］Duchin, R., Sosyura, D., "Divisional Managers and Internal Capital Markets", *The Journal of Finance*, Vol. 68, No. 2 (2013), pp. 387–429.

［43］Du, Y., et al., "The Roles of Subsidiary Boards in Multinational Enterprises", *Journal of International Management*, Vol. 21, No. 3 (2015), pp. 169–181.

［44］Dyreng, S. D., et al., "Strategic Subsidiary Disclosure", *Journal of Accounting Research*, Vol. 58, No. 3 (2020), pp. 643–692.

［45］Ederer, F., Manso, G., "Is Pay for Performance Detrimental to Innovation?", *Management Science*, Vol. 59, No. 7 (2013), pp. 1496–1513.

［46］Elyasiani, E., Jia, J. "Distribution of Institutional Ownership and Corporate Firm Performance", *Journal of Banking & Finance*, Vol. 34, No. 3 (2010), pp. 606–620.

［47］Enriques, L., "Related Party Transactions: Policy Options and Real-World Challenges (With a Critique of the European Commission Proposal)", *European Business Organization Law Review*, Vol. 16, No. 1 (2015), pp. 1–37.

［48］Fainshmidt, S., et al., "Orchestrating the Flow of Human Resources: Insights from Spanish Soccer Clubs", *Strategic Organization*, Vol. 15, No. 4 (2017), pp. 441–460.

［49］Faleye, O., et al., "Do Better-Connected CEOs Innovate More?", *Journal of Financial and Quantitative Analysis*, Vol. 49, No. 5 – 6 (2014), pp. 1201–1225.

［50］Fama, E. F., "Agency Problems and the Theory of the Firm", *Journal of Political Economy*, Vol. 88, No. 2 (1980), pp. 288–307.

［51］Fama, E. F., Jensen, M. C., "Separation of Ownership and Control", *The Journal of Law and Economics*, Vol. 26, No. 2 (1983), pp. 301-325.

［52］Finkelstein, S., Hambrick, D. C., "Top-management-team Tenure and Organizational Outcomes: The Moderating Role of Managerial Discretion", *Administrative Science Quarterly*, Vol. 35, No. 3 (1990), pp. 484-503.

［53］Fiss, P. C., "Building Better Causal Theories: A Fuzzy Set Approach to Typologies in Organization Research", *Academy of Management Journal*, Vol. 54, No. 2 (2011), pp. 393-420.

［54］Rosa, F. L., et al., "Ownership Structure and the Cost of Equity in the European Context: The Mediating Effect of Earnings Management", *Meditari Accountancy Research*, Vol. 28, No. 3 (2020), pp. 485-514.

［55］Fraser, S., Greene, F. J., "The Effects of Experience on Entrepreneurial Optimism and Uncertainty", *Economica*, Vol. 73, No. 290 (2006), pp. 169-192.

［56］Zona, F., et al., "Withers, Board Interlocks and Firm Performance: Toward A Combined Agency-resource Dependence Perspective", *Journal of Management*, Vol. 44, No. 2 (2018), pp. 589-618.

［57］Gao, H., et al., "Social Media Ties Strategy in International Branding: An Application of Resource-based Theory", *Journal of International Marketing*, Vol. 26, No. 3 (2018), pp. 45-69.

［58］Gaur, S. S., et al., "Ownership Concentration, Board Characteristics and Firm Performance", *Management Decision*, Vol. 53, No. 5 (2015), pp. 911-931.

［59］De, G., et al., "Marek, does Country Context Distance Determine Subsidiary Decision-making Autonomy? Theory and Evidence from European Transition Economies", *International Business Review*, Vol. 24, No. 5 (2015), pp. 874-889.

［60］Gershman, M., et al., "Open Innovation in Russian State-owned Enterprises", *Industry and Innovation*, Vol. 26, No. 2 (2019), pp. 199-217.

［61］Gjalt, de Jong, et al., "Does Country Context Distance Determine Subsidiary Decision-Making Autonomy? Theory and Evidence from European Transition Economies", *International Business Review*, Vol. 24, No. 5 (2015), pp. 874-889.

[62] Golgeci, I., et al., "European MNE Subsidiaries' Embeddedness and Innovation Performance: Moderating Role of External Search Depth and Breadth", *Journal of Business Research*, Vol. 102, No. 9 (2019), pp. 97-108.

[63] Greckhamer, T., "CEO Compensation in Relation to Worker Compensation Across Countries: The Configurational Impact of Country-level Institutions", *Strategic Management Journal*, Vol. 37, No. 4 (2016), pp. 793-815.

[64] Greckhamer, T., et al., "Studying Configurations with Qualitative Comparative Analysis: Best Practices in Strategy and Organization Research", *Strategic Organization*, Vol. 16, No. 4 (2018), pp. 482-495.

[65] Grinyer, P., McKiernan, P., "Generating Major Change in Stagnating Companies", *Strategic Management Journal*, Vol. 11, No. 5 (1990), pp. 131-146.

[66] Grossman, S. J., Hart, O., "The Costs and Benefits of Ownership: A Theory of Vertical and Lateral Integration", *Journal of Political Economy*, Vol. 94, No. 4 (1986), pp. 691-719.

[67] Haken, H., "What can Synergetics Contribute to Embodied Aesthetics?", *Behavioral Sciences*, Vol. 7, No. 3 (2017), pp. 61-74.

[68] Hambrick, D. C., Fukutomi, G. D., "The Seasons of a CEO's Tenure", *Academic of Management*, Vol. 16, No. 4 (1991), pp. 719-742.

[69] Hambrick, D. C., Mason, P. A., "Upper Echelons: The Organization as a Reflection of Its Top Managers", *Academy of Management Review*, Vol. 9, No. 2 (1984), pp. 193-206.

[70] An, H., Zhang, T., "Stock Price Synchronicity, Crash Risk, and Institutional Investors", *Journal of Corporate Finance*, Vol. 21, No. 1 (2013), pp. 1-15.

[71] Han, Y., Altman. Y., "Supervisor and Subordinate Guanxi: A Grounded Investigation in the People's Republic of China", *Journal of Business Ethics*, Vol. 88, No. 1 (2009), pp. 91-104.

［72］He, B., Bai, K. J., "Digital Twin-based Sustainable Intelligent Manufacturing: A Review", *Advances in Manufacturing*, Vol. 9. No. 1 （2021）, pp. 1-21.

［73］Hillman, A. J., Dalziel, T., "Boards of Directors and Firm Performance: Integrating Agency and Resource Dependence Perspectives", *Academy of Management Review*, Vol. 28, No. 3 （2003）, pp. 383-396.

［74］Hovakimian, A., Hu, H., "Institutional Shareholders and SEO Market Timing", *Journal of Corporate Finance*, Vol. 36, 2016, pp. 1-14.

［75］Hu, H. W., Sun, P., "What Determines the Severity of Tunneling in China?", *Asia Pacific Journal of Management*, Vol. 36, No. 1 （2019）, pp. 161-184.

［76］Huyghebaert, N., Wang, L., "Expropriation of Minority Investors in Chinese Listed Firms: The Role of Internal and External Corporate Governance Mechanisms", *Corporate Governance: An International Review*, Vol. 20, No. 3 （2012）, pp. 308-332.

［77］Zou, H., et al., "Controlling-Minority Shareholder Incentive Conflicts and Directors' and Officers' Liability Insurance: Evidence from China", *Journal of Banking & Finance*, Vol. 32, No. 12 （2008）, pp. 2636-2645.

［78］Filatotchev, I., "Board Interlocks and Initial Public Offering Performance in the United States and the United Kingdom: An Institutional Perspective", *Journal of Management*, Vol. 44, No. 4 （2018）, pp. 1620-1650.

［79］Kim, I., Kim, T., "Changing Dividend Policy in Korea: Explanations Based on Catering, Risk, and the Firm's Lifecycle", *Asia-Pacific Journal of Financial Studies*, Vol. 42, No. 6 （2014）, pp. 880-912.

［80］Iwasaki, I., "Global Financial Crisis, Corporate Governance, and Firm Survival: The Russian Experience", *Journal of Comparative Economics*, Vol. 42, No. 1 （2014）, pp. 178-211.

［81］Jensen, M. C., Meckling, W. H., "Theory of the Firm: Managerial Behavior, Agency Costs and Ownership Structure", *Journal of Financial Economics*, Vol. 3, 1976, pp. 305-360.

［82］De, J. G., et al., "Does Country Context Distance Determine

Subsidiary Decision-making Autonomy? Theory and Evidence from European Transition Economies", *International Business Review*, Vol. 24, No. 5 (2015), pp. 874–889.

[83] Harford, J., et al., "Corporate Governance and Firm Cash Holdings in the US", *Journal of Financial Economics*, Vol. 87, No. 3 (2008), pp. 535–555.

[84] Hwang, J. H., "Directors' and Officers' Liability Insurance and Firm Value", *Journal of Risk and Insurance*, Vol. 85, No. 2 (2018), pp. 447–482.

[85] Jiang, G. H., et al., "Tunneling through Inter-Corporate Loans: The China Experience", *Journal of Financial Economics*, Vol. 98, No. 1 (2010), pp. 1–20.

[86] Jia, N., et al., "Public Governance, Corporate Governance, and Firm Innovation: An Examination of State-owned Enterprises", *Academy of Management Journal*, Vol. 62, No. 1 (2019), pp. 220–247.

[87] Kang, J. K., et al., "Are Institutional Investors with Multiple Block Holdings Effective Monitors?", *Journal of Financial Economics*, Vol. 128, No. 3 (2018), pp. 576–602.

[88] Jung, H. W. H., Subramanian, A., "CEO Talent, CEO Compensation, and Product Market Competition", *Journal of Financial Economics*, Vol. 125, No. 1 (2017), pp. 48–71.

[89] Wang, J., et al., "Directors' and Officers' Liability Insurance and Firm Innovation", *Economic Modelling*, Vol. 89, 2020, pp. 414–426.

[90] Ridge, J. W., et al., "Implications of Multiple Concurrent Pay Comparisons for Top-team Turnover", *Journal of Management*, Vol. 43, No. 3 (2017), pp. 671–690.

[91] Kabbach-De-Castro, L. R., et al., "Do Internal Capital Markets in Business Groups Mitigate Firms' Financial Constraints?", *Journal of Banking & Finance*, Vol. 143, 2022, Article106573.

[92] Kiefer, M., et al., "Shareholders and Managers as Principal-agent Hierarchies and Cooperative Teams", *Qualitative Research in Financial Markets*, Vol. 9, No. 1 (2017), pp. 48–71.

[93] Kim, B., et al., "Business Groups and Tunneling: Evidence from Corporate Charitable Contributions by Korean Companies", *Journal of Business Ethics*, Vol. 154, No. 3 (2019), pp. 643-666.

[94] Kim, H., Kung, H., "The Asset Redeploy Ability Channel: How Uncertainty Affects Corporate Investment", *The Review of Financial Studies*, Vol. 30, No. 1 (2017), pp. 245-280.

[95] Koester, A., et al., "The Role of Managerial Ability in Corporate Tax Avoidance", *Management Science*, Vol. 63, No. 10 (2017), pp. 3285-3310.

[96] Lazear, E. P., Rosen, S., "Rank-order Tournaments as Optimum Labor Contracts", *Journal of Political Economy*, Vol. 89, No. 5 (1981), pp. 841-864.

[97] Lee, J., et al., "A Cyber-Physical Systems Architecture for Industry 4.0 - Based Manufacturing Systems", *Manufacturing Letters*, Vol. 3, 2015, pp. 18-23.

[98] Li, B., et al., "Applications of Artificial Intelligence in Intelligent Manufacturing: A Review", *Frontiers of Information Technology & Electronic Engineering*, Vol. 18, No. 1 (2017), pp. 86-96.

[99] Li, J., et al., "Control, Collaboration, and Productivity in International Joint Ventures: Theory and Evidence", *Strategic Management Journal*, Vol. 30, No. 8 (2009), pp. 865-884.

[100] Liu, H., et al., "Removing Vacant Chairs: Does Independent Directors' Attendance at Board Meetings Matter?", *Journal of Business Ethics*, Vol. 133, No. 2 (2016), pp. 375-393.

[101] Liu, Q., Tian, G., "Controlling Shareholder, Expropriations and Firm's Leverage Decision: Evidence from Chinese Non-Tradable Share Reform", *Journal of Corporate Finance*, Vol. 18, No. 4 (2012), pp. 782-803.

[102] Loureiro, G., et al., "One Dollar CEOs", *Journal of Business Research*, Vol. 109, 2020, pp. 425-439.

[103] Lucas, G. J. M., "Contradictory yet Coherent? Inconsistency in Performance Feedback and R&D Investment Change", *Journal of Management*, Vol. 44, No. 2 (2018), pp. 658-681.

［104］Maman, D., "The Organizational Connection: Social Capital and the Career Expansion of Directors of Business Groups in Israel", *Social Science Research*, Vol. 30, No. 4 (2001), pp. 578-605.

［105］Naseem, M. A., et al., "Capital Structure and Corporate Governance", *The Journal of Developing Areas*, Vol. 51, No. 1 (2017), pp. 33-47.

［106］Martinez, Z. L., Ricks, D. A., "Multinational Parent Companies' Influence over Human Resource Decisions of Affiliates: U. S. Firm Sin Mexico", *Journal of International Business Studies*, Vol. 20, No. 3 (1989), pp. 465-487.

［107］Boyer, M., "Directors' and Officers' Insurance and Shareholder Protection", *Journal of Financial Perspectives*, Vol. 2, 2014, pp. 107-128.

［108］Carney, M., et al., "Business Group Performance in China: Ownership and Temporal Considerations", *Management and Organization Review*, Vol. 5, No. 2 (2009), pp. 167-193.

［109］Meng, X. H., et al., "The Relationship between Corporate Environmental Performance and Environmental Disclosure: An Empirical Study in China", *Journal of Environmental Management*, Vol. 145, 2014, pp. 357-367.

［110］Misangyi, V. F., Acharya, A. G., "Substitutes or Complements? A Configurational Examination of Corporate Governance Mechanisms", *Academy of Management Journal*, Vol. 57, No. 6 (2014), pp. 1681-1705.

［111］Misangyi, V. F., et al., "Embracing Causal Complexity: The Emergence of a Neo-configurational Perspective", *Journal of Management*, Vol. 43, No. 1 (2017), pp. 255-282.

［112］Boyer, M. M., Stern, L. H., "D&O Insurance and IPO Performance: What Can We Learn from Insurers", *Journal of Financial Intermediation*, Vol. 23, No. 4 (2014), pp. 504-540.

［113］Nguyen, T., et al., "Ownership Concentration and Corporate Performance from a Dynamic Perspective: Does National Governance Quality Matter?", *International Review of Financial Analysis*, Vol. 41, 2015, pp. 148-161.

［114］Nohria, N., Gulati, R., "Is Slack Good or Bad for Innovation", *Academy of Management Journal*, Vol. 39, No. 5 (1996), pp. 1245-1264.

［115］Nor, N. M., "The Effects of Environmental Disclosure on Financial

Performance in Malaysia", *Procedia Economics and Finance*, Vol. 35, No. 35 (2016), pp. 117-126.

[116] Osterrieder, P., et al., "The Smart Factory as a Key Construct of Industry 4.0: A Systematic Literature Review", *International Journal of Production Economics*, Vol. 221, 2020, p. 107476.

[117] Pattnaik, C., et al., "Group Affiliation and Entry Barriers: The Dark Side of Business Groups in Emerging Markets", *Journal of Business Ethics*, Vol. 153, No. 4 (2018), pp. 1051-1066.

[118] Peng, M. W., et al., "Human Capital and CEO Compensation during Institutional Transitions", *Journal of Management Studies*, Vol. 52, No. 1 (2015), pp. 117-147.

[119] Jiraporn, P., et al., "Dividend Payouts and Corporate Governance Quality: An Empirical Investigation", *Financial Review*, Vol. 46, No. 2 (2011), pp. 251-279.

[120] Putranto, P., "Effect of Managerial Ownership and Profitability on Firm Value (Empirical Study on Food and Beverage Industrial Sector Company 2012 to 2015)", *European Journal Business and Management*, Vol. 10, No. 25 (2018), pp. 96-104.

[121] Wang, Qian, Du, Zhuo-Ya, "Changing the Impact of Banking Concentration on Corporate Innovation: The Moderating Effect of Digital Transformation", *Technology in Society*, Vol. 71, 2022, Article102124.

[122] Qiu, Y., et al., "Environmental and Social Disclosures: Link with Corporate Financial Performance", *The British Accounting Review*, Vol. 48, No. 1 (2016), pp. 102-116.

[123] Rajan, R., Zingales, L., "Financial Dependence and Growth", *Social Science Electronic Publishing*, Vol. 88, No. 3 (1998), pp. 559-586.

[124] Rediker, K. J., Seth, A., "Boards of Directors and Substitution Effects of Alternative Governance Mechanisms", *Strategic Management Journal*, Vol. 16, No. 2 (1995), pp. 85-99.

[125] Roundy, P. T., Bayer, M. A., "To Bridge or Buffer? A Resource Dependence Theory of Nascent Entrepreneurial Ecosystems", *Journal of Entrepre-*

neurship in Emerging Economies, Vol. 11, No. 4 (2019), pp. 550-575.

[126] Ruback, R. S., Jensen, M. C., "The Market for Corporate Control: The Scientific Evidence", *Journal of Financial Economics*, Vol. 11, No. 1 – 4 (1983), pp. 5-50.

[127] Rudy, B. C., Johnson, A. F., "Performance, Aspirations, and Market Versus Nonmarket Investment", *Journal of Management*, Vol. 42, No. 4 (2016), pp. 936-959.

[128] Rygh, A., Benito, G. R. G., "Capital Structure of Foreign Direct Investments: A Transaction Cost Analysis", *Management International Review*, Vol. 58, No. 3 (2018), pp. 389-411.

[129] Salehi, M., et al., "The Relationship between CEOs' Narcissism and Internal Controls Weaknesses", *Accounting Research Journal*, Vol. 34, No. 5 (2021), pp. 429-446.

[130] Balcaen, S. et al., "From Distress to Exit: Determinants of the Time to Exit", *Journal of Evolutionary Economics*, Vol. 21, No. 3 (2011), pp. 407-446.

[131] Schneider, C. Q., Wagemann, C., *Set-Theoretic Methods for the Social Sciences: A Guide to Qualitative Comparative Analysis*, Cambridge University Press, 2012.

[132] Sengul, M., Obloj, T., "Better Safe than Sorry: Subsidiary Performance Feedback and Internal Governance in Multiunit Firms", *Journal of Management*, Vol. 43, No. 8 (2017), pp. 2526-2554.

[133] Guerrero, S., et al., "Board Member Monitoring Behaviors in Credit Unions: The Role of Conscientiousness and Identification with Shareholders", *Corporate Governance: An International Review*, Vol. 25, No. 2 (2017), pp. 134-144.

[134] Shen, H. Y., et al., "Does Top Management Team's Academic Experience Promote Corporate Innovation? Evidence from China", *Economic Modelling*, Vol. 89, 2020, pp. 464-475.

[135] Shen, H. Y., et al., "Chief Executive Officer (CEO)'s Rural Origin and Internal Control Quality", *Economic Modelling*, Vol. 95, 2021,

pp. 441-452.

［136］Gillan, S. L., Panasian, C. A., "On Lawsuits, Corporate Governance, and Directors' and Officers' Liability Insurance", *Journal of Risk and Insurance*, Vol. 82, No. 4 (2015), pp. 793-822.

［137］Sumarsono, H., "Family in Top Management Team and Firm Value: Do Gender and Education of Family Manager Matter?", *Shirkah Journal of Economics and Business*, Vol. 5, No. 2 (2020), pp. 146-170.

［138］Sun, P., et al., "The Dark Side of Board Political Capital: Enabling Blockholder Rent Appropriation", *Academy of Management Journal*, Vol. 59, No. 2 (2016), pp. 1801-1822.

［139］Surroca, J. A., et al., "Is Managerial Entrenchment Always Bad and Corporate Social Responsibility Always Good? A Cross-national Examination of Their Combined Influence on Shareholder Value", *Strategic Management Journal*, Vol. 41, No. 5 (2020), pp. 891-920.

［140］Su, Y., et al., "Internationalization of Chinese Banking and Financial Institutions: A Fuzzy-set Analysis of the Leader-TMT Dynamics", *The International Journal of Human Resource Management*, Vol. 30, 2019, pp. 2137-2165.

［141］Tihanyi, L., et al., "Composition of the Top Management Team and Firm International Diversification", *Journal of Management*, Vol. 26, No. 6 (2000), pp. 1157-1177.

［142］Tiwari, A. K., Ahamed, N., "Executive Tenure and Firm Performance: An Empirical Examination of the Indian Corporate Landscape", *Advances in Decision Sciences*, Vol. 22, No. 1 (2018), pp. 321-350.

［143］Chen, T. J., Li, S. H., "Directors' & Officers' Insurance, Corporate Governance and Firm Performance", *International Journal of Disclosure and Governance*, Vol. 7, No. 1 (2010), pp. 244-261.

［144］Hsieh, T. J., "Business Group Characteristics and Affiliated Firm Innovation: The Case of Taiwan", *Industrial Marketing Management*, Vol. 39, No. 4 (2010), pp. 560-570.

［145］O'Connor, T., "The Relationship between Dividend Payout and Corporate Governance Along the Corporate Life-cycle", *International Journal of Corporate Governance*, Vol. 4, No. 1 (2013), pp. 20-50.

[146]Tuggle, C. S., et al., "Attention Patterns in the Boardroom: How Board Composition and Processes Affect Discussion of Entrepreneurial Issues", *Academy of Management Journal*, Vol. 53, No. 3 (2010), pp. 550-571.

[147]Tversky, A., Kahneman, D., "Prospect Theory: An Analysis of Decision Under Risk", *Econometrica*, Vol. 47, No. 2 (1979), pp. 263-291.

[148]Uhde, D. A., et al., "Board Monitoring of the Chief Financial Officer: A Review and Research Agenda", *Corporate Governance: An International Review*, Vol. 25, No. 2 (2017), pp. 116-133.

[149]Van-Essen, M., et al., "Assessing Managerial Power Theory: A Meta-analytic Approach to Understanding the Determinants of CEO Compensation", *Journal of Management*, Vol. 41, No. 1 (2015), pp. 164-202.

[150]Van, V. K., et al., "Where do International Board Members Come from? Country-level Antecedents of International Board Member Selection in European Boards", *International Business Review*, Vol. 23, No. 2 (2014), pp. 407-417.

[151]Vial, G., "Understanding Digital Transformation: A Review and a Research Agenda", *The Journal of Strategic Information Systems*, Vol. 28, No. 2 (2019), pp. 118-144.

[152]Wang, K., Xiao, X., "Controlling Shareholders' Tunneling and Executive Compensation: Evidence from China", *Journal of Accounting and Public Policy*, Vol. 30, No. 1 (2011), pp. 89-100.

[153] Welch, D. E., Welch, L. S., "Using Personnel to Develop Networks: An Approach to Subsidiary Management", *International Business Review*, Vol. 2, No. 2 (2011), pp. 157-168.

[154]Wiseman, J., "An Evaluation of Environmental Disclosures Made in Corporate Annual Reports", *Accounting Organizations & Society*, Vol. 7, No. 1 (1982), pp. 53-63.

[155] Wiseman, R. M., Gomez-Mejia, L. R., "A Behavioral Agency Model of Managerial Risk Taking", *Academy of Management Review*, Vol. 23, No. 1 (1998), pp. 133-153.

[156]Elkelish, W. W., "Corporate Governance Risk and the Agency Problem", *Corporate Governance*, Vol. 18, No. 2 (2018), pp. 254-269.

[157]Xie, E., et al., "Performance Feedback and Outward Foreign Direct Investment by Emerging Economy Firms", *Journal of World Business*, Vol. 54, No. 6 (2019), p. 101014.

[158] Xin, Cui, et al., "Economic Policy Uncertainty and Green Innovation: Evidence from China", *Economic Modelling*, Vol. 118, 2022, Article106104.

[159]Xu, P., et al., "Research on the Differentiated Impact Mechanism of Parent Company Shareholding and Managerial Ownership on Subsidiary Responsive Innovation: Empirical Analysis Based on 'Principal-Agent' Framework", *Sustainability*, Vol. 11, No. 19 (2019), pp. 1-17.

[160]Xu, R., et al., "Executive Incentive Compatibility and Selection of Governance Mechanisms", *Accounting & Finance*, Vol. 60, No. 1 (2020), pp. 535-554.

[161]Yang, S., et al., "Engineering Management for High-end Equipment Intelligent Manufacturing", *Frontiers of Engineering Management*, Vol. 5, No. 4 (2018), pp. 420-450.

[162]Yang, Y., et al., "The Impact of Environmental Information Disclosure on the Firm Value of Listed Manufacturing Firms: Evidence from China", *International Journal of Environmental Research and Public Health*, Vol. 17, No. 3 (2020), p. 916.

[163]Yermack, D., "Shareholder Voting and Corporate Governance", *Annual Review of Financial Economics*, Vol. 2, No. 1 (2010), pp. 103-125.

[164]Ye, Y., et al., "Negative Media Coverage, Law Environment and Tunneling of Controlling Shareholder", *China Finance Review International*, Vol. 5, No. 1 (2015), pp. 3-18.

[165]Xu, Y., "On Internal Control Quality, the Degree of Marketization and Debt Default Risk", *Frontiers in Economics and Management*, Vol. 2, No. 8 (2021), pp. 305-312.

[166]Chen, Z., et al., "Directors' and Officers' Liability Insurance and the

Cost of Equity", *Journal of Accounting and Economics*, Vol. 61, No. 1, 2016, pp. 100–120.

[167]Zhang, X. L., "Study on Cash Flow Manipulation and Earnings Management-Based on Empirical Evidence of China Listed Companies' SEO", *International Journal of Business and Social Science*, Vol. 7, No. 9 (2016), pp. 46–54.

[168]Zhang, Y., Gimeno, J., "Earnings Pressure and Competitive Behavior: Evidence from the U. S. Electricity Industry", *The Academy of Management Journal*, Vol. 53, No. 4 (2010), pp. 743–768.

[169] Zhao, S., et al., "Can Top Management Teams' Academic Experience Promote Green Innovation Output: Evidence from Chinese Enterprises", *Sustainability*, Vol. 13, No. 20 (2021), Article11453.

[170]Zheng, J., Tian, C., "The Impact of Tunneling Behavior on Equity Incentive Plan-Empirical Evidence of China's Main Board from 2006 to 2013", *Open Journal of Social Sciences*, Vol. 4, No. 5 (2016), pp. 217–224.

[171]Zheng, L., et al., "Internal Embeddedness of Business Group Affiliates and Innovation Performance: Evidence from China", *Technovation*, Vol. 116, 2022, Article102494.

[172]Zhong, R. Y., et al., "Intelligent Manufacturing in the Context of Industry 4. 0: A Review", *Engineering*, Vol. 3, No. 5 (2017), pp. 616–630.

[173]Zhong, X., Ren, G., "Independent and Joint Effects of CSR and CSI on the Effectiveness of Digital Transformation for Transition Economy Firms", *Journal of Business Research*, Vol. 156, 2023, Article113478.

[174]Zona, F., et al., "Board Interlocks and Firm Performance: Toward a Combined Agency-Resource Dependence Perspective", *Journal of Management*, Vol. 44, No. 2 (2018), pp. 589–618.

[175]Sun, Z., "The Impact of Directors' and Officers' Liability Insurance on Corporate Performance: An Empirical Evidence from the Data of Chinese Listed Financial Enterprises", *Advances in Social Sciences Research Journal*, Vol. 7, No. 1 (2020), pp. 35–45.

[176] [比利时] 伯努瓦·里豪克斯、[美] 查尔斯·拉金：《QCA 设计原理与应用：超越定性与定量研究的新方法》，杜运周、李永发译，机械

工业出版社 2017 年版。

[177]蔡贵龙等:《非国有股东治理与国企高管薪酬激励》,《管理世界》2018 年第 5 期。

[178]蔡宏标、饶品贵:《机构投资者、税收征管与企业避税》,《会计研究》2015 年第 10 期。

[179]蔡卫星等:《企业集团对创新产出的影响:来自制造业上市公司的经验证据》,《中国工业经济》2019 年第 1 期。

[180]曹伟等:《企业金融资产的配置动机:基于产权性质与异质性股东参股的分析》,《中国工业经济》2023 年第 2 期。

[181]曾晓、韩金红:《纵向兼任高管能降低股价崩盘风险吗?》,《南方经济》2020 年第 6 期。

[182]陈承等:《国企高管薪酬与企业社会责任——组织冗余与市场化进程的调节作用》,《中国软科学》2019 年第 6 期。

[183]陈东华、郝云宏:《终极股东特征对现金股利政策的影响——基于董事会特征的调节效应分析》,《首都经济贸易大学学报》2020 年第 4 期。

[184]陈良银等:《混合所有制改革提高了国有企业内部薪酬差距吗》,《南开管理评论》2021 年第 5 期。

[185]成瑾、白海青:《从文化视角观察高管团队行为整合》,《南开管理评论》2013 年第 1 期。

[186]程富、王福胜:《产权性质、CFO 背景特征与内部控制质量》,《财经理论与实践》2018 年第 5 期。

[187]程建青等:《制度环境与心理认知何时激活创业?——一个基于QCA 方法的研究》,《科学学与科学技术管理》2019 年第 2 期。

[188]陈建林:《高管联结对制造业企业创新绩效的影响研究》,《科研管理》2021 年第 1 期。

[189]陈仕华、陈钢:《企业间高管联结与财务重述行为扩散》,《经济管理》2013 年第 8 期。

[190]陈仕华等:《董事联结、目标公司选择与并购绩效——基于并购双方之间信息不对称的研究视角》,《管理世界》2013 年第 12 期。

[191]陈仕华、卢昌崇:《国有企业高管跨体制联结与混合所有制改革——基于"国有企业向私营企业转让股权"的经验证据》,《管理世界》

2017 年第 5 期。

［192］陈仕华、卢昌崇：《企业间高管联结与并购溢价决策——基于组织间模仿理论的实证研究》，《管理世界》2013 年第 5 期。

［193］陈仕华、张瑞彬：《董事会非正式层级对董事异议的影响》，《管理世界》2020 年第 10 期。

［194］陈爽英等：《民营企业家社会关系资本对研发投资决策影响的实证研究》，《管理世界》2010 年第 1 期。

［195］陈艳等：《现金股利迎合、再融资需求与企业投资——投资效率视角下的半强制分红政策有效性研究》，《会计研究》2015 年第 11 期。

［196］陈艳等：《公司生命周期、CEO 权力与现金股利决策》，《东南大学学报（哲学社会科学版）》2017 年第 6 期。

［197］陈志军、刘晓：《母子公司协同效应评价的一种模型》，《经济管理》2010 年第 10 期。

［198］陈志军等：《"凝心"能"协力"吗？——母公司文化控制、研发协同与子公司创新绩效关系研究》，《中国软科学》2018 年第 4 期。

［199］陈志军等：《不同制衡股东类型下股权制衡与研发投入——基于双重代理成本视角的分析》，《经济管理》2016 年第 3 期。

［200］陈志军、郑丽：《不确定性下子公司自主性与绩效的关系研究》，《南开管理评论》2016 年第 6 期。

［201］陈志军等：《绩效下滑会驱动子公司创新吗》，《南开管理评论》2018 年第 5 期。

［202］池国华等：《高管背景特征对内部控制质量的影响研究——来自中国 A 股上市公司的经验证据》，《会计研究》2014 年第 11 期。

［203］崔宏、夏冬林：《全流通条件下的股东分散持股结构与公司控制权市场失灵——基于上海兴业房产股份有限公司的案例分析》，《管理世界》2006 年第 10 期。

［204］代彬等：《国际化董事会与董事高管责任保险："与时俱进"还是"制度陷阱"》，《金融经济学研究》2019 年第 6 期。

［205］董晓洁等：《企业集团、纵向关联与社会责任披露的关系研究》，《管理学报》2017 年第 10 期。

［206］段海艳：《连锁董事、组织冗余与企业创新绩效关系研究》，《科

学学研究》2012 年第 4 期。

[207]杜运周、贾良定：《组态视角与定性比较分析（QCA）：管理学研究的一条新道路》，《管理世界》2017 年第 6 期。

[208]杜运周等：《什么样的营商环境生态产生城市高创业活跃度？——基于制度组态的分析》，《管理世界》2020 年第 9 期。

[209]方政等：《上市公司高管显性激励治理效应研究——基于"双向治理"研究视角的经验证据》，《南开管理评论》2017 年第 2 期。

[210]冯戈坚、王建琼：《企业创新活动的社会网络同群效应》，《管理学报》2019 年第 12 期。

[211]冯根福：《双重委托代理理论：上市公司治理的另一种分析框架——兼论进一步完善中国上市公司治理的新思路》，《经济研究》2004 年第 12 期。

[212]冯韶华、张扬：《关联交易资金占用与内部资本市场资源配置》，《财经理论与实践》2014 年第 4 期。

[213]傅鸿震、张琳：《制度环境、两权分离与企业环境治理》，《投资研究》2020 年第 12 期。

[214]付强、郝颖：《终极控制人、控制权转移与投资效率——基于上市公司并购事件的研究》，《经济与管理研究》2012 年第 11 期。

[215]高芳：《公司治理、管理者代理问题与财务重述研究》，《南开管理评论》2016 年第 3 期。

[216]高孟立：《双元学习与服务创新绩效关系的实证研究——组织冗余与战略柔性的调节作用》，《科技管理研究》2017 年第 14 期。

[217]高挺等：《董事高管责任保险与企业内部控制质量——基于 A 股上市公司的经验证据》，《金融监管研究》2021 年第 5 期。

[218]郭泽光等：《内部治理、内部控制与债务契约治理——基于 A 股上市公司的经验证据》，《南开管理评论》2015 年第 1 期。

[219]顾琴轩、王莉红：《研发团队社会资本对创新绩效作用路径——心理安全和学习行为整合视角》，《管理科学学报》2015 年第 5 期。

[220]韩洁等：《连锁董事与并购目标选择：基于信息传递视角》，《管理科学》2014 年第 2 期。

[221]韩金红、余珍：《纵向兼任高管与企业投资效率——基于"监督

效应"和"掏空效应"分析》，《审计与经济研究》2019 年第 4 期。

[222]韩岚岚：《创新投入、内部控制与成本粘性》，《经济与管理研究》
2018 年第 10 期。

[223]韩鹏飞等：《企业集团运行机制研究：掏空、救助还是风险共
担?》，《管理世界》2018 年第 5 期。

[224]贺小刚等：《绩优企业的投机经营行为分析——来自中国上市公
司的数据检验》，《中国工业经济》2015 年第 5 期。

[225]贺小刚等：《经营困境下的企业变革："穷则思变"假说检验》，
《中国工业经济》2017 年第 1 期。

[226]何瑛、韩梦婷：《学者型 CEO 与上市公司股价崩盘风险》，《上海
财经大学学报》2021 年第 4 期。

[227]黄群慧、杨虎涛：《中国制造业比重"内外差"现象及其"去工
业化"涵义》，《中国工业经济》2022 年第 3 期。

[228]胡楠等：《管理者短视主义影响企业长期投资吗？——基于文本
分析和机器学习》，《管理世界》2021 年第 5 期。

[229]胡韬等：《高管兼任与企业创新——来自集团型上市公司及其子
公司的经验证据》，《投资研究》2020 年第 9 期。

[230]胡渊等：《企业异质性出口与对外投资倾向：来自中国的微观证
据》，《中国软科学》2022 年第 11 期。

[231]蒋春燕、赵曙明：《组织冗余与绩效的关系：中国上市公司的时
间序列实证研究》，《管理世界》2004 年第 5 期。

[232]姜付秀等：《退出威胁能抑制控股股东私利行为吗?》，《管理世
界》2015 年第 5 期。

[233]姜付秀等：《学者型 CEO 更富有社会责任感吗——基于企业慈善
捐赠的研究》，《经济理论与经济管理》2019 年第 4 期。

[234]姜付秀等：《国有企业的经理激励契约更不看重绩效吗?》，《管理
世界》2014 年第 9 期。

[235]蒋明新：《我国上市公司总经理职位稳定性研究》，《财经科学》
2009 年第 11 期。

[236]江伟、姚文韬：《所有权性质、高管任期与企业成本粘性》，《山
西财经大学学报》2015 年第 4 期。

[237]赖黎等:《董事高管责任保险降低了企业风险吗? ——基于短贷长投和信贷获取的视角》,《管理世界》2019 年第 10 期。

[238]雷啸等:《董事高管责任保险能否抑制公司违规行为》,《经济与管理研究》2020 年第 2 期。

[239]梁上坤:《机构投资者持股会影响公司费用粘性吗?》,《管理世界》2018 年第 12 期。

[240]梁上坤等:《公司董事联结与薪酬契约参照——中国情境下的分析框架和经验证据》,《中国工业经济》2019 年第 6 期。

[241]连燕玲等:《业绩期望差距与企业战略调整——基于中国上市公司的实证研究》,《管理世界》2014 年第 11 期。

[242]廖歆欣、刘运国:《企业避税、信息不对称与管理层在职消费》,《南开管理评论》2016 年第 2 期。

[243]李璨等:《绩效反馈与组织响应:文献综述与展望》,《外国经济与管理》2019 年第 10 期。

[244]黎常:《失败归因对创业者再创业行为选择的影响研究》,《科研管理》2019 年第 8 期。

[245]李斐、焦跃华:《国家审计、审计力度与银行股利政策》,《审计与经济研究》2019 年第 4 期。

[246]李从刚、许荣:《董事高管责任保险、诉讼风险与自愿性信息披露——来自 A 股上市公司的经验证据》,《山西财经大学学报》2019 年第 11 期。

[247]李婉红、李娜:《基于复杂网络的制造企业智能化转型动态博弈及仿真——考虑政府与消费者的驱动效应》,《软科学》2022 年第 3 期。

[248]凌士显、白锐锋:《绩效变动与企业创新行为研究——基于绩效变动方向的分析》,《商业研究》2018 年第 6 期。

[249]凌士显等:《董事高管责任保险与上市公司关联交易——基于我国上市公司经验数据的检验》,《证券市场导报》2020 年第 3 期。

[250]林润辉等:《政治关联、政府补助与环境信息披露——资源依赖理论视角》,《公共管理学报》2015 年第 2 期。

[251]林毅夫等:《政策性负担与企业的预算软约束:来自中国的实证研究》,《管理世界》2004 年第 8 期。

[252]李琦等:《数字化转型、供应链集成与企业绩效——企业家精神的调节效应》,《经济管理》2021 年第 10 期。

[253]李胜楠等:《基金在中国上市公司中发挥治理作用了吗——基于影响高管非自愿变更与业绩之间敏感性的分析》,《南开管理评论》2015 年第 2 期。

[254]刘启亮等:《产权性质、制度环境与内部控制》,《会计研究》2012 年第 3 期。

[255]刘青松、肖星:《败也业绩,成也业绩?——国企高管变更的实证研究》,《管理世界》2015 年第 3 期。

[256]刘锡禄等:《信息技术背景 CEO 与企业数字化转型》,《中国软科学》2023 年第 1 期。

[257]刘向强等:《诉讼风险与董事高管责任保险——基于中国 A 股上市公司的经验证据》,《商业经济与管理》2017 年第 9 期。

[258]刘小元等:《母公司持股比例对子公司财务绩效影响机理研究——地理距离和制度距离的调节作用》,《中央财经大学学报》2021 年第 7 期。

[259]黎文靖、严嘉怡:《谁利用了内部资本市场:企业集团化程度与现金持有》,《中国工业经济》2021 年第 6 期。

[260]李显君等:《中国上市汽车公司所有权属性、创新投入与企业绩效的关联研究》,《管理评论》2018 年第 2 期。

[261]李锡元、沈约:《绩效压力与职场欺骗行为:仁慈领导负面影响的研究》,《经济经纬》2019 年第 1 期。

[262]李溪等:《制造企业的业绩困境会促进创新吗——基于期望落差维度拓展的分析》,《中国工业经济》2018 年第 8 期。

[263]龙小宁、林志帆:《中国制造业企业的研发创新:基本事实、常见误区与合适计量方法讨论》,《中国经济问题》2018 年第 2 期。

[264]娄祝坤等:《集团现金分布、治理机制与创新绩效》,《科研管理》2019 年第 12 期。

[265]罗福凯等:《混合所有制改革影响企业研发投资吗?——基于我国 A 股上市企业的经验证据》,《研究与发展管理》2019 年第 2 期。

[266]罗宏、黄婉:《多个大股东并存对高管机会主义减持的影响研

究》，《管理世界》2020 年第 8 期。

[267]陆正飞等：《国有企业支付了更高的职工工资吗?》，《经济研究》2012 年第 3 期。

[268]吕迪伟等：《异源绩效压力对企业外部研发倾向的异质性影响——区域制度环境的调节作用》，《研究与发展管理》2019 年第 2 期。

[269]马新啸等：《非国有股东治理与国有企业雇员激励——基于混合所有制改革的视角》，《管理科学学报》2022 年第 12 期。

[270][美]查尔斯·拉金：《重新设计社会科学研究》，杜运周译，机械工业出版社 2019 年版。

[271]孟凡生、宋鹏：《智能制造生态系统对制造企业智能化转型的影响机理》，《科研管理》2022 年第 4 期。

[272]孟凡生、赵刚：《创新柔性对制造企业智能化转型影响机制研究》，《科研管理》2019 年第 4 期。

[273]孟祥展等：《外聘 CEO 职业经历、任期与公司经营战略变革的关系》，《管理评论》2018 年第 8 期。

[274]闵亦杰等：《家族涉入与企业技术创新》，《外国经济与管理》2016 年第 3 期。

[275]潘红波、韩芳芳：《纵向兼任高管、产权性质与会计信息质量》，《会计研究》2016 年第 7 期。

[276]潘红波、张哲：《控股股东干预与国有上市公司薪酬契约有效性：来自董事长/CEO 纵向兼任的经验证据》，《会计研究》2019 年第 5 期。

[277]钱晓东：《政府质量、产权性质与现金股利》，《经济与管理评论》2019 年第 4 期。

[278]乔菲等：《纵向兼任高管能抑制公司违规吗?》，《经济管理》2021 年第 5 期。

[279]全怡等：《货币政策、融资约束与现金股利》，《金融研究》2016 年第 11 期。

[280]曲红燕、武常岐：《公司治理在制度背景中的嵌入性——中国上市国有企业与非国有企业的实证研究》，《经济管理》2014 年第 5 期。

[281]曲吉林、于亚洁：《关系质量和数量、盈利能力与信息披露违规》，《经济与管理评论》2019 年第 4 期。

［282］饶品贵、徐子慧：《经济政策不确定性影响了企业高管变更吗?》，《管理世界》2017 年第 1 期。

［283］沈华玉等：《高管学术经历、外部治理水平与审计费用》，《审计研究》2018 年第 4 期。

［284］史贝贝等：《环境规制红利的边际递增效应》，《中国工业经济》2017 年第 12 期。

［285］石水平：《控制权转移、超控制权与大股东利益侵占——来自上市公司高管变更的经验证据》，《金融研究》2010 年第 4 期。

［286］曙光、马忠：《母子公司间高管纵向兼任与上市公司资本配置效率》，《经济与管理研究》2022 年第 1 期。

［287］宋铁波等：《高管团队特征视角下的 CEO 任期与企业研发投入——基于中小板上市公司的实证分析》，《科技管理研究》2020 年第 2 期。

［288］苏冬蔚、毛建辉：《股市过度投机与中国实体经济：理论与实证》，《经济研究》2019 年第 10 期。

［289］孙博：《母子公司间高管纵向兼任与上市公司资本配置效率：企业融资约束与创新绩效：人力资本社会网络的视角》，《中国管理科学》2019 年第 4 期。

［290］孙光国、孙瑞琦：《控股股东委派执行董事能否提升公司治理水平》，《南开管理评论》2018 年第 1 期。

［291］孙慧、任鸽：《高管团队垂直薪酬差距、国际化战略与企业创新绩效——组织惯性的调节作用》，《经济与管理评论》2020 年第 2 期。

［292］孙世敏等：《高管关系资源、在职消费与公司业绩》，《财经问题研究》2018 年第 6 期。

［293］孙世敏等：《在职消费经济效应形成机理及公司治理对其影响》，《中国工业经济》2016 年第 1 期。

［294］孙晓华、翟钰：《盈利能力影响企业研发决策吗? ——来自中国制造业上市公司的经验证据》，《管理评论》2021 年第 7 期。

［295］孙垠等：《技术动荡环境下的企业创新：基于组织冗余与学习的双重视角》，《系统管理学报》2020 年第 1 期。

［296］苏昕、刘昊龙：《多元化经营对研发投入的影响机制研究——基于组织冗余的中介作用》，《科研管理》2018 年第 1 期。

［297］唐朝永等：《组织衰落如何影响组织创新：集权结构、冗余资源与环境丰腴性的作用》，《科技进步与对策》2019 年第 9 期。

［298］唐任伍等：《新冠病毒肺炎疫情对中国经济发展的损害及应对措施》，《经济与管理研究》2020 年第 5 期。

［299］唐松等：《金融科技与企业数字化转型——基于企业生命周期视角》，《财经科学》2022 年第 2 期。

［300］谭露、胡珺：《上市公司认购董事高管责任保险：购买动机与经济效应》，《金融理论与实践》2019 年第 10 期。

［301］汤莉、余银芳：《CEO 学术经历与企业双元创新》，《华东经济管理》2021 年第 10 期。

［302］田高良等：《基于连锁董事视角的税收规避行为传染效应研究》，《管理科学》2017 年第 4 期。

［303］佟爱琴、李孟洁：《产权性质、纵向兼任高管与企业风险承担》，《科学学与科学技术管理》2018 年第 1 期。

［304］王福胜、王摄琰：《CEO 变更与企业价值关系的实证模型》，《管理科学》2012 年第 1 期。

［305］王化成等：《经济政策不确定性、产权性质与商业信用》，《经济理论与经济管理》2016 年第 5 期。

［306］王江、陶磊：《中国装备制造业技术创新效率及影响因素研究——基于研发与成果转化两个阶段的分析》，《商业研究》2017 年第 12 期。

［307］王菁等：《期望绩效反馈效果对企业研发和慈善捐赠行为的影响》，《管理世界》2014 年第 8 期。

［308］王凯等：《专业背景独立董事对上市公司大股东掏空行为的监督功能》，《经济管理》2016 年第 11 期。

［309］王理想、姚小涛：《董事多重兼任对创业企业 IPO 绩效的影响——从提供合法性到缓解资源依赖》，《经济管理》2017 年第 8 期。

［310］王明琳等：《利他行为能够降低代理成本吗？——基于家族企业中亲缘利他行为的实证研究》，《经济研究》2014 年第 3 期。

［311］王世权等：《集团内子公司网络关系强度影响其主导行为的内在机理——基于宝钢集团的案例研究》，《南开管理评论》2016 年第 6 期。

[312]王新霞：《股东权力关联与薪酬获取的绩效影响——集团管控视角》，《财贸研究》2016年第1期。

[313]王雪原、何美鑫：《信息化战略认知与建设行为对制造企业智能化转型的影响》，《科技进步与对策》2022年第3期。

[314]王甄、胡军：《控制权转让、产权性质与公司绩效》，《经济研究》2016年第4期。

[315]万红波、贾韵琪：《母子公司地理距离对审计质量影响研究——基于内部控制的中介作用》，《审计与经济研究》2018年第2期。

[316]万里霜：《上市公司股权激励、代理成本与企业绩效关系的实证研究》，《预测》2021年第2期。

[317]卫聪慧等：《纵向兼任高管、产权性质与审计收费》，《审计与经济研究》2021年第2期。

[318]魏明海等：《家族企业关联大股东的治理角色——基于关联交易的视角》，《管理世界》2013年第3期。

[319]魏志华等：《关联交易、管理层权力与公司违规——兼论审计监督的治理作用》，《审计研究》2017年第5期。

[320]魏志华等：《"双刃剑"的哪一面：关联交易如何影响公司价值》，《世界经济》2017年第1期。

[321]温日光、汪剑锋：《上市公司会因行业竞争压力上调公司盈余吗》，《南开管理评论》2018年第1期。

[322]文雯等：《学者型CEO能否抑制企业税收规避》，《山西财经大学学报》2019年第6期。

[323]温忠麟、叶宝娟：《中介效应分析：方法和模型发展》，《心理科学进展》2014年第5期。

[324]温忠麟等：《中介效应检验程序及其应用》，《心理学报》2004年第5期。

[325]吴超鹏等：《并购败绩后撤换CEO吗？——我国上市公司内外部治理结构有效性检验》，《经济管理》2011年第5期。

[326]吴非等：《企业数字化转型与资本市场表现——来自股票流动性的经验证据》，《管理世界》2021年第7期。

[327]吴炯：《家族企业剩余控制权传承的地位、时机与路径——基于

海鑫、谢瑞麟和方太的多案例研究》，《中国工业经济》2016 年第 4 期。

[328]吴世飞：《股权集中与第二类代理问题研究述评》，《外国经济与管理》2016 年第 1 期。

[329]吴先聪等：《机构投资者特征、终极控制人性质与大股东掏空——基于关联交易视角的研究》，《外国经济与管理》2016 年第 6 期。

[330]吴锡皓、张弛：《业绩预告下的股份减持与内幕交易——会计稳健性是遏制还是助力?》，《审计与经济研究》2021 年第 1 期。

[331]谢德仁等：《控股股东股权质押是潜在的"地雷"吗？——基于股价崩盘风险视角的研究》，《管理世界》2016 年第 6 期。

[332]谢军、王娃宜：《国有企业集团内部资本市场运行效率：基于双重代理关系的分析》，《经济评论》2010 年第 1 期。

[333]谢萌萌等：《人工智能、技术进步与低技能就业——基于中国制造业企业的实证研究》，《中国管理科学》2020 年第 12 期。

[334]谢永珍、刘美芬：《政治联系、创始人身份对国有上市公司隧道行为的影响——董事会治理行为强度的非线性中介检验》，《财贸研究》2016 年第 4 期。

[335]谢智敏等：《创业生态系统如何促进城市创业质量——基于模糊集定性比较分析》，《科学学与科学技术管理》2020 年第 11 期。

[336]徐晨、孙元欣：《着眼长远还是急功近利：竞争压力下腐败对企业创新和寻租的影响研究》，《外国经济与管理》2018 年第 11 期。

[337]徐飞、杨冕：《企业集团内部创新架构与创新绩效》，《经济管理》2022 年第 8 期。

[338]徐建波等：《学术高管对企业创新的"双刃剑"效应——基于中小企业上市公司的实证分析》，《科技进步与对策》2021 年第 6 期。

[339]许金花等：《反收购条款的作用机制——基于大股东掏空研究视角》，《管理科学学报》2018 年第 2 期。

[340]许楠等：《创业团队的内部治理：协作需求、薪酬差距与团队稳定性》，《管理世界》2021 年第 4 期。

[341]徐宁、徐向艺：《控制权激励双重性与技术创新动态能力——基于高科技上市公司面板数据的实证分析》，《中国工业经济》2012 年第 10 期。

［342］徐宁等：《"能者居之"能够保护子公司中小股东利益吗——母子公司"双向治理"的视角》，《中国工业经济》2019年第11期。

［343］徐鹏、白贵玉：《动态竞争视角下制度环境与企业技术创新——来自企业集团框架内上市公司的经验证据》，《财经科学》2019年第10期。

［344］徐鹏等：《母子公司高管协同配置：表现形式、理论逻辑与整合研究框架》，《经济与管理评论》2020年第5期。

［345］徐鹏等：《集团框架内子公司开放式创新研究》，《科研管理》2019年第4期。

［346］徐鹏等：《母子公司董事高管协同与董事高管责任保险——来自企业集团的经验证据》，《金融监管研究》2021年第9期。

［347］徐鹏等：《上市公司绩效困境与母公司减持行为关系研究》，《经济与管理评论》2022年第2期。

［348］徐鹏等：《1998—2018年中国公司治理研究热点与未来展望——基于CiteSpace的文献计量分析》，《山东财经大学学报》2019年第6期。

［349］徐鹏等：《母公司持股、子公司管理层权力与创新行为关系研究——来自我国高科技上市公司的经验数据》，《经济管理》2014年第4期。

［350］徐鹏等：《高管联结与隧道行为：促进还是抑制?》，《劳动经济评论》2020年第2期。

［351］徐鹏、徐向艺：《子公司动态竞争能力维度建构与培育机制——基于集团内部资本配置的视角》，《中国工业经济》2013年第5期。

［352］徐鹏等：《母子公司高管纵向联结对子公司治理稳定性的影响研究——来自企业集团框架内上市公司的经验证据》，《现代财经（天津财经大学学报)》2022年第11期。

［353］徐鹏等：《上市公司败德治理行为发生机理研究——基于组态视角的模糊集定性比较分析》，《管理学季刊》2019年第3期。

［354］徐鹏等：《组态视角下母子公司高管纵向联结驱动机制研究——一项基于模糊集定性比较分析》，《管理学季刊》2021年第3期。

［355］徐鹏等：《集团框架内上市公司现金股利政策研究——基于母子公司高管协同配置视角》，《山东财经大学学报》2022年第1期。

［356］徐鹏：《子公司动态竞争能力培育机制及效应研究——基于公司治理视角》，经济科学出版社2016年版。

[357]徐寿福、徐龙炳：《现金股利政策、代理成本与公司绩效》，《管理科学》2015年第1期。

[358]徐向艺、方政：《子公司信息披露研究——基于母子公司"双向治理"研究视角》，《中国工业经济》2015年第9期。

[359]徐向艺等：《民营上市公司组织冗余与创新投入的关系研究》，《山东大学学报（哲学社会科学版）》2020年第3期。

[360]徐宗宇等：《试析终极控制人两权分离度对盈余管理的影响——来自沪深股市的经验证据》，《现代财经（天津财经大学学报）》2012年第4期。

[361]晏国菀、谢光华：《董事联结、董事会职能与并购绩效》，《科研管理》2017年第9期。

[362]杨慧军、杨建君：《股权集中度、经理人激励与技术创新选择》，《科研管理》2015年第4期。

[363]杨建君等：《股权集中度与企业自主创新行为：基于行为动机视角》，《管理科学》2015年第2期。

[364]杨珊华等：《重大突发公共卫生事件下的企业业绩考核指标体系优化研究》，《会计研究》2021年第10期。

[365]杨帅、程邯晓：《组织如何从经验中学习：基于并购的视角》，《管理现代化》2020年第5期。

[366]杨志波、杨兰桥：《我国中小型制造企业智能化转型困境及破解策略》，《中州学刊》2020年第8期。

[367]闫伟宸等：《国企性质、高管特征和投资效率》，《科研管理》2020年第8期。

[368]闫珍丽等：《高管纵向兼任与企业投资效率：促进还是抑制》，《管理工程学报》2021年第3期。

[369]姚文韵、沈永建：《资金占用、股价暴跌风险对信息透明度的影响研究》，《财经理论与实践》2017年第1期。

[370]姚洋、章奇：《中国工业企业技术效率分析》，《经济研究》2001年第10期。

[371]衣凤鹏等：《股权集中度与领导结构对连锁董事与企业社会责任关系的调节作用研究》，《管理学报》2018年第9期。

[372]尹剑峰、龙梅兰：《管理变革、人才管理与企业并购扩张研究》，《经济与管理评论》2017 年第 4 期。

[373]伊志宏等：《产品市场竞争、公司治理与信息披露质量》，《管理世界》2010 年第 1 期。

[374]殷治平、张兆国：《管理者任期、内部控制与战略差异》，《中国软科学》2016 年第 12 期。

[375]于长宏、原毅军：《企业规模、技术获取模式与 RD 结构》，《科学学研究》2017 年第 10 期。

[376]于连超等：《环境税会倒逼企业绿色创新吗?》，《审计与经济研究》2019 年第 2 期。

[377]余怒涛等：《非控股大股东退出威胁究竟威胁了谁? ——基于企业投资效率的分析》，《中央财经大学学报》2021 年第 2 期。

[378]于雅萍、姜英兵：《员工股权激励与内部控制质量》，《审计与经济研究》2019 年第 2 期。

[379]于震、张行：《"效率契约"还是"管理权力"? ——公司治理对CEO 股权激励的影响研究》，《管理评论》2020 年第 10 期。

[380]张传财、陈汉文：《产品市场竞争、产权性质与内部控制质量》，《会计研究》2017 年第 5 期。

[381]张丹妮等：《期望绩效反馈与企业风险决策关系研究——企业行为理论与代理理论的整合视角》，《研究与发展管理》2022 年第 1 期。

[382]张涤新、李忠海：《机构投资者对其持股公司绩效的影响研究——基于机构投资者自我保护的视角》，《管理科学学报》2017 年第 5 期。

[383]张敦力、江新峰：《管理者权力、产权性质与企业投资同群效应》，《中南财经政法大学学报》2016 年第 5 期。

[384]张恒：《母子公司高管联结对子公司过度负债的影响研究》，《投资研究》2022 年第 3 期。

[385]张克慧、牟博佼：《企业集团财务总监委派制不适应性分析》，《管理世界》2012 年第 9 期。

[386]张明等：《中国企业"凭什么"完全并购境外高新技术企业——基于 94 个案例的模糊集定性比较分析（fsQCA）》，《中国工业经济》2019 年第 4 期。

[387]张萍、徐巍：《媒体监督能够提高内部控制有效性吗？——来自中国上市公司的经验证据》，《会计与经济研究》2015年第5期。

[388]张先治、王晨嫣：《剩余索取权、母子公司协同型配置模式与公司价值》，《管理学刊》2022年第2期。

[389]张新等：《中小企业数字化转型影响因素的组态效应研究》，《经济与管理评论》2022年第1期。

[390]张行：《CEO离职与公司继任决策研究：基于董事会结构特征的实证分析》，《科研管理》2018年第1期。

[391]张晓亮等：《CEO学术经历与企业创新》，《科研管理》2019年第2期。

[392]张艳萍等：《数字经济是否促进中国制造业全球价值链升级?》，《科学学研究》2022年第1期。

[393]张兆国等：《高管任期、企业技术创新与环境绩效实证研究——以新环保法施行为事件窗口》，《科技进步与对策》2020年第12期。

[394]张振刚等：《企业慈善捐赠、科技资源获取与创新绩效关系研究——基于企业与政府的资源交换视角》，《南开管理评论》2016年第3期。

[395]张子健：《管理层语调对"高送转"股利政策的影响》，《投资研究》2019年第4期。

[396]赵纯祥等：《政策性负担、八项规定与国企高管隐性腐败治理》，《中南财经政法大学学报》2019年第1期。

[397]赵国宇、禹薇：《大股东股权制衡的公司治理效应——来自民营上市公司的证据》，《外国经济与管理》2018年第11期。

[398]赵国宇、禹薇：《股权激励、过度投资抑制与公司价值》，《经济与管理评论》2019年第4期。

[399]赵珊珊等：《高管学术经历、企业异质性与企业创新》，《现代财经（天津财经大学学报)》2019年第5期。

[400]郑杲娉等：《兼任高管与公司价值：来自中国的经验证据》，《会计研究》2014年第11期。

[401]郑丽、陈志军：《母子公司人员嵌入、控制层级与子公司代理成本》，《经济管理》2018年第10期。

[402]郑丽等：《集团内部资本交易、市场依赖性与子公司创新》，《管

理评论》2021 年第 8 期。

［403］郑丽等：《子公司绩效反馈、变革能力与自主决策权》,《外国经济与管理》2020 年第 1 期。

［404］郑莹、黄俊伟：《基于实物期权逻辑对企业专利放弃的新诠释》,《科学学研究》2020 年第 6 期。

［405］郑志刚等：《社会连接视角下的"中国式"内部人控制问题研究》,《经济管理》2021 年第 3 期。

［406］周博：《高管金融联结对企业现金持有水平的影响》,《经济与管理研究》2020 年第 2 期。

［407］周冬华等：《审计委员会 IT 专长能否提高内部控制质量?》,《审计研究》2022 年第 5 期。

［408］周建、袁德利：《公司治理机制与公司绩效：代理成本的中介效应》,《预测》2013 年第 2 期。

［409］周军：《国企高管权力与企业过度投资》,《中南财经政法大学学报》2017 年第 5 期。

［410］周楷唐等：《高管学术经历与公司债务融资成本》,《经济研究》2017 年第 7 期。

［411］周泽将等：《审计委员会海归背景与内部控制质量》,《审计研究》2020 年第 6 期。

［412］朱冰等：《多个大股东与企业创新》,《管理世界》2018 年第 7 期。

［413］朱德胜、张伟：《高管薪酬激励对股权代理成本影响的实证研究》,《经济与管理评论》2017 年第 3 期。

［414］朱炜等：《实质性披露还是选择性披露：企业环境表现对环境信息披露质量的影响》,《会计研究》2019 年第 3 期。

［415］邹国平等：《我国国有企业规模与研发强度相关性研究》,《管理评论》2015 年第 12 期。

［416］左晶晶等：《第二类代理问题、大股东制衡与公司创新投资》,《财经研究》2013 年第 4 期。

责任编辑：曹　春

图书在版编目（CIP）数据

母子公司高管协同配置治理机制及效应研究/徐鹏 著. —北京：
　人民出版社，2024.5
ISBN 978 - 7 - 01 - 026312 - 0

Ⅰ.①母…　Ⅱ.①徐…　Ⅲ.①企业管理–研究–中国　Ⅳ.①F279.23

中国国家版本馆 CIP 数据核字（2024）第 032983 号

母子公司高管协同配置治理机制及效应研究
MUZI GONGSI GAOGUAN XIETONG PEIZHI ZHILI JIZHI JI XIAOYING YANJIU

徐　鹏　著

人民出版社 出版发行
（100706　北京市东城区隆福寺街 99 号）

北京汇林印务有限公司印刷　新华书店经销

2024 年 5 月第 1 版　2024 年 5 月北京第 1 次印刷
开本：710 毫米×1000 毫米 1/16　印张：18.75
字数：283 千字

ISBN 978 - 7 - 01 - 026312 - 0　定价：88.00 元

邮购地址 100706　北京市东城区隆福寺街 99 号
人民东方图书销售中心　电话（010）65250042　65289539